宗承灏 著

非常历史 非常人

山西出版传媒集团
山西人民出版社

图书在版编目（CIP）数据

非常历史非常人 / 宗承灏著 . —太原：山西人民
出版社，2016.11
ISBN 978 - 7 - 203 - 09782 - 2

Ⅰ.①非… Ⅱ.①宗… Ⅲ.①历史人物 - 人物研究 -
中国　Ⅳ.①K82

中国版本图书馆 CIP 数据核字（2016）第 257013 号

非常历史非常人

著　　者：宗承灏
责任编辑：傅晓红
助理编辑：李　靖
装帧设计：刘彦杰

出 版 者：山西出版传媒集团·山西人民出版社
地　　址：太原市建设南路 21 号
邮　　编：030012
发行营销：0351—4922220　4955996　4956039　4922127（传真）
天猫官网：http：//sxrmcbs.tmall.com　电话：0351—4922159
E - mail：sxskcb@163.com　发行部
　　　　　sxskcb@126.com　总编室
网　　址：www.sxskcb.com

经 销 者：山西出版传媒集团·山西人民出版社
承 印 者：山西出版传媒集团·山西新华印业有限公司

开　　本：720mm×1010mm　　1/16
印　　张：23.75
字　　数：300 千字
印　　数：1—4000 册
版　　次：2016 年 11 月　第 1 版
印　　次：2016 年 11 月　第 1 次印刷
书　　号：ISBN 978 - 7 - 203 - 09782 - 2
定　　价：46.00 元

如有印装质量问题请与本社联系调换

自 序

破解中国历史的生存密码

梁启超认为"历史者英雄之舞台也，舍英雄几无历史"。无论是时势造英雄，还是英雄造时势，都让我不置可否。但有一点是不可否认的，人是历史的主体，历史是人的历史。离开了人这个主体，历史就只能是一个虚无的存在，就像乔布斯走了，苹果还是那个经典的存在吗？在历史这个舞台上，所有的人物最终都难以摆脱跑龙套的命运。尽管他们曾经活跃于舞台的聚光灯下，有着改变历史轨迹的可能。

当我准备写这样一本书的时候，我又重新翻阅了茨威格的《人类群星闪耀时》。我之所以喜欢茨威格写的这部人物传记，是因为他的解读方式特别有意思。他并没有着眼于历史上那些电光火石般的经典场面，也没有聚焦于领袖们粲然生辉的那一瞬间，不局限于边边角角，而是从大历史的角度来书写历史。他并不着意塑造历史的正面形象，而是从事件本身的视角出发，找一个关键人物，找一个转折点，如同撬动历史的那根杠杆找到了支点。然后我们看到，这个人物是如何将力的作用通过支点对历史产生影响的。我从不迷信救世主，也从不在文字中塑造神一样的人物。如果说历史是一部荒诞的大戏，那么其中的人物就是被导演推上前台的幸运儿。

对于我来说，我只想知道为什么事情是在那样一种情况下发生，为什么不是这样发生，是谁在其中起了作用。

一直以来，我都无意将自己的目光投向历史丛林里那些耸立的雕塑，我只希望在那里看到绿草如茵，花红遍野。那是历史舞台上大大小小的角色化为尘土后滋养出的风景。在写作过程中，很多时候我都会忍不住自说自话，会对千百年前的彼时彼刻做出各种推理和假设。而历史的伟大之处就在于其不可逆转，成就了英雄，也毁灭了差点成为英雄的人物。但不管是成就一个人物，还是毁灭一个人物，历史是由他们共同书写的，成功者的戏份并不比失败者多一份。

南宋理学大师朱熹在与陈亮谈论怎样成为"真正大英雄"问题时，曾有如下几句精辟的见解："真正大英雄者，却从战战兢兢、临深履薄处作将出来，若是气血豪焱，却一点使不着也。"原来大英雄活得也是如此憋屈，真是成也憋屈，败也憋屈。很多时候，历史人物的个体悲剧与其说是政治悲剧，倒不如更确切地说是他们的性格悲剧，正所谓性格决定命运。心理学定义：性格是人对现实稳定的态度和习惯化的行为方式的总和。所有的结果，都不是一朝一夕。当然也有特殊情况，比如，有个别的个性平庸之辈在特殊的历史条件下，被时势推到了历史的前台，扮演一下所谓英雄的角色；一些帝王虽然资质平庸，但也可以通过世袭的方式取得最高权势，混沌天地。排除这些特殊情况，一般说来，历史人物中的大多数，在其成为历史大人物之前作为普通人时，往往都有强于他人的突出个性特征。时势造英雄固然是客观条件，但他们自身的性格是促使其成为大人物的必要的主观条件。如果没有势不可挡的时代洪流，大人物就不会大浪淘沙显英雄本色，也不会四面楚歌以悲剧收场。

历史的荣耀往往只属于那些敢于用失败和生命做赌注的人，对他们来说，人生就是一场赌博。身在局中，害怕失败，害怕死亡，也是人之常情。

作为后来者的我们，为历史打扫现场才能发现。虽然他们中的大多数人功败垂成，身后凄惨，但是比起那些守着富贵温柔乡安于现状的人，他们有过更为丰富的人生，其中有回忆，也有热泪。

时间是公平的，历史终将铭记。成王败寇本不足道，他们用自己的热血书写历史，创造历史。无论怎样，我们都不会忘记，历史是一切时代和民族的最伟大的冒险家、疯子、傻子的乐园，与那个在街角卖杂货的小贩关系不大。

目　录

上篇

绕不开的源头

商鞅：改革者的红与黑

在战国时期，秦国社会经济根本不入流，远远落后于齐、楚、燕、赵、魏、韩等超级大国。其井田制瓦解、土地私有制产生和赋税改革，都要比其他各国来得晚。

春秋前期，秦穆公曾经在一批外来人才的辅佐之下东征西讨，变革图强，秦国一度达到"益国十二，开地千里，遂霸西戎"的强盛状态。此后十数个继任者与秦穆公相比，一是少了称霸的澎湃之心，二是没有人才可堪大用。好像这两者有着必然的联系，有野心必然会想办法去找人才，有了人才才有实现野心的可能。

秦穆公的继任者好像忘了祖上的荣光，没有大作为，任由国势衰弱。弱到什么程度呢？比如说当时鲁国的"初税亩"是在公元前594年，而秦国的"初租禾"则是在公元前408年，整整落后了186年。按照发展时间推算，作为当时国家根本经济制度的耕地管理及使用体制，秦国要落后于其他先进国家将近两百年的时间。

天下大势除了分合之道，还有强弱起伏之道。而强弱之道，在于人为，不在天理。

公元前361年，秦孝公即位。两年后，商鞅入秦，开启改革大幕。秦国的综合国力迅速崛起，版图开始向中原地区扩张。只用了短短20年的时间，秦国便完成了由第三世界向超级大国的华丽转型。

从秦孝公时起，秦国历代君王的肩上扛的都是那面以"法"治国的大旗，他们迷信法家思想的治国理念。这一套"法"字诀，也的确给他们带来了真正的实惠。此后几乎每一代君王都取得了辉煌武功，这也似乎一次次印证了以法家思想治国的绝对性和必要性。

当历代君主和当国重臣看着秦国版图不断扩张时，他们并没有看到法家思想的先天不足和后天缺陷，他们没想到也不可能想到的是：法家治国理念是一把难以掌控的双刃剑，在挥舞它走向大一统时，既成全了自己，也砍伤了自己。

1. 霸道才是游戏资格

公元前 338 年的一天，从秦国的商地走出来一个人，此人离开商地以后，就急匆匆地一路向东，他想逃到魏国去。临近傍晚时分，他准备投宿一家客栈，但是却遭到了客栈老板的拒绝，原因是他没有证件可以证明自己的身份。尽管他苦苦哀求，可是老板还是不敢收留他

老板告诉他，商君变法，住店必须要出示证件。如果没有证件，我私自留宿了你，要连带受罪。

此人长叹一声，商君变法，变到这个程度，是自己万万没想到的。

改革变法居然会影响到一个人的生活，他只好无奈地转身离开客栈，继续向前赶路。说这话的人不是别人，正是在秦国主持变法的商君，也就是商鞅。

商鞅逃亡时，赶到函谷关时，此时夜幕已经降临，城门按时关闭。追兵紧追不舍，他只要熬过一个晚上，于次日清早追兵带来追杀令前出关，就可以龙潜大海虎归山。以商鞅的才华与声望，久受暴秦之苦的六国肯定

视之如法宝，即使无人敢得罪秦国而收留他，归隐山林对他来说也是一个不错的选择。

可是历史没有再度成全于他，商鞅还是被带回秦国接受审判，并被处以极刑。

当商鞅被押到刑场时，那些围观的秦国百姓眼神里或许只写着冷漠二字，甚至很多人会感到莫名的兴奋与躁动。人们根本不知道宫廷之中到底发生了什么，也不想去知道商鞅之死是否公正，与自己的生活有什么必然的联系。他们只知道原本在万人之上、一人之下的商大人就要被五马分尸了，他们兴奋地围在道路两旁，想看看这位平常出巡时前呼后拥的权势者真正的面目。

没人知道商鞅这位悲剧英雄在生命的最后时刻，面对拥挤的人群，会做何感想。围观者脸上的表情近乎诡异，这是商鞅做梦也不会想到的，他在秦国殚精竭虑的变法，最终换来的不过是当权者的忌恨和底层民众的冷漠。如果说历史的发展也是沿着宿命的脉络，那么撒下什么种，就一定会结出什么果。

商鞅变法成于"霸道"，也败于"霸道"，商鞅以其肉身殉于"霸道"，也算是冤有头债有主。老子在他的《道德经》中说，"强梁者不得其死"，也就是说，行霸道的没有好下场，即便是对历史、国家、民族有过巨大贡献的大人物也难以逃脱历史规律。

时间的钟拨回 23 年前，一切都还在酝酿当中，历史依然存在若干发生与改变的可能性。

公元前 361 年的某天清晨，魏国国都安邑（今山西省运城市盐湖区）的大街上，一队手持戈矛的骑兵冲开摩肩接踵的人流，一辆华丽的马车由四匹马拉着奔驰而过。车子里坐的是魏国国君魏惠王，他听说相国公孙痤病得非常严重，一大早坐了马车登门看望。

连年的操劳，使得公孙痤积劳成疾。他躺在病榻上依然心忧国事，不忘向魏惠王举荐人才。而这一次他举荐之人是公孙鞅，也就是后来的商鞅。商鞅姓公孙，他的祖先原本姓姬。这时候的商鞅在公孙痤这里混饭吃已经有好几年了，做中庶子的官。

商鞅是卫国国君的庶出公子。按照当时的宗法，嫡长子拥有父辈的继承权，其他庶子则享受不到太多父辈的荫庇。他们虽然得不到太多的实际利益，但应该享有的政治待遇还是能够保障的。如果他的人生目标仅仅是锦衣美食和妻妾美女，那么他大可不必跑到魏国给公叔痤去当个小秘书。

为了引起魏惠王的重视，公孙痤在这里故意渲染了商鞅的才能。他说，假如大王不愿意重用公孙鞅，那么请你干脆将他杀掉。因为如果魏国不重用，这个人就一定会到别国去。以他的才能，一定会使他国富强起来，那样就会对魏国造成很大的危险。这是很危险的。

那时齐、楚、燕、韩、赵、魏、秦七个大国和宋、卫、中山等小国相互之间经常发生战争。魏国的地理位置居中，容易四面受敌，忧患意识极为强烈。尽管如此，魏惠王还是没有将公孙痤的这句话放在心上。

学富五车的商鞅在公孙痤门下本就无法施展他的一腔抱负，公孙痤死后，他就更显得郁郁不得志了。当他听到秦孝公求贤的消息后，就带着他的老师尸佼投奔秦国而来，尸佼是诸子百家的法家人物。这时候在商鞅的包裹里装着从魏国带来的一部非常重要的书——《法经》。魏国是战国时期第一个实施变法图强的诸侯国，算是一个根基深厚的老牌强国。商鞅的强大在很大程度上，得益于一个人、一部法典。一个人就是李悝，一部法典就是《法经》。

李悝在参考各国的法律基础上，综合成为一部法典——《法经》，这是中国最古老的成文法典之一。这部《法经》将法家的思想具体到可执行的地步，犯了什么错，定什么样的罪，接受什么样的刑。当然李悝在其中列举的刑罚是残酷的，比如割掉舌头、砍掉手脚、挖掉眼睛等。只要犯了法，不把罪犯整残废了不算；而且从平民到士大夫，人人平等。由于有律法保证，魏国很快强大，成为列强之首。

商鞅在魏国期间，将《法经》里的每一个字都刻在自己心里。虽然李悝这时候已经去世了半个多世纪。但是从某种意义上说，商鞅依然算是李悝的弟子。

秦孝公发布的求贤令，伴随着他强国富民的决心，很快就传遍了其他六国。秦孝公曾经目睹了其父秦献公改革的平淡收场，他只有在内心深处遥想远祖秦穆公所建立的强国霸业。他在即位的第一年，就向天下发出了那篇改变大秦时局的求贤令。

求贤令说："献公即位，镇抚边境，徙治栎阳，且欲东伐，复穆公之故地，修穆公之政令。寡人思念先君之意，常痛于心。宾客群臣有能出奇计强秦者，吾且尊官，与之分土。"

商鞅进入秦国后，通过宠臣景监的引见才见到秦孝公。商鞅与秦孝公的初次会面，完全是两位野心家的直接碰撞。秦孝公自不必说。他二十一岁继位，可以说是一门心思发愤图强，是一位并不多见的"事业型"君王。他登基不久就"东围陕城，西斩戎之獂王"，第二年就获得"天子致胙"的政治待遇，可以说秦国正在逐步恢复秦穆公时代的国际政治地位。

秦国因秦穆公重用人才而强大，也因秦穆公毁灭人才而走向衰败。在商鞅到来之前，秦孝公不知道接待过多少入秦的山东士子。他所表现出来的求贤姿态，不亚于周公捉发吐哺。

在他所发布的那道《求贤令》中，居然明码标价，要与强国功臣"尊官""分土"。

在广发求贤通告的同时，秦孝公正在积极推行自己的新政。他承诺要给秦国人民带来真正的实惠，要救济孤寡，招募战士，按战功奖赏官兵。为了能够安心休养生息，他"东围陕城，西斩戎之獂王"，此后更是休兵八年，不动干戈。这样一位持重深思而心胸宽广的君王，正是商鞅一直想要去投奔的霸主。他既有霸道之心，又有强国之志，更重要的是他能够尊重商鞅这样的人才。

当然，商鞅并不是一厢情愿的单相思，这时候的秦孝公也同样在期待着商鞅这样的人才出现在自己的身边。不管将商鞅推荐给秦孝公的景监是不是宠臣，对于商鞅这样的人才，秦孝公是不会放过的。

商鞅第一次见秦孝公，双方并没有碰撞出多少火花。商鞅显然是有备而来，口若悬河，从三皇五帝开始谈起，秦孝公听得只打瞌睡，最后给了商鞅一个"妄人"的评价。所谓"妄人"，就是不懂装懂、自以为是、令人讨厌的狂妄之徒。《史记》中形象地记载了这一细节：这边是商鞅滔滔不绝地说，唾沫星子乱飞，而那边的秦孝公却是"时时睡"，竟然都听得快要睡着了。

为此，作为商鞅引见人的景监被秦孝公狠狠训斥了一通："你难道就给我引荐这样的人才吗？这样的人对我有用吗？"还没等商鞅将自己内心的想法统统倒出来，秦孝公就令人将他逐出会客室。一个夸夸其谈的家伙，给我滚得远远的。

商鞅从小学习的就是"刑名之术"，自然是游说巧辩的高手。他初次见到秦孝公，在没有摸清对方底牌的情况下，只能采取避实就虚、引蛇出洞的游说战术。他向对方大谈"帝道"，他以为，像秦孝公这样有野心的霸主，王道是永远不会跑偏的话题。其实他这么做，也是在顾左右而言他，目的就是要搞清楚对方的真实意图。你要什么，我就给你什么。

秦孝公第二次接见商鞅，中间隔了五天。秦孝公之所以还会给商鞅这个狂妄之人一次机会，或许是景监的话起了作用。但最关键的是，秦孝公在这五天时间里也进行了冷静地思考，他隐隐感觉到了商鞅对于帝道并非真正的热心，能为秦国所重用才是商鞅远道而来的本意。为此，谨慎的商鞅在这里使了一个投石问路的伎俩。

高手的过招总是如此，往往打的是心理战，而非只言片语上的计较。从商鞅的身上，秦孝公看到了这个人对于名利的渴望，也看出了他那种不见兔子不撒鹰的谨慎性格。秦孝公心里明白，商鞅想尽办法接近自己，是为了寻找一方施展才华的平台，为自己谋求功利，而非对自己及秦国有着特殊的感情。当然，秦孝公对此并不在乎，只要能够为他所用，其他都可以不必去理会。更何况，依靠人性的贪婪要远比依靠人性的善良可靠的多，这个外来户可能会成为大秦帝国复兴之路上的最佳推手。

商鞅第二次宣讲的主题是王道，比第一次效果要好一些，但仍然没有切中要旨。双方第二次见面，气氛还算融洽，商鞅丝毫没有收敛的意思，依然滔滔不绝，秦孝公这一次没有昏昏欲睡。商鞅这一次虽然说的还是王道，但也同时点明了秦国当前所面临的主要问题，提出了当前两项重点工作，一要内劝农，二要外修战。或许是商鞅说中了秦孝公的心思，秦孝公有了与商鞅进行深度交流的强烈愿望。

这一次不像上一次，不骂人不张嘴。虽然秦孝公的态度在这里有了明显转变，但他对商鞅仍然不够满意。究其缘由，是因为商鞅在这里并没有提供现实的、具有可操作性的解决办法。只有解决问题，才是王道所在。

商鞅在这里所说的王道，强调的是"德"和"得"的统一，是"内得于己"，"外得于人"。

内得于己，就是要提高自己的修养，直见本心。外得于人，就是得人心者得天下。前者是内圣，后者是外王。所谓修德，是要求秦孝公应该从自身做起，播种"德"，然后再去收获"得"。德政可以解民之倒悬，自然会受到老百姓的拥戴。这也是孔子赞美的"郁郁乎文哉"的盛世，也是儒家称道的理想国。所以说，王道偏重于基础，强调加强国家和君主自身的修为。王道就是要讲仁义，以德待人，让天下人心甘情愿地向你臣服。

在特定的战国年代，那些法家人物都不约而同地抛弃了荀子的王道思想，将天平的指针移向了霸道那一边。商鞅如此，后来的李斯也是如此，他们都是霸道的狂热崇拜者。李斯拜在荀子门下，专攻"帝王之术"，而商鞅以王孙之尊到公叔痤家当一个混吃混喝的家庭教师，走景监的门路拜见秦孝公，两个人走的都是急功近利的路子。他们虽然知道渐进的道理，但是在现实生活中，还是会不自觉地选择走终南捷径，这是法家思想和法家人物的本性，也是那个特殊时代里最有利于自己的一种选择。

时势造英雄，不同的时代，会打造出顺应时势的不同英雄。商鞅，一个不信奉王道的人，却在第二次见秦孝公的时候大谈王道，可见他这么做，仍是醉翁之意不在酒。

这一次会面，双方虽然没有做到相谈甚欢，但是比第一次有了突破性的进展。对商鞅而言，他总算是摸清了秦孝公的路数。商鞅突然发现，原来面前坐着的这个高富帅和自己一样，都是急功近利、速求成功、谋求霸业的主儿，他们真是天造地设的最佳拍档。曾经觉得生不逢时的商鞅，此时仿佛触摸到了这个时代为自己量身打造的功德碑。

对于秦孝公而言，通过这样一场面试，他对商鞅有了一个全新的认识。商鞅对秦国当前存在的诸多问题的分析与他不谋而合，他急于想听一听商鞅给自己开出的治国良方，可商鞅却向他说了一通仁义治国、德行天下的套话。秦孝公是个聪明人,他在与商鞅的交谈中能够听出对方的弦外之音。第一次说帝道,第二次说王道,商鞅的葫芦里到底卖的什么药?秦孝公明白,王道治国也并非是商鞅的本意,在商鞅的内心深处肯定有着别样洞天。

秦孝公有着强烈的预感,商鞅正是自己苦苦寻觅的人才,他的出现,在很大程度上,是上天赋予自己和大秦帝国的一份厚礼。秦孝公虽然在表面上依然对商鞅表现出不满,但他的真实意图,不过是在牵拉商鞅能够向自己彻底摊牌。

有了前两次的试探与铺垫,双方的第三次见面也就不用拐弯抹角,而是采取袒露赤诚,直击问题的要害所在。这一次,商鞅选择了"霸道"这个话题,果然得到了秦孝公的高度认可。此后一发不可收拾,"语数日不厌",两人由此成为一对好基友。

景监后来问商鞅是如何得到秦孝公的欢心,商鞅答道:我是用夏、商、周三代盛世来劝说秦孝公,可秦孝公说:"时间太长,我没有足够的耐心去等待。况且贤能的君主,都在自己活着的时候就扬名天下,哪里能默默无闻地等待几十年、几百年来成就帝王之业呢?"因此我就用强国之术向秦孝公陈述,才赢得他的欢心。

在这次会面中,商鞅明确谈到了"法治",并希望以此来达到富国强兵的目的。而秦孝公要的就是富国强兵,他的犹豫和困惑大多来自于何种途径能够尽快实现这一目标。商鞅在这里为他指出一条光明路经——法治。按照商鞅的意思,就是要对秦国的政治体制做一次大手术,来一场彻底的改头换面。

秦国原来执行的是军事管理制度,国家的军政大权都集于国君一人之身。在政权规模较小的情况下,这种管理体制还能维持优势。问题是,现在国家的规模越来越大,人口越来越多,财富也不断积累,它的弊端随着现实状况的不断升级而日益凸显。国君虽然手握绝对的权力,但却没有办法将这种权力以国家意志的形式贯彻到每一个角落。

更何况,国君根本不可能将自己手中的权力分配下去,因为在大多数情况下,分权就是放权,放权也就意味着君王有随时被架空的危险。按照商鞅的意思,就是将国家的意志和国君的权力通过法律条文的形式外化出来,向整个国家颁布,并依靠国家的力量强制推行。这样一来,"权"就变成了"法","人治"就会变成"法治",君主的权力和国家的意志就会无处不在。

对于宠臣景监推荐来的魏国家臣,一个名不见经传的年轻人,秦孝公所表现出来的惊人的耐心,就足以表明他的志向决不仅仅只是谋强图霸一方这么简单。他要超越这平凡的君王生活,他有一颗席卷天下、包举宇内、囊括四海的心。一个人的野心最怕遇上另一个人的执着,在商鞅身上,我们可以看到三晋人士功利色彩之外的另一面,那就是对于理想的执着。这种执着,是为了实现自己的人生价值,而不是简单的追名逐利。

商鞅不光精通法家那一套硬桥硬马的学说,他对商、周的德治和礼治的柔术也是烂熟于心。商鞅能够用夏、商、周三代盛世为秦孝公指一条阳关大道,这说明他对于儒家那一套政治架构也是通晓的,说明他了解各家学说,包括孔孟之道。

既然秦孝公选择了霸道,那么他就跟着投其所好,搬出法家那一套来应景。其实商鞅对法家学说的不足有着清醒的认识,"难以比德于殷周矣",表明商鞅本人也认为法家所奉行的那一套逻辑并不见得就比儒家的好。

商鞅之所以在秦孝公面前大谈特谈法家的那一套,而避谈儒家,不是他对法家有着多么坚定的信念,而是因为秦孝公当时最需要解决的是秦国如何迅速崛起的问题。面对秦孝公的急功近利,商鞅已经无法安静地听从自己内心的召唤。秦孝公需要的不是普世价值观，他最需要的应该是一剂服下即可见效的春药，能让老大帝国一夜间焕发生机。

在这种情况下，商鞅只能以功利的算计来衡量各种学说的优劣程度，而他不会用价值观来主导自己的选择。说白了，商鞅这时候还无法形成自己的价值观，只要符合君王的口味，哪怕自己内心认为有问题的东西，他也可以举双手赞成。这不是商鞅一个人的问题，中国的知识分子在时势面前，虽然口口声声说什么"有道则见，无道则隐"，他们的"道"又何尝不是建立在君王之道的基础上。

这种迎合心态会决定他们选择哪一种方式介入时势，如同商鞅，既然秦孝公喜欢听霸道，那就闭口不谈"霸道"的弊端，只谈"霸道"的历史功效。第三次见面，秦孝公虽然对商鞅的想法赞不绝口，但他并没有启用商鞅进行大刀阔斧的变革。商鞅明白秦孝公是怎么想的，他对景监说："我对秦孝公谈了霸道，看样子他已经动心了。他虽然没有表态，但我知道，他肯定会再见我的。"

果不其然，这两个野心家又有了第四次会面的机会。当然，这一次会面所谈的内容属于机密，无人知晓，也不见史料上有所记载。我们能够知道的是这两个男人在一起吃则同室，卧则同榻，一连谈了几天几夜。可想而知，这次长时间的秘密会谈，肯定是在讨论如何推行变革方案，以及在改革途中有可能会遇到的阻力。

也许他们已经下定了决心：不变则已，一变就要成功，绝不能流产。

秦孝公显然已经被商鞅一番理论所震撼，陡然觉得往昔那笼罩心田的沉沉阴霾，已经消散得无影无踪。商鞅如同从历史深处走来的持斧之人，将长久以来束缚秦孝公身心的那道枷锁生生劈开。

2. 一种信任的迷失

商鞅的出现或许是历史的机缘巧合，时间的钟也刚好在那一刻指向了一个经济社会相对自由的大时代。中国自周王朝以来所推行的"井田制"，到了战国时期，早已变得形同虚设，各国之间已经没有人再去认真地执行。

井田制的形制、架构极为粗糙，根本不具备可操作性，它是人为设计好的一种乌托邦式的理想制度。简单说，就是将每一块土地分成九份，八家农户各耕一块，九块土地围成井字形，中间一块为"公田"，八家农户共同耕种，收入归"公"。至于田地的肥沃与贫瘠、水源的远近、每家农户劳动力的强弱……这些都不是设计者能够考虑到的事。在推行这项制度的过程中，肯定会出现不以人的意志为转移的、无法回避的问题。

商鞅变法在秦国用了五六年时间的铺垫才开始逐步推开，整个过程很艰难。司马光叙述中的第一句话就是："卫鞅欲变法，秦人不悦。"也就是说，商鞅是在举国人民的反对声中展开变法的。除了秦孝公，当时的秦国并没有几个人支持商鞅任性而为。商鞅之所以可以全力推进改革，与秦孝公的支持密切相关。

换句话说，秦孝公在，商鞅在，变法就在；而有朝一日，倘若秦孝公不在，那么商鞅和他的改革事业到底还能否存在？这是一个需要用时间去解开的谜题。当然，这时候的商鞅并没有将其他人的反对之声放在心上，他只需要秦孝公一个人的支持。在扑面而来的反对声浪中，他对秦孝公说过这样一段话：民众不可与他们商议开创事业的计划，而只能和他们分享成功的利益。

公元前356年，秦国正式拉开了改革的序幕。中国历史上出现的任何一次变法维新都不可能只是一种治国方略的重新选择，它更接近于一种利益关系的重新调整。也正因为如此，改革才会遭到既得利益者的百般阻挠。

在改革之前，秦孝公想听听各方的不同意见。商鞅在这里已揣摩出秦孝公的理想层次，而秦孝公也同样了解商鞅在"强国之术"的"霸道"上所能实现的利益最大化。商鞅是外来的和尚，他所念的那一套经到底有没有用，秦国人民到底能不能接受，这都是秦孝公所顾虑的地方。正因为如此，秦孝公欲用商鞅变法，又"恐天下议己"。为了摆脱这种尴尬的两难局面，秦孝公还专门安排了一场"御前大辩论"，让支持者与反对者各持己见，展开辩论，这样既互通声气，也能够说服对方。

这是一场极为精彩的大辩论，商鞅一个人舌战群儒，滔滔不绝地展示自己的口才，说得秦孝公连连称"善"，说得那些反对派们哑口无言，不知如何应答。

商鞅认为，旧制度已经被证明行不通，既然不能实现富国强兵的目的，那就应该早日废除，改弦更张。新事物的出现，本来就有可能会遭到世人的反对。秦国在这时候进入商鞅个人秀时间，愚昧的人还没做出任何反应，智慧的人已经有所觉悟。对于商鞅而言，他不可能去做通每一个人的思想工作，也不可能说服他们都来为自己点赞。他所能做的，就是让秦国的 GDP 多增长几个百分点，让民众尽快享受到改革的成果，然后用这样一个美妙结果来为自己赢得更大的支持。

一切时代、民族和国家在改革时必然遇到阻力和咒骂，秦孝公也面临同样的困境。

甘龙就是贵族保守派的代表，他反对商鞅改革的理由是，官员和老百姓已经适应了传统，如果硬要改变这一切，必然会导致秦国大乱，天下人都会站出来反对的。

甘龙的这句话或许会让秦孝公心里一咯噔，可在商鞅听来，是再正常不过的。他说："夏商周三代的制度，代代不同，却都创立了王业。春秋时期的五霸也各有各的法度，都能称霸一时。真正有智慧的人应该敢于突破，只要有利于国家就可以，不必走前人的老路。"

另一位保守派代表杜挚则认为：没有百倍的利益，就不要去忙着变法；没有十倍的功效，就不要去更换器具。我们秦国的制度并没有出现什么根本性的问题，为什么要大动干戈、自乱阵脚呢？大王应该遵守先王法统，慢慢来。

商鞅毫不客气地予以驳斥，他诘问："先王法统？阁下说的是哪个先王的法统？商汤、周武兴起，正因为他们不拘守古法，而殷纣、夏桀的灭亡，正因为他们不改革旧例。君主不要再犹豫了！"

其实秦孝公的改革决心并不是商鞅带给他的，他内心早就有了革旧鼎新的打算。他要的是大秦能够快速复兴，而不是"慢慢来"。秦孝公没有再给那些反对派大臣们说话的机会，他做了总结陈词，他说："我听说，在穷僻的胡同里，你遇到什么事都会觉得大惊小怪。而那些头脑僵化的学者，常常看不惯事物变化，害怕新事物的产生。愚昧之人喜欢做的事情，聪明人往往会觉得悲哀。那些情绪化的主张，往往会让贤明之人觉得是一种伤害。你们所说的那些拘守古法的话，我实在听不下去了。"

不管甘龙、杜挚们脸色如何难看，都无法动摇秦孝公变法的决心。他封商鞅为左庶长（中级官员），直接对自己负责。可是商鞅上任之后，并没有马上颁行新的法律。他对秦国的形势做了一个简单的分析，他认为这时候的秦国是一个相对落后的国家，要改变这个国家的现状，就要颁行新的法律，实行新的制度，依靠秦国的老百姓。而商鞅这时候要颁发推行的法律政策，将会触动秦国贵族的利益。如此一来，那些贵族将会成为他变法的阻力。商鞅所能依靠的，除了秦孝公以及秦孝公给予他的权力，就只

16

有依靠秦国的老百姓。所以在启动改革之前，商鞅首先要做到取信于民。

在改革全面启动之前，商鞅先是做了一个著名的试验。他在陕西临潼的南门立起一根木棍，下令说："谁能够把木棍拿到北门，就赏十金。"这么简单的事情，赏金这么重？当大家惊疑不定、议论纷纷的时候，商鞅又把赏金骤然提高到五十金。这简直就是一个儿戏，远远近近都轰动起来了。

一个争强而又好奇的青年在众人怂恿下，没考虑那么多，就将那根木棍移到北门去了。结果，这个青年竟然如数得到赏金。在人们的惊叹声中，商鞅的目的也达到了。

商鞅要通过这样一件事让民众信任他，等到人们都相信他令出必行之后，才开始颁布改革方案。

信任是相互的，由于在"富国强兵"的愿景目标上达到高度一致，秦孝公便以完全信任、充分授权和毫不动摇的支持，使得商鞅敢于放心大胆地作为，并相信自己是在为一个老派帝国的复兴做出努力和贡献。同时又是国君在重臣的心中树立"信誉"。

商鞅知道自己是"空降兵"，除了秦孝公的支持，没有其他背景，变法遇到的困难可想而知。城门立柱，移木赏金，这是商鞅在百姓心中建立诚信的一种手段。既然商鞅这时候已经得到了君主的支持，那么下面他所要做的，就是争取绝大多数秦国老百姓的信任。两种"信誉"使上上下下取得了一致的价值认同，没有这样的"信誉"，变法就不可能在秦国这块土地上得以实现。

从商鞅做左庶长执政开始，秦孝公就好像从史书上突然蒸发了。本来应该两个人的大戏，这时候却成了商鞅一个人的独角戏，其他的人与事件都成了背景。其他人成为背景尚可理解，作为男二号的秦孝公竟然没有留下几句台词就也随之莫名消失，实在让人无法理解。

徙木立信是商鞅亲自策划并实施的，反对者的骂声和支持者的掌声同时响起。秦国这时候的法制建设，经济、政治改革统统都是商鞅一个人在舞台上秀，甚至连对外战争也是商鞅领兵出征。商鞅刚开始在秦国推行新法时，有上千人跑到国都栎阳，他们态度很明确，反对秦国推行新法。虽然这些上访者在都城闹得很凶，可秦孝公始终没有露面。

就连太子犯法，太子傅公子虔和公孙贾被追究连带责任，秦孝公也没有露面，真是让人匪夷所思。有一次，商鞅处罚罪犯，杀了七百多人，血染渭水，秦孝公还是没露面表态。变法十年，秦国老百姓才真正感受到变法的种种好处，当初反对新法的很多人这时候也在慢慢改变着自己的看法，结果商鞅说"此皆乱化之民也"，把他们强行迁徙到了边城，秦孝公依然没露面。

商鞅完全把持了朝政，这时候的秦孝公就好像空气里的水分一样完全蒸发了，遍寻史书不见。商鞅成了秦国的代理人，政治舞台上的那束追光也只是为他一人而亮。

商鞅变法处处得罪人，朝野上下的反对意见不绝如缕，特别是宗室贵戚们在私下恨得牙痒痒。后来有人对新即位的秦惠王说：秦国百姓只知商君法，不知国君令。这样的话，恐怕秦孝公生前应该也听过很多次。但是秦孝公的态度是不闻不问，对商鞅除了信任，还是信任。终秦孝公之世，变法派官员一直实权在握，所有反对变法的势力都被压得动弹不得。

秦孝公十年，商鞅被提拔为大良造，派他领军包围安邑，魏国被迫投降（可能当时魏军主力在别处，首都空虚，不然不会那么轻易就投降）。

秦孝公十二年，秦国迁都咸阳，并继续支持商鞅开展第二阶段变法。

秦孝公十四年，秦国初为赋（田赋、军赋、人头税）。十九年，周天子尊奉秦孝公为一方霸主。二十年，诸侯都来朝贺秦孝公。至此，秦孝公初步实现了秦国复兴的政治理想——恢复秦穆公时的霸主地位，有过之而无不及。《魏世家》称："秦用商君，东地至河。"也就是说，在商鞅的辅佐之下，秦献公收复河西的愿望也实现了一半。君臣两人就这样精诚合作，一步一个脚印地把秦国带到了前所未有的高峰。

在《战国策》里记载了一件令人感伤的事："孝公行之八年，疾且不起，欲传商君，辞不受。"秦孝公在临终前一度打算传位给商鞅，商鞅肯定是不会接受的。甚至有人认为，秦孝公是用这个办法暗示秦惠文王，在我死后将商鞅除掉，不然他将会威胁到你的王位。

或许我们早就习惯了用复杂的眼光来看待那段历史，少了些先秦人纯粹的本色。我倒宁愿相信，秦孝公这么做是在兑现自己的承诺。当年秦孝公发布《求贤令》时曾经说过要与功臣"尊官分土"。商鞅被封为商君（最高爵位），得到於、商十五邑。秦孝公是这么说的，也是这么做的

秦孝公是一个极有主见的人，有着驾驭顶尖人才的强大自信，最主要的是他始终信任商鞅，没因为任何非议而动摇自己的执政信念，也没留下任何猜忌变法大臣的不良记录。像商鞅这样不给自己留后路的强硬分子，的确不是那么讨人喜欢。除了秦孝公，估计没有人会如此重用商鞅；话又说回来，这熙熙攘攘的天下，能够入得商鞅法眼，值得他效劳至此的国君，除了秦孝公，还有谁呢？

3. 一剂猛烈的春药

公元前 359 年和公元前 350 年，商鞅的变法分两步走，核心内容集中于"农""战"二字。

商鞅所处的那个时代，国家的头等大事莫过于农业和战争。农业是一个国家富强的根本途径，而战争则是战胜敌国最有效的手段。也就是说，改革的最终目的是为了一个"战"字，就是一切为了战争需要，为秦国的王道霸业服务。

商鞅变法是那个时代时间最长，对旧制度、旧贵族势力扫荡最坚决的一次变法，东方六国望尘莫及。

商鞅掌握大权之后，一直在寻找机会攻打东邻魏国，为秦国报仇。先前，魏国实力强过秦国，夺取了原属秦国的黄河以西地区，压迫秦国。再说，商鞅来秦之前，在魏国一直屈居人下，长期不受重视。

公元前354年，秦国军队夺取了魏国的少梁（今陕西韩城）。

公元前352年，商鞅又率领军队包围魏国旧都安邑（今山西运城市盐湖区），迫使魏国守军投降。此为锋芒初试，表明秦魏力量对比开始逆转。

公元前340年，商鞅率军队大举讨伐魏国，这一次是真正的争雄。一年前，魏国与齐国大战。齐国以孙膑为军师，田忌为大将，杀了魏国大将庞涓，取得胜利。商鞅向秦孝公建议说，魏国惨败，人心不稳，力量疲弱，我们应该趁机进攻魏国。这一军事主张得到了秦孝公的支持。

魏国派出公子卬迎击秦军。公子卬是商鞅在魏国时的老熟人，商鞅给公子卬写了一封信，信上说："我们是老朋友，阵前相遇，实在令人为难。不如我邀请你到我这里来相会，饮酒结盟，让两国永远和好算了。"

单纯的公子卬信以为真，前往秦营拜会商鞅。其实他也不想打这个仗，希望能够以和为贵。结果他刚踏入秦军大营，就被商鞅拿下。秦军立即出击，大破魏军。魏国被迫将河西大部分土地割让给秦国，为了躲避秦国锋芒，把国都也迁到了远离秦国的大梁（开封）。魏国从此不敢再与秦军争雄，直到被秦国消灭。人是一个半是天使半是魔鬼的复合体，明面与暗面会交错出现在一个人身上，就看外部环境的刺激和生存的需要了。同样一个商鞅，可以用南门立木昭示诚信二字，也可以用言而无信、出卖朋友来获取局部利益。

在商鞅的帮助下，秦孝公一雪先人的耻辱，他亲自出城迎接凯旋的商鞅，并把商於（今陕西商县到河南内乡县之间）地区十五个邑封给商鞅，并赐给他一个称号——商君。

秦孝公赋予商鞅无上的权力，将其提拔为大良造（总理兼军队最高指挥官），官职级别也晋升为二十级中最高的彻侯，君臣之间的地位日渐接近。

对外实行军事征讨，对内用强权压服人心、推行新政。商鞅提出的愚民思想是与其最重要的变法内容——重农战紧紧联系在一起的，其目的是要人民摈弃杂念、归心于农战。为了使人民能够集中精力专心农战，商鞅认为最重要的一点就是让他们变得愚昧无知。正因为如此，在商鞅变法的各项内容中，愚民是一个关键词。

商鞅认为"昔之能制天下者，必先制其民者也；能胜强敌者，必先胜其民者也"。如果老百姓都是愚昧敦厚之辈，就不会崇尚学问，更不会被其智巧所迷惑，就会专心致志地按照君王的意志投身于农战，从而达到富国强兵、无敌于天下的政治目的。

这一施政目标虽然符合王道，但却在制度及道义层面将君主直接推到了人民的对立面。商鞅对普通民众的轻贱，又何尝不是暗含着他个人未来的命运，暗含着在他的理念下成长壮大的秦国的命运——轰然而起后，再跌入万劫不复。

在商鞅看来，民强则国弱，民弱则国强。商鞅的弱民之法很简单，也就是用强权迫使民众装聋作哑，做一个愚蠢麻木的人，剥夺他们的智商、情商指数，剥夺他们独立思考的能力。具体手段是把诗、书、礼、乐直接列为有亡国危害的禁书，禁止求学、讲学及文化娱乐活动，禁止其他流派思想，全国上下只能听到法家思想的一种声音。学识渊博、表达能力强的知识分子"不可以富贵，不可以评刑，不可以独立私议以陈其上"。

在法家看来，愚民政策是无所不能的一剂春药。只要愚民，就会掀起大生产运动；只要愚民，军队就会全面提升战斗力，国家就会涌现无数战斗英雄。殊不知，民智是任何社会制度都无法遏止的，愚民政策到最后只能导致愚人自愚。

当他们以为自己已经实现愚人目的，其实君臣已患上了严重的自闭症；当他们发现自己还没有实现愚人目的，那些愚民政策又以重刑、酷刑的面目出现，就会有焚书坑儒这类丧心病狂的自灭行为。愚民不仅导致自愚，也必然会导致自毁。

商鞅在改革伊始就为秦国今后百年的施政手段定下了一个总基调，那就是以法施政。

这里的"法"成了刑法，成了轻罪重刑、重罪酷刑的代名词，其中最典型、最残暴流毒、最为深远的是连坐法。"不告奸者腰斩，告奸者与斩敌首同赏，匿奸者与降敌同罚。"如果发现问题没有及时举报，一人犯"奸"，其他同一什伍的九家街坊全腰斩。一人"流"则九家同"流"，一人"囚"则九家同"囚"。

此后这一连坐法经秦国历代君王和当国重臣不断加工，愈织愈密，愈织愈苛，终于在百年后将大一统的秦王朝打造成了一个集中营。

相对于其他诸侯国而言，秦国的君权原本就缺乏道义及制度上的制约。商鞅改革并没有将君权神圣化，而是通过制度和具体刑罚来塑造君权绝对化，也就是所谓的君王最大、君权最大、君王的刑法最酷。

商鞅推行的废除井田、奖励耕战等改革措施触犯了贵族阶层对土地和官职所具有的垄断特权，如此一来，自然会遭到了以太子为首的既得利益集团的强烈反对。商鞅认为法律的制定，并不只是用来制裁自己的人民，自古"法之不行，自上犯之"，因而主张首先惩办那两位唆使太子违抗新法的老师。结果，公孙贾的脸上被刻上了墨字，公子虔则因屡教不改而被割掉鼻子。

商鞅这么做，强化了秦孝公改革的决心，也起到了杀鸡儆猴的作用。但他这么做又何尝不是在传递一个可怕的信号。这个可怕的信号就是，在绝对化君权面前，任何人都难以摆脱刑罚的包围。

商鞅的改革之所以能够在短期内取得巨大成功，其根本原因在于他所推行的经济制度改革成功调整了生产关系，促进了生产力的发展。如此令人难以置信的成功，也奠定了法家思想在秦国施政理念中的主导地位，也同时将法家思想的局限和缺陷融入秦国的施政理念。此后秦国的历代君主和当国重臣也理所当然地将法家思想继承下来。在继承中，他们不但没有加以正确地扬弃，恰恰相反，他们更是将法家思想的先天不足变本加厉。

秦国历代君主和重臣都急功近利且守株待兔，他们根本看不到法家思想与时俱进的先进性，也拒绝考虑法家思想所蕴含的"法者，所以爱民也"的深刻内涵。他们将商鞅改革的暴烈手段视为万世之法，一代谬于一代地传承下去。他们不知道，以重刑、酷刑作为贯彻政令的根本手段来实现改革，只能用于彼时而非此时，只能用于一时而非累世。

商鞅改革的成果就这样被后来的秦国君主修正"为刑以威中国，刑以威四夷"。他们的铁血王道将商鞅以刑去刑的偏激彻底走到极端，甚至出现弃灰于道者弃世的做法。一个人将生活垃圾丢在公路上也会被公开处死，这恐怕是有史以来最血腥的环保成文法。秦孝公将"明德慎罚"的善政主张彻底抛弃，此后刑愈来愈重，愈来愈酷。六代之后，终于在始皇帝时期秦王朝的疆域遍地刑场。

如果说秦孝公是统帅，那么商鞅就是实权在握的总参谋长。秦孝公死，太子立，统帅易人，也就意味着统帅的侍从将面临大换班。谁也没有料到，这时候在秦国已逾十年的商鞅，权势会顷刻瓦解，实在令人匪夷所思。唯一的解释，只能是商鞅没有掌握实权。

商鞅的改革将秦国军事化，自上而下灌输"以力兼人"的理念，所实行的一切变革，都以树立君主权威为目的。秦孝公很乐意享受君主权威节节高的尊荣，因而商鞅的实权，是以君权绝对化为资源，说穿了便是狐假虎威。一旦虎威易主，商鞅就成了那只仓惶而逃的狐狸。

规则可以改写，但规律无法躲开历史的裁量。秦孝公死后，商鞅由叱咤风云的权相，变成自己炮制体制的最大牺牲者。这时候的商鞅已经陷入自我的迷失。他完全以外在的功名利禄来呈现自我价值，舍不得繁华锦簇，放不下权势威严，为身外之物所累。

商鞅的迷失是逻辑递进的，一个国家，一旦价值观发生迷失，作为个人就会失去自己的坚守，作为国家就会产生社会责任的失落。

价值观的迷失，自然而然会走向自我的迷失。作为个人只能以外在的功绩来衡量，作为秦国只能以利润的高低来判断，评价尺度完全功利化而失去伦理约束。一旦自我迷失，经营者的判断力就会下降，国家的政治事业就会变成一场豪赌，甚至有人会为了追求利益最大化而放弃底线的坚守，饮鸩止渴。

这种迷失一旦形成社会风气之后，就会产生劣币驱逐良币的外在效应，对他人的评价准则会转移到狭隘功利尺度。公元前338年，秦国上层很多人已经预感到形势即将发生重大变化。商鞅在秦国任宰相已达十年，权焰熏天，志得意满。这时候，贤士赵良却对他说了这样一番话：

"你通过巴结秦孝公的宠臣景监才得以亲近秦孝公，飞黄腾达。这不是成名的正道。

你治理国家却对百姓漠不关心，光顾着大建豪华的宫殿城阙。这些工程算不上政绩。

你利用法律手段来排斥异己，对政敌你可以割掉太子老师公子虔的鼻子，对平民百姓你随意用严刑酷法予以残害，只会积累怨恨，酿成大祸。这不能算是执法。

传统道德对百姓的感化比官府的恐吓命令更能深入人心，下民效仿上官的清廉正直比遵循上官的三令五申更为迅速。现在你排斥传统道德，用权力来强行灌输所谓的先进文化，这谈不上教化百姓。

你又称孤道寡，炫耀权势，天天把秦国的贵公子投入监狱，无礼地欺凌他们。《诗经》说：'相鼠有体，人而无礼，人而无礼，何不遄死。'根据诗经来看，这不是平安长寿的做法。

公子虔被割掉鼻子后闭门不出已经八年了，你不但不知收敛，反而变本加厉，杀掉祝欢，在公孙贾脸上刺字。《诗经》说：'得人者兴，失人者崩。'这干的这几件事，都不是得人心的举措。

你出行的时候，后面随从着几十辆车子，车子上载满全副武装的士兵，有身材魁梧的大力士陪着你坐车做贴身保镖，车子旁边还有手持矛戟的徒步卫士飞奔护送。这几样东西只要少了一样，你就坚决不出门。《尚书》上写着：'恃德者昌，恃力者亡。'你现在处境危险的就像清晨的露珠受阳光照耀一样，还想延年益寿吗？

你为何不放弃权力，归还十五座封邑，到乡下去浇灌菜园，劝说秦王多做好事，提拔被埋没的贤能，赡养老人，抚恤孤儿，尊敬长辈，礼遇功臣，尊崇有德之士？这样可以使你稍微安全一点。

难道你还要贪图既得利益，要垄断所谓教化，要积蓄百姓怨恨吗？一旦秦孝公死后，秦国难道真的不会逮捕你吗？可以坐等灭亡的到来了！"

　　面对赵良咄咄逼人的追问，倔强的商鞅还是在内心回避了那些血淋淋的场面，挑选了最能摆到桌面上的亮丽事实，回答道："谢谢你的好意，不过我商鞅绝不后悔自己的选择。当初秦国多么落后，父子、男女同室而居。是谁改变了这些陋习？是我迁都咸阳，扩大旧城，建成了比鲁国宫殿还要宏伟的宫殿，这是谁的功劳？是我商鞅！"

　　这一年，秦孝公因病去世。太子驷继位当了国君，是为秦惠文王。蛰居多年的公子虔、公孙贾等人立即活跃起来，他们联合指控商鞅图谋造反。商鞅虽然书写了一段光芒万丈的历史，但最终还是难逃死亡的结局——被车裂于咸阳。

　　商鞅死了，商鞅在秦国两度变法的效应，仍在发酵。秦惠文王杀商鞅报了私仇之后，从国家利益考虑，也还是沿着惯性在往前走。"商君死"，"秦法未败也"。政治上废除"世卿世禄"，以功定爵，建立郡县，实行什伍制度；实行土地私有，废井田，开阡陌，鼓励生产，统一度量衡；又击败当时如日中天的魏国，夺得河西之地。

　　从历史效应来看，商鞅变法，不仅带领秦国由弱变强，而且逐步动用改革的法器，将大秦帝国打造成为一台疯狂的"战争机器"，秦国也由此成为战国七雄中的头等军事强国。

　　法家思想的先天不足和后天缺陷经过百年积淀，终于培养出一个把法家思想的致命缺陷发挥到极致，把社会矛盾和阶级矛盾积累到极致的秦始皇时期，也终于培养出一个犹如巨大的火药桶般的大一统秦王朝。

李斯：帝王术的风险系数

公元前 254 年，处于中国历史上的春秋战国时期，此时的秦国王霸之气呼之欲出。

这一年，卫国在秦的帮助下得以复国，成为秦国的附庸国。

这一年，卫国又被魏国兼并，然后又成为魏国的附庸国，一年被他国附属两次。

这一年，秦王命将领摎率军讨伐魏国，并攻占吴城，迫使魏国全体国民听从秦王的号令。

同样是在这一年里，有一个不安分的小人物登上了光怪陆离的中国历史大舞台。此人叫李斯，后来的秦国丞相。人们对于李斯这个人的评价，大多局限于司马迁《史记·李斯列传》中的那个李斯。

李斯难道仅仅如司马迁所评价，为了个人的功名利禄而投身于秦统一中国的洪流中吗？作为一名有战略眼光的政治家，他用敏锐的政治嗅觉觉察到统一是时势使然，是人心所向。面对机遇，李斯看到了机遇，也同样把握住了机遇，并在属于自己的大时代里留下了深深的印记。

1. 小事件酝酿大概率

我的叙述该从哪里开始呢？是从出东门的那只黄犬，还是厕中那只仓

27

皇逃窜的老鼠？

这时候的李斯连舞台上的一个配角都算不上，只不过是一名小得不能
再小的文书，在楚国上蔡郡守着一份看守粮仓的闲差事，温饱之余思淫欲，
昏昏然不知老之将至。李斯最大的爱好就是牵着自家养的那条只见他摇尾
巴的大黄狗，然后带上他那两个年幼的儿子，出上蔡东门，到野外追逐狡兔。

上蔡郡在秦国的地图上本来并无任何标注，一座小城却因为一个人而
闻名史册。李斯生于斯，长于斯，并一直认为他的人生轨迹将和他的祖父、
父亲一样，死于斯，葬于斯。外面的世界，对此时的他来说，并没有一个
完整而清晰的概念。他有一个幸福美满的家庭，房子虽然不大，足够居住；
薪俸虽然不高，尚算无忧。如果说，他是一个普通的农人，这种生活就是
人间天堂。可是他是李斯，一个有着深厚文化底蕴的文书。

人的命运在那样一个大时代背景里是没有稳定性的，一次偶然的小事
件就有可能会改变一个人的一生。有人说，李斯的命运改变与一只老鼠的
出现有关，并且据此推理，一只老鼠改变了中国历史的进程。

在李斯居住的宿舍旁边有一个厕所，厕所里住着一只老鼠，它每天趁
没人时跑出来享用茅坑的粪便。厕所里人来人往，还经常有野狗来抢食。
老鼠作为弱者，一不留神，就有可能被人一脚踩死或被恶狗一口咬死。厕
中鼠为了填饱自己的肚子，每天提心吊胆，一边食用粪便，一边留意人与
狗的行踪，稍有风吹草动，就要四下逃窜。

这个厕所，李斯每天都要去好几次，这一天他注意到了这只老鼠。李
斯望着它，它也用两只小眼睛回望李斯，眼神里流露着惊恐不安。那副丢
魂落魄的样子，李斯一辈子都不会忘记。

又一天，李斯在粮仓巡视，在仓库也见到了啃噬谷物的老鼠。此处的
老鼠与他前日所见的厕中鼠有着巨大的反差。仓中鼠坐在高高的粮堆上面，

不紧不慢地嗑着谷物，也没有闲杂人员和野狗来打扰它们，个个吃得身体滚圆，毛色光滑，一副悠然自得的神态。

同样是鼠辈，却有着截然不同的人生境遇。老鼠的命运让李斯联想到了当下的自己。不同的生存环境，造就了两只老鼠不同的命运。

厕中鼠活得畏畏缩缩，窝窝囊囊，要进不进，要退不退，吃着臭不可当的粪便，还要担心随时会被人扑杀，被野狗撕咬……

仓中鼠却可以生活在如山的粟米之中，现世安稳，岁月静好，一只只吃得脑满肠肥，嬉戏着在米堆中快乐地交配，不必担心有人扑杀，更不会有过路的野狗窜出来撕咬。

两相比较，李斯不由得感慨万分，喊出了他在历史舞台上的第一句台词："人之贤不肖譬如鼠矣，在所自处耳！"人与鼠的境遇是如此相似，每个人的能力生来是相差不大的。富贵与贫贱，全看自己是否能够抓住机会和选择环境。如果位高权重，自然能活出仓中鼠的尊贵优雅；如果地位卑下，被人呼来喝去，那只能活得像厕中鼠，连最起码的尊严也会丧失。

两种鼠的命运让李斯明白了一个道理——"鼠在所居，人固择地"。李斯开始反省自己所走过的人生路。他那原本如荒原般死寂了二十多年的内心世界，有一股熊熊的野火正以燎原之势燃烧。他无法忍受自己如厕中鼠的命运，他要趁着年轻，努力做一只富贵傍身、高高在上的仓中鼠，去实现个人生存的终极目标。

李斯再也无法安于现状，名利那头怪兽已经在他的体内张开獠牙，咆哮着发出号令。很多年后，他或许会感谢那两只同种不同命的老鼠。小小的老鼠成了自己的人生导师，在他最迷茫的时刻，为他指引了一条光明大道。往者不可谏，来者犹可追。于是，李斯做出了自己人生当中最为重要的一个决定：离开偏僻贫瘠的上蔡郡，到可以给他一方舞台，让他实现建功立业、名垂青史的人生理想的地方去。

李斯从彼时彼刻起所做的一切努力都是为了要改变自己卑贱的命运，无论是雄心还是野心，总之他要出人头地。

李斯辞掉了粮仓管理员的小吏职务，直奔兰陵而去，兰陵当时属于楚国。李斯并不是奔着楚国国君而去，他是奔着楚国一个叫荀况的人去的。荀子，名况，是伟大的思想家，原是赵国人，曾在齐国担任过祭酒职务，后来受到楚国春申君的赏识，做了兰陵县令。春申君被刺杀后，他从县令的岗位上退了下来，一直居住在兰陵。

荀子融合了儒、法、墨、道、名、阴阳各家学说，是战国末期一位集各家学说之大成的学者。谭嗣同说："二千年来之学，荀子也。"梁启超也认为："自秦汉以后，政治学术，皆出于荀子。"李斯拜荀子为师，学习帝王之术，韩非是他的同门师弟。

当然也有人认为李斯后来所走的人生之路，完全背离了其授业恩师荀子当初对他的教诲，有离经叛道之嫌。苏轼说过："荀卿明王道，述礼乐，而李斯以其学乱天下。"之所以有此一说，是因为我们通常把荀子纳入儒家行列。荀子与孔、孟虽然号称儒家"三圣"，但他们有着很大的不同。孔、孟相信人性本善，而荀子恰恰相反，相信人性本恶。荀子曾经借舜之口哀叹，人的性情啊，人的性情啊，太不美啦，还问它干什么呢？（《性恶》：人之情乎！人之情乎！甚不美，又何问焉？）这口气中透露出他对人性的失望与惋惜。

对于我们这些普通人来说，人性本善还是本恶的话题争论并无多少实质性的意义。不管本善还是本恶，都不妨碍我们没心没肺地过自己的日子。但是对于春秋战国时期的那些思想家们而言，相信人性本善还是本恶，意义就大不同了。尤其是那些能够有机会用自己的思想影响君王，实现改造社会的思想家，他们的思想决定了国家的政治走向，也同时决定了老百姓是活在哪一套制度里以及他们的幸福指数，比如商鞅。

信奉人性本善的思想家，他们大多注重道德的力量，主张人们通过内心反省，来自发约束自己的不良行为。而那些相信人性本恶的思想家，则相信法律带来的效果，主张用国家机器强行约束人们的不良行为。

荀子教给李斯的是帝王术。何谓帝王术？简单地说，它是一项辅佐与控制帝王的技术。在一个以讲究政治技术手段的时代，帝王术是一个政治家行走江湖的必杀技。相对于帝王术，道德仁爱、正义礼乐显得虚而不实，也不能取得立竿见影的效果，对于那些急于博取帝王欢心的政治家，他们不愿意把时间和精力蹉跎在这上面。

李斯学习帝王术，只有一个目的，那就是想尽一切办法成为帝王之师，既要帮助帝王统一天下，治理天下，同时也要巩固自己的权力，成为帝王的左膀右臂、股肱之臣。在这方面，苏秦和张仪都是参透了帝王术精义的超一流高手，因此他们入卿拜相如同俯拾草芥。这些人都是李斯心目中的超级英雄，在他看来，男人的一生就应该活得像他们那样精彩不凡。

荀子虽然是儒家的代表人物，可他的理论体系并不仅仅局限于儒家。相较于孔、孟，荀子理论的实用性更强。正因为如此，他的弟子韩非、李斯才会在踏上权力之路后转型成为法家人物。从学于儒家宗师荀子，李斯长时间受到儒学的浸染，他对儒家的那一套仁义道德之说也是认同的。虽然如此，但是儒家思想对他日后政治实践的影响是有限的。李斯压根就没打算像传统的儒士那样宣扬仁义学说，恪守儒家礼仪，一生安贫乐道。这时候的他清醒地认识到在战争频繁、天下统一已趋势而进的背景下，儒家那一套仁政王道的学说是不切实际的。他认为，只有尚法务实的王霸之术才能真正为统治者所需要，有着最大的用武之地。

书生学成之日，也就是准备"将身货与帝王家"之时。没人是为了街头卖艺，写诗换酒喝去皓首穷经。李斯是个精明之人，他能够拎清自己几斤几两，也知道自己到底要的是什么。这就像是一场赌博式的冒险游戏，押中了宝，就能一飞冲天；押不中，就有可能会跌入尘埃，甚至万劫不复。

　　李斯这时候需要做的就是擦亮眼睛，给自己卖一个好价钱，更主要的是找一个可以帮助自己实现人生价值最大化的君王。楚王胸无大志，不值得他为之驻足停留，韩、魏、赵、燕、齐这几家的君王都难称贤明之主，全是待宰的苦主，他想来想去也只有秦国的政治舞台可以让自己大展宏图。

　　此时的李斯身在楚国，而他的老师荀况也希望他能留下来帮助楚国复兴。可是李斯却认为，楚国虽然强大，但几代君王都不思进取，难成大业。而其他国家又都太弱，灭亡是早晚的事。在这几个国家中，只有秦国有做大的可能，实力也是最强的，最关键的是，秦国几代君王都是野心勃勃的霸主。

　　李斯经过一番权衡，做出了自己的决定——投奔秦国。当他向老师荀况辞行的时候，荀况对弟子做出的这样一个选择感到非常失望，说他舍本求末，远仁义而近虎狼。

　　李斯听了恩师的话没有反驳，只是笑着摇头。荀子虽然是自己老师，但他还是不懂自己的心。为了打消老师心头的顾虑，临行之前，李斯向荀子表明了自己的人生态度。

　　李斯说："您曾经教导愚笨的我：人生几十年光阴太匆匆，必须要好好把握每一个机遇。现在七国争雄，正是游说者建功立业之秋。秦王想吞并天下，称帝而治，这正是布衣封侯、游说者拜相的大好时机。读书人要是不能学以致用，博取荣华富贵，与行尸走肉又有什么区别？所以，最耻辱的事情莫过于卑贱，最悲哀的事情莫过于穷困。长期处于卑贱的位置和困苦的境地，愤世嫉俗，淡泊名利，这绝对不是读书人的本心，而是无能的表现。我这就打算去秦国游说秦王。"

李斯在这里向荀子表明了自己的人生志向。他说，自己来这个世界，就是为了成就两件大事。一是追求高贵的地位、物质的享受，不然人活一世与禽兽何异？与一条咸鱼何异？二是要努力实现自己的政治理想，帮助秦国统一天下。

虽然很多年后，李斯贵为秦国宰相，成为秦始皇的股肱之臣，一人之下、万人之上。但荀况在这时候就已经预测到这个不太听话又有些急功近利的学生将在未来的日子里遭遇不测之祸。

李斯自认为已经得到了荀子的思想真髓，急于需要一方大展身手的舞台。作为荀子的弟子，李斯应该也算是师承孔、孟。孔、孟当年是为了推行自己的学说而寻求做官的路径，而李斯则是为了寻求做官而钻研学问，他将学问作为权力的敲门砖。

做官为大，还是学问为大，决定了他们的人生归宿，人生的价值也就各有高低。

李斯在离开师门后就直奔自己的理想之地而去，也就是他认为最有可能统一天下的秦国。当时诸国之中只有秦国既有吞并天下的野心，又有雄厚的实力。正因为如此，他才会坚定地认为，只有秦国才能为他提供建功立业、实现个人富贵的最佳机遇。

李斯的态度是积极的，有才能就应该让别人知道，就应该用才能为自己赢得应有的财富和名位，否则就是一种无能的表现。这是李斯内心的独白，他的人生的终极目标就是实现更大的功名利禄，他并不打算为自己的文人价值观留下一块遮羞布。

不管怎么说，李斯并不是一个戴着"仁义"伪善面具的人。他用两只鼠的命运告诉人们，他只是苦于贫穷，才想到去改变自己的命运。结果却引来司马迁和后来人站在他的惨淡结局的角度去审视他当日投身于秦国的行动，得出的结论是，这一系列行动只是李斯实现政治野心的手段。

野心是野心家的通行证，只有理想抱负才是英雄的墓志铭。所以李斯不是英雄，只是一个野心家。不管司马迁和后人如何评说，不甘于老死于上蔡的李斯勇敢地迈出了自己人生中最大胆的一步，与命运做了一次不大不小的抗争，他并不仅仅只是想要做一个权力场上的机会主义者。

李斯潜心学习帝王之术，希望用自己的才华去兑现想要的名利。他带着满满的自信、满满的才华奔着秦国而来，犹如当年的商鞅。估计连他自己也没有料到，自己有一天会顺风顺水、位极人臣。尽管他从不怀疑自己取得成功的能力。李斯身上具备一切成功者必备的素质，有野心，有才华，有机遇，他的成功在诸多因素的催发之下成为一种必然，个人为大势裹挟，半推半就成了后来的样子。

2. 明面与暗面的较量

李斯到了秦国，正赶上秦庄襄王驾崩，十三岁的嬴政即位。李斯见秦国大局尚未稳定，他决定先持观望态度，然后再做决定。每一个君王的死去，对于他的国来说，都要面临一场或大或小的政治危机；对于体制内的每一个人来说，都是一次重生或者败亡的机会。

朝廷权力体系中的各大派系必然会借助这个辞旧主迎新君之机，或明或暗地进行较量角力，以争取在新的权力版图上占据更大的份额。原本占小块的想要分一块大的，原本占大块的想要分得更大一块，这就是人性。

初到秦国，李斯要做的第一件事就是寻找自己的贵人和靠山。对一个新人来说，要想攀贵结富，与帝国的高层取得联系，找靠山是一个必然的手段。李斯的首选对象是文信侯吕不韦，此时的嬴政还是一个十几岁的少年，秦国的大权还掌控在丞相吕不韦的手中。

吕不韦门下食客三千人，他命食客将各自所见所闻记录下来，综合在一起成为八览、六论、十二纪，共二十多万言，其中包括了天地万物、古往今来的事理，号称《吕氏春秋》，并将之刊布于咸阳城的城门之上，上面悬挂着一千金的赏金，遍请诸侯各国的游士宾客，如果有人能增删一字，就给予一千金的奖励。

李斯登门拜府，先是做了吕不韦的舍人，舍人是战国时期高官显贵的侍从或亲信，类似宾客，而不是一种官员。吕不韦发现了李斯的才能，后任其为"郎"。郎是郎中令的下属，掌守门户，出充车骑。郎这个职位没有固定编制，往往多达千人，是一个很不起眼的官职。通常由贝选、荫任、军功特拜来产生，李斯要从这上千人中脱颖而出，并不是一件容易的事。

虽说只是一个不起眼的小官，但也算是有了名分。李斯迈出了自己人生的关键一步，也由此成为秦国政治体制内的一员，一切都在向着好的方向发展。孔子曰："富而可求也，虽执鞭之士，吾亦为之。如不可求，从吾所好。"巧合的是，郎官的职责就是执鞭御车。作为儒家弟子的李斯，对于圣人的这句话也应该是认同的。

虽然官职不大，但李斯还是有机会见到少年时期的秦王嬴政。这时候的始皇帝，只是一个孤独而略显忧伤的少年。十三岁没了父亲，母亲又远在雍城，常年见不着面。偌大的咸阳城，他的国，他的都城，他却在这里过着一种举目无亲、迷失无措的精神流浪生活。他不仅要忍受孤独，更要忍受有关他是吕不韦私生子的谣言带给自己精神上的耻辱。

虽然贵为秦王，可很多时候，嬴政觉得自己更像是一个失去自由的囚徒。真正的内政大权，这时候都垄断于吕不韦一个人的手中。对于李斯来说，既要取得吕不韦的信任，又要找机会贴近秦王嬴政。一个能够决定自己的当下，一个能够决定自己的未来。李斯必须用未来的政治远景诱惑嬴政，使他暂时从烦闷不已的现实中解脱出来。

李斯很清楚，等到秦始皇君临天下，自己所要做的，就是要想尽一切办法取得君王的信任。然后用这种信任来影响他，或者是控制他，让自己的思想主宰君王的思想，皇帝是老虎，自己就要成为那个敢于牵引老虎的人。

李斯希望能够帮助始皇帝下一盘很大的棋，也为自己布一盘更大的局。

李斯明确地告诉秦王，你是那样的与众不同，与其他六国的王完全不一样，与古往今来所有的王都不一样。你是王上之王，万王之王。他建议秦王去实现兼并六国、统一天下的宏伟帝业，并且提出双管齐下的手段，利用金钱和武力从内外两方面对东方六国的上层进行瓦解。

李斯的建议得到了两个人的响应，一个是吕不韦，另一个是秦王嬴政。这时候，秦国大部分臣子都在唯吕不韦马首是瞻，敢在嬴政面前说贴心话的人并不多，嬴政对李斯的建议很赞同。这时候，嬴政还没有真正掌权。最初改变李斯命运的人，不是嬴政，而是吕不韦。吕不韦将其任命为长史，长史负责顾问参谋，是一个有实权的官。这样一来，李斯就算是真正进入了秦国政坛。

一介小吏，与布衣无异，如果想要改变命运，只有靠天靠地靠自己。如果李斯没有出现在秦国统一天下的滔滔大势之下，如果他没有遇到赏识自己的吕不韦，那么等待他的很可能是一个怀才不遇的悲情角色。

正当李斯准备大展宏图之时，秦国发生了一起意外事件，有人就给秦国的近邻韩国出了一个馊主意，让韩王派水利工程师郑国到秦国去，游说秦国挖掘一条人工河，以此消耗秦国国力。韩王病急乱投医，就采纳了他的这个办法。

郑国果然游说秦国开挖了一条人工河——郑国渠。眼看大功就要告成，有人却在此时站出来揭发了郑国的间谍身份。秦国的宗室大臣趁机挑拨，说六国在秦国为官的那些人都不值得信任，都有可能是间谍，他们来到秦国就是为了破坏秦国政权。

秦王下逐客令，让客卿全部离开秦国。

李斯好不容易在秦国混成了客卿，正打算继续深入推进自己的政治主张。如果被赶出秦国，他所做的一切努力都将付诸东流。情急之下，李斯就冒险给嬴政上了一篇奏疏《谏逐客书》，列举他的先祖秦穆公当年是如何求贤若渴，从各国请来贤臣，成就一番霸业。

他说，秦国宫廷里的明珠宝玉、丝绸锦缎、名剑良马、美女音乐，无不来自各国，难道因为不是秦国所产，秦国就不能享用它们吗?

这封奏疏显示出李斯在政治上的远见卓识和超凡的勇气，他明确告诉嬴政，由于猜忌、排斥六国之士而盲目将他们全部驱逐出境的做法对你这个君王，对秦国都是有百害而无一利。如此做法，只会使历代君王统一天下的计划成为一张无法兑现的空头支票，甚至还可能导致秦王身边缺乏能臣贤士的辅佐，使大秦逐步走向衰败。

秦王嬴政被李斯的上书所打动，收回逐客令，恢复了李斯的官职。按照秦王已经颁发的逐客令，李斯也在被逐之列，而凭此上书，竟然能使秦王收回成命，由逐客变为留客、用客、重客，这是李斯所学帝王术在现实中的实际运用。秦国也正在按照李斯所规划的，一步步走向统一。

李斯的策略其实很简单，先是运用军事手段打击六国。他对秦王说："凡是干事业的，必须要抓住时机。秦穆公时虽然秦国很强大，但是他并没有完成统一大业，原因是时机还不成熟。自秦孝公以来，周天子彻底衰落，各诸侯国之间连年战争，秦国乘机强大起来。现在秦国力量强大，大王贤德，消灭六国如同扫除灶上灰尘那样容易。这正是完成帝业、统一天下的最好时机，千万不能错过。"李斯的这句话正好切中秦王心底的一个结。

在运用军事手段打击六国的同时，李斯又提出运用离间之术制造混乱，使其君臣离心。

李斯向秦王献计道："对待其他诸侯国里，那些有能力的人才。可以用钱财珠宝将其收买，与他们搞好关系；要是他们不愿合作，就早点将他们刺杀……"李斯一次次向秦王出谋划策，越发取得嬴政的信任。

由于献策有功，李斯受到了秦王褒奖，将其任命为客卿。客卿是战国的一种官职，级别为卿。客卿本身没有多少实权，爵位也是中等，但这个位置的弹性很大，可以得到升迁。当年商鞅入秦初期也曾经做过客卿。至此，李斯凭借自己的能力从舍人开始，在秦国的官场之上实现了自己人生的三级跳，先是舍人，后为郎、长史，再为客卿。

秦始皇二十六年（前221年），秦国先后灭掉韩、赵、燕、魏、楚、齐六国，结束了长期分裂的局面，实现了国家的统一，建立了统一的专制集权的秦王朝，中国历史也由此进入一个新时期。

李斯策划参与了灭六国的战争，并在统一之后帮助秦始皇规划政权建设，制定巩固统治的各项制度。这一时期，李斯的年龄从50岁到60出头，正值年富力强，政治经验丰富，他的政治才干得到了充分的发挥。

经过十余年的兼并战争，秦国完成了统一大业，李斯的富贵大梦和他的政治理想正在一步步得到实现。虽然闭上眼，厕中鼠依然会眨着那双仓皇的眼神盯着自己，但是李斯知道，他已经可以和那只饱食终日的仓中鼠们一起坐下来，谈谈人生和理想了。

在秦国统一前后，李斯的功劳簿上记下的应该是灭六国战争立下的功劳。很多年后，李斯在总结灭六国战争时说道："我刚到秦国时，秦国的领土还很狭小，不过千里，士兵也不过几十万。我用尽了自己微薄的才能，小心谨慎地执行法令，暗中派遣谋臣，资助他们金银珠宝，让他们到各国游说，暗中准备武装，整顿政治和教化，任用英勇善战的人为官，提高功臣的社会地位，给他们很高的爵位和俸禄，所以终于威胁韩国，削弱魏国，击败了燕国、赵国，削平了齐国、楚国，最后兼并六国，俘获了他们的国王，拥立秦王为天子。"

时任廷尉的李斯极力主张秦国应该废弃传统的分封制，转而实行郡县制。他说，周文王分封了很多子弟做诸侯，其中大部分都是姓姬的。随着时间的推移，这种亲缘关系将会逐渐疏远，诸侯竞相厮杀攻伐，相互攻击如同仇家一样。搞到最后，连周天子拿他们也没办法。

按照李斯的想法，如果秦国推行封建制，那么国家的中坚力量与决策者，将会被皇帝的血亲家族成员与征战功臣所垄断。这些被分封出去的国王，等于在朝廷有了一个议事会。如此一来，国家大事就由这些有实力的议事长老们来议定，李斯要想左右皇帝与国策，几乎是不可能的。正因为如此，李斯从心里排斥西周的封建制。而郡县制则完全不同，所有的郡县长官都是由皇帝直接任命，皇帝要用谁，李斯就可以参与发表意见。对于李斯而言，控制这些地方官员，要比控制那些皇亲国戚容易得多。

试想，如果秦国没有实行郡县制，而是实行了分封制，不知道中国历史将会走向何处。可是历史又不容假设，在无数条可能存在的道路中，它只能选择一条道走下去，就像我们每个人的一生。

在始皇三十四年（公元前213年）的廷议上，李斯极力反对以淳于越为首的七十二博士站在儒家"法先王"的立场要求恢复分封制的提议。他借着《谏秦始皇焚书坑儒》奏文，对那些儒学博士进行有力地反驳。

李斯的话说得非常直白，丝毫没有虚饰成分。他说，当初为了夺取天下，秦国大肆笼络天下英才，将各地游学的士人都招揽至秦国，还要以礼待之，使他们心甘情愿地为秦所用而不让他国所用。此一时彼一时，现在天下统一了，这些人就失去了先前的利用价值，秦王用不着再厚待他们。

李斯认为，这些士人以自己的学问来责难当世，蛊惑百姓，破坏当今的统治。朝廷应该封住他们的嘴巴，让他们老老实实读书，本本分分做人，不许乱说乱动。只要天下的读书人老实了，百姓就会埋头干活过日子，不会胡思乱想，不会做出反国家反社会的极端行为。

李斯并不主张杀尽天下读书人，他认为要杀的是那些不听话的敢于"非上"者。他也不是主张秦国不能留存《诗》、《书》之类的书籍，他认为这些书只能保存于皇家的官方藏书室里，民间不许流传。他也不是绝对不许读书人碰《诗》、《书》之类的典籍，只是要求他们按照官方的统一口径来解读，不得随意解读，更不得越雷池一步。

之所以这么做，是因为李斯认为，这些书会毒害人的思想，使他们对现实社会产生怀疑和不满。由于内心不满，有的人还在公共场合做煽动性演说，批评朝政。只有禁止私学，才能禁止这些与官方口径不同的学说影响扩散，从而避免危及统治者的宝座。儒生只要乖乖地听话，按照官方口径解释《诗》、《书》之类，在教化百姓服从统治和按照官方正统理论来统一大家的思想方面还是可以大有作为的。

李斯冒死进谏提出了止法家以外的一切私学，致使《诗》、《书》及百家之书遭到焚毁，四百六十多名儒士被坑杀。其实坑儒还是很冤的，坑的大多是术士。

很多时候，秦始皇觉得李斯就是上天赐给自己的良才俊臣，有了他，自己就可以高枕无忧。李斯的话说到了自己的心坎上，如果天下没有纷繁复杂的思想言论，只有自己所偏好的那一套观念存在，该是多么美妙的事。六国都已经被征服了，而那些发布歪理邪说的读书人也该到了清理的时候。儒生博士可以留在官中，但他们的独立思想必须像太监的阳物一样阉割掉，逼着他们从自由文人向工具化文人转型。不转型，只有死路一条。

皇帝需要的不是儒家培养出来的思想家，需要的是儒家给他输送实用型人才。焚书坑儒不是要更换教材，而是要换新的导师。私学中的导师是百家，现在大秦开辟了新的统治体制，不再以思想家和教育家们为师，而是"以吏为师"。

国家导师因此只能有一个，那就是李斯。孔子以降的私学（社会力量办学）终于在李斯时代被废止了，而李斯却是私学的受益人。思想多元的教材也被令行禁止，如果私藏就会有杀身之祸。每一个人都要在自己的格子里生活，不仅不得自由思想、自由言论、自由教学，也不得自由迁徙。

儒家只是用伦理的纲常形成格序，使人安身立命，尊卑有序。法家要更进一步，通过土地户籍来限定每一个人，要废弃前人的思想文化，使社会无知无识，老百姓成为蒙昧的顺民。

3. 韩非的非常规命途

从踏足秦国的那一刻起，儒家思想在李斯的身上就隐而不见，他的所言所行无不透露出法家所崇尚的那一套重口味理论。一个成功的仕途经营者，无疑也应该是一位出色的社会学家。李斯身上有着战国末期事功之士的性格特征，他对当下的政治形势有着十分清醒的认识，深知儒家的仁政理想在现实社会里与文人的空想也差不多。

在这期间,李斯不光自绝于文人队伍,更是自绝于世俗生活。他做了两年多的舍人,又做了大半年的郎官,一直都没有将自己的老婆和孩子接到咸阳。李斯是个谨慎之人,眼看自己就要实现仓中鼠的人生理想,可他还没调整好自己的精神状态,他的心态还是厕中鼠,仓皇不安,谨小慎微。他没有贵族的优越感和安全感,却有着严重的投机心理。他没有勇气孤注一掷,怕有一天自己会输个底朝天,退回到起点。

等到秦王嬴政封其为长史,他这才张罗着将自己的老婆、孩子接到咸阳。他要做一个真正的咸阳人,一个有着高官显位的贵族,全心全意为大秦帝国效命。

从当年决定辞去楚国上蔡郡小吏这个没有前途的末流公务员之职算起,李斯已经在这条路上苦苦打拼了十一年。他所经历的艰难困顿、心路起伏是外人无法体会的,人们只看到表面的喧嚣与荣光。

一路走来,李斯不敢有丝毫的懈怠。无论身处何时何地,他相信自己有一天会苦尽甘来。而这一天到来的时候,李斯却没有达到自己想象中的人生快感。他能够在最强大的秦国的中央政府身处高位,虽然没能位列三公九卿,也达到了大多数文人一生也难以企及的高度。

公元前 234 年,秦攻韩。从长时段的历史看,这场局部战争只是数百年来大秦的统一意志伸张过程中的一个细节,或许不值一提。然而,由于它的特殊指向,使得它与思想史的进程紧密地关联起来。

公元前 233 年,秦王政十四年,就在李斯风生水起之际,他的老同学韩非来到了咸阳城。

韩非是韩国诸公子之一,他的出身比李斯要高贵得多,知识结构也比李斯更加扎实。与李斯相比,韩非更为完整地秉承了荀子的思想。基于人性本恶的信念,韩非看到了君臣之间暗藏的种种杀机。于是,他提出了以这些危险为整治目标的"君王御臣术"，这也就成了《韩非子》一书中最主要的部分。这些应对具体而复杂的政治处境的权力技术，并非庸常之主可以驾驭的。

我们今天阅读《韩非子》的《内储》《外储》《八奸》等篇，对于一个很少涉足权力斗争的人来说，也会感到心生寒意。然而，权力领域是我们生存的这个世界无法回避的部分。一个活在体制内的人，要想做到完全超然于权力关系之外，是根本不可能的。存有如此想法的人，不是过分天真，就是故作天真。

秦王嬴政非常赏识韩非这个人，他在没有见到韩非之前，俨然就是一个超级粉丝。在一次偶然的机会里，他读到了韩非的《孤愤》、《五蠹》两篇文章。读完后，秦王的表现有些夸张，先是拍案而起，接着连声感叹："嗟呼，寡人得见此人，与之游，死不恨矣！"

在韩非看来，如果没有利益的驱动，作为臣子没有理由忠诚于自己的君主。在他的政治思想里，"和谐"是一个完全不能容忍的概念。他认为，一个君主要想立于不败之地，就要在群臣制造一些不和谐的气氛，让他们互相猜忌和不信任。

韩非心目中的理想君主，不仅要有洞明的心智和强韧的精神，还要有深不可测的人格。

如今韩非这尊真神驾临秦国，李斯的危机感陡然而生。这时的秦国正处于大开发大建设的振兴时期，虽然郑国渠已经完工，但整个国家的发展还没到尘埃落定的时候。秦王嬴政已经二十七岁，进入一个男人的全面成熟期。

嬴政对韩非入秦抱有极大的期望，他期待与韩非共同谋划秦国的强国之路，他期待与韩非共同谋划秦统一中国的施政战略，他期待韩非成为秦国庙堂的栋梁重臣，为即将起步的统一大业同心奋争。也就是说，秦王嬴政的"得见此人，虽死不恨"的感喟，并不仅仅是一种私人感情的无谓而叹，更多是一种基于国家使命的功业期待。

这时候对于秦国来说，最大的问题是，在灭六国的战争中，他们的第一战应该向谁开刀？李斯认为，第一把火应该烧向韩国，以此来震慑其他各国。韩非与他有着不同的意见，韩非认为先伐赵，缓发韩。这两种观点，实际上就是秦王嬴政在制定通天大计时的路线之争，它的本质是秦国和韩国两国利益的冲突。

韩非的出现完全打乱了李斯的节奏，李斯要让嬴政尽快看到自己的成果，以此证明只有他李斯才是秦国实现统一大业的最佳人选。

众所周知，对于法家而言，世间的道德是建立在强权的基础上。他们提倡的法治只是为了达到目的的一种手段，因此在一些普通人看似无法接受的行为，法家却将其视为行动的准则。无论是韩非，还是李斯，他们所关心的是如何造就一个无往而不胜的强大国家，一个用暴力维系的以君主为中心的高效的国家。

也就是在这种情况下，韩非为了使自己的母国——韩国不遭到灭亡的命运而出使秦国。

韩非在秦国看到自己的政治主张处处得以实现而欣喜万分，同时他也感到矛盾与彷徨。面对秦统一中国的滔滔大势，他所做出的努力无疑是螳臂当车。

韩非在进入秦国后所作所为都是为了能够保全自己的国家——韩国，不惜以大师之身"用间"。作为韩国的贵族子弟，韩非这么做也合乎情理。

这时候的韩非已年逾花甲，在经历了一生的坎坷困顿之后，身为韩国"诸公子"的韩非对自己的"祖国"有着一种深沉的爱。正是源于这份爱，韩非做的第一件事，是对李斯所提出的"先取韩国"战略，做出正面否定。韩非不是当面向秦王嬴政进言，而是采用更为郑重也更为擅长的方式，正式上书秦王，驳斥李斯的平韩方略。

对于韩国的实力，韩非进行了夸大，尤其是夸大了韩国的备战状况和政治状况。对于天下大势，韩非夸大了山东六国的相互救援能力。后来统一战争的实践表明，灭韩之战真正开打，几乎是一次小战过后就成了完结篇。六国相继灭亡，也没有发生过任何形式的合纵救援。

韩非所做的第二件事，就是对秦国的外交分化战略，提出猛烈地抨击。韩非先是对秦国的外交大臣姚贾进行诬陷，试图促使秦王杀掉此人，从而削弱秦国的外交攻势。姚贾主要负责魏、韩、楚三国的外交分化战，在韩非看来，此人的存在将是韩国最大的威胁。

在此之前，适逢齐、楚、赵、燕四国连横抗秦，秦国要度过危机，必须想办法拆散四国联盟。姚贾主动请缨，秦王政给了他一千斤黄金，命他出使东方四国。姚贾用了几年的时间，把联合抗击秦国的这四国，用钱将其逐一摆平。韩非指责姚贾，携带财物出使四国，实际上是以出使之名，利用特权私自结交诸侯，培植个人势力。另外韩非还翻出姚贾的身世，说他是大梁的盗贼，赵国的逐臣，如果将这样出身卑微的人倚之为朝中重臣，会造成不良的风气。

韩非入秦后的议论，现存的仅有《初见秦》、《存韩》及《难言》三篇。《初见秦》通篇就表达了一个意思，即秦之谋臣"皆不尽其忠"。这里提到的"谋臣"，包括李斯。韩非通过这篇政论离间秦国君臣的用意，实在是过于直接。他之所以做出如此选择，是因为他过于相信自己对秦王的影响力，同时也识破了秦王嬴政刻戾疑忌的性格。

如果没有接下来的《存韩》一文，韩非的离间之计或许能够成功。可现实并非如此，韩非很快就抛出"存韩"之议。韩非这么做，也是不得已而为之，因为这时候留给他的时间已经不多了。面对自己的祖国已危在旦夕，如果他不能说服秦王嬴政"存韩"，那么自己所做的一切努力都将付之东流。

韩非的《存韩》，极其类似于此前韩国的"献上党，移祸赵国"的策略，企图再次移祸于楚国。战国之世，历经生死存亡的几百年残酷战争，各国累积的政治经验都极其丰厚，秦国自然更是如此。

虽然在没有见面之前，秦王视韩非为偶像，但是韩非进入秦国之后，嬴政既没有相信韩非，也没有任用韩非。秦王这么做，只能是基于国家利益的判断做出的选择。

一篇《存韩》，让秦国君臣轻易识破了韩非的意图：将强大的秦军引向山水无比纵深而灭国难度最大的楚国，使韩国有喘息机会；若秦军在广袤的楚国战败，则韩国便有再造机遇！对于秦国利益而言，这是一则极为险恶的谋划。面对如此误秦之策，秦国庙堂不可能平静，秦王嬴政不可能不愤怒。

作为同门师兄弟，李斯太了解韩非这个人了。从韩非来到秦国的第一天，他就知道，韩非此来与自己当初来到秦国是完全两码事。李斯也曾经有过幻想，幻想能够与自己的同学相安与共。他们可以将秦国作为法家的试验田，让他们共同的老师——荀子的学术理想在这里得到全面实践。

可是当他看到韩非的那几篇文章，就彻底改变了主意。韩非的字字句句就像是一枚枚竹钉，钉在自己的心上。韩非虽然是他志同道合的同窗老友，但韩非代表的是处于亡国边缘的韩国，是秦国即将吞并的韩国。李斯主张，秦国将韩国作为秦第一个征伐对象，原因在于它在东方六国中国土面积最小，人口最少，军事力量最弱。从地理位置上看，灭韩可以打开通向东方的大门，在战略上处于有利地位。

即使退一万步说，韩非出使秦国，与韩国的生存没有任何关系。他来韩国，只是为了投奔秦国，为秦国一统天下出力，自己也无法与其同生共存。韩非在秦国的每一天都是对他李斯的威胁，一山又岂能容二虎？

李斯既明白韩非用心所在，也同样明白秦王意欲何为。针对韩非的存韩梦想，秦国君臣的三项对策也相继出台：

其一，由李斯以同样的上书形式，反驳《存韩》，揭穿韩非的用心；其二，在韩非依然毫无悔改的情况下，将韩非下狱；其三，开始向山东大举进兵之前，将韩非处死。

李斯借着反驳《存韩》，表明自己的立场，划清与韩非的界限，坚决不同意韩非的那一套政治主张。李斯在此提出，韩国的存在将是秦国最大的威胁，应该先除去这个心腹之患。

李斯认为，按照韩非的谋划，秦国将要被拖入不可预测的泥沼当中。因为，韩国根本不会屈服于秦国的道义之举，只会屈服于强大的武力。韩非之所以做出如此谋划，是因为韩国表面向秦国称臣，实则与楚国私下有约。同时，赵、魏、齐等国也必有呼应。韩国将会撇开秦国，鼓动合纵，到那时，秦国将会再次陷入当年退缩崤山与函谷关的困境。

李斯指出韩非的思想动机不纯，韩非这么做是在故意迷惑秦王。李斯提醒秦王，必须对韩非的言论予以高度警觉。他说，韩非身为韩国公子，在秦国与韩国的较量之中，他肯定会站在韩国一边，不会为秦国打算，这也是人之常情。今日大王若不用韩非，留在身边或者将其放归韩国，都会留下祸患，最好的办法就是将其诛杀。

说韩非之死是李斯、姚贾陷害，是同门相残，实在太经不起推敲了。其实直到最后，李斯、姚贾对韩非都没有提出诛杀的主张。两人提出治罪韩非，所秉持的基本事实是：秦国要统一天下，要搜罗人才，所以才争取韩非。但是，"韩非终为韩，不为秦"，这是无法改变的事实。

李斯、姚贾提出，"以过法治罪韩非"。李斯提出以"过失罪"处置韩非，他本不想将其置于死地。李斯没想到，作为韩非的粉丝，秦王竟然会批准他们的建议，廷尉府很快就将韩非投入秦国的国家监狱。

说实话，秦王嬴政将自己殷殷强请来的大师下狱，内心一定很矛盾，也一定很苦恼。可是，基于国家利益，基于奉行秦法，一个杰出的国君，是不能容忍某个人公然将国家引上不可预测的危险道路的。据《史记》的说法，秦王后悔了，派人赦免韩非，但韩非已经死了。但是，我对这一说法表示根本性怀疑：韩非尚至死不悔，临死之前"欲自陈"——要再次陈说自己的主张，自然不可能是转而向秦国表示忠诚效力；政治洞察力与强毅秉性毫不逊色于韩非的秦王嬴政，何能法令既出而悔之？下狱而赦免之说，更与秦法实践大相违背，不可信。

由李斯出面处死韩非，只是既定对策的实施方式而已。

从政治法则说，将韩非下狱处死，秦国利益使然，秦国法度使然。韩非的死，李斯到底有没有责任，究竟应该承担多少责任，我们无法确定。唯一可以确定的是，韩非死了，秦国就无人在治国策略上可以超越李斯。需要说明的是这时候的李斯，才刚刚进入秦国权力高层不过三五年时间，其爵位与具体职司还都不明确，只是参与谋划大计，或执行某些重大事务。如果说将来李斯是秦国政治土壤上的参天大树，那么这时候的李斯的权力之树还处于一个成长期，远远没有达到能够秘密胁迫秦国政治要犯自杀的地步。

以秦国执法之严，李斯如果私自将毒药送给国狱政治要犯韩非的手中，并胁迫其自杀，是非常严重的犯罪行为。这是一项几乎不可能完成的任务，就算能够达成目的，也难以逃脱事后被追究处罚的噩运。

按照秦王嬴政一贯渴求人才、爱护功臣的秉性，不会轻易治罪于一个天下大才。即使要治罪韩非，他也是认定韩非的行为对秦国构成了严重的危害。先将其下狱，再去做翻案文章，这显然不符合始皇帝一生的刚霸作风。

退一步说，如果秦王事后反悔，又发现韩非的存在对自己有利的一面。此时，若韩非已死，那么追查毒药来源是一个必然的环节。一路追究，李斯毒杀韩非的真相将会很快大白于天下。果真如此的话，李斯承担不起，秦王也容忍不下。

作为生命个体之实践，韩非无疑是精神分裂的悲剧命运。

但是，作为思想家，韩非却是光耀万古的伟大星座。

韩非的伟大，表现在对社会政治的深彻洞察。在那剧烈动荡的大争之世，韩非自囚深居，思通万里，烛照天下，将鲜为世人所知的种种权力奥秘与政治黑幕，悉数化为煌煌阳谋，陈列于光天化日之下，成为权力场运行的冷酷法则。一部大书《韩非子》，使古往今来之一切权力学说与政治学说相形见绌。

李斯凭借自己的政治才能与心机，一步步走向权力巅峰。秦吞并天下以后，李斯成为秦王朝的丞相，实现了他成为一只"仓鼠"的宏伟愿望。李斯与嬴政密切配合三十余年，秦王朝几乎所有的重大措施都有李斯的参与。不过李斯并没有飘飘然，他很清楚，自己的一切都与始皇帝分不开，他的命运与嬴政是紧紧联系在一起的。

他的儿子李由担任三川郡守回咸阳探亲，李斯在家中设宴，文武百官闻风而来，门前车马数以千计，热闹非凡。此情此景，让李斯感慨万分。

他说，我的老师荀况曾经对我说过"凡事都不要搞得过了头。我李斯原是上蔡的平民，街巷里的百姓，皇帝不了解我才能低下，才把我提拔这样的高的位置。荣华富贵已到极致，事物发展到最后，都会盛极而衰的规律，我李斯的归宿又会在何方？"

处于人生的鼎盛时期，李斯的内心却对自己的前途命运产生了惶恐与不安。从昨日那只可怜的"厕鼠"混到今日饱食终日的"仓鼠"，无数个不眠之夜，他都会为自己的命运暗自庆幸。自己何德何能，得享今日荣华。

当年决定投奔秦国时，老师荀况给他的忠告在他的耳边再度响起。他在这里的感叹与其说是一个政治家的居安思危，还不如说是一个权力投机者的患得患失。一声叹息并不能让他摆脱人生的困境，因为他没有采取任何实质性的举措保护他的既得利益。他所能做的，无非是让自己的功劳簿堆积成一座巨型粮仓，让自己福泽绵长甚至荫被子孙。

李斯明明懂得"物极必反"的道理，可他却让这种意识仅仅停留于风中的叹息。当年他蹲在厕所里感叹自己如"厕中鼠"的命运，那种内心涌动的进取意识于当时混沌度日的李斯而言，不过是一种本能的自然反应。一个人在路上，最难的不是出发，而是到达顶峰之后依然保有精神上的锐气，依然让自己拥有更进一步的野心和梦想。

从这个意义上说，李斯当年为自己定下"厕鼠"变身"仓鼠"的志向本就不算远大。李斯应该想到，自己虽然已经成长为一只"仓鼠"，但是在这个大粮仓里，又岂止他一只硕鼠。他应该想到，这里不光有他，还有其他"仓鼠"，甚至还有四处乱窜的小"厕鼠"越境而来。

对于李斯来说，唯一占有秦国这个大粮仓的办法，就是对仓库和厕所来一场大扫除。

政治斗争永远没有尽头，永远潜伏着一股又一股阴暗的力量。每个投身其间的人要想有所作为，只有一条路径可以选择，那便是崇尚权术。李斯尚权术，会有人积蓄更大的能量，挖更大的坑，等着他跳进去。

虽然处于权力金字塔塔尖的那个人靠的是底层基座的稳固性，但影响他做出抉择的却是身边极少数几个人，譬如负责他衣食住行的官吏（中车府令），也许这些人的职位并不显赫，但却是宫中机要信息与资源的枢纽，完全可以成为颠覆国家权力核心的一张王牌。

4. 与魔打交道的鬼

公元前210年（始皇三十七年），五十岁的嬴政开始了他统一天下后的第五次巡游，李斯一路陪同。不知是机缘巧合，还是阴谋暗布，嬴政的小儿子胡亥这时候也跟在身边游玩。尽管谁也没有料到，这次巡游会成为始皇帝的死亡之旅，但是从当时的情况分析，其实秦始皇这次出巡不是一次恰当时机。

秦始皇晚年，政治局面并不稳固，需要最高统治者一一化解。同时，由于劳累、纵欲和服用丹药，秦始皇的身体已透支严重，极度虚弱。不过无人料到的是，历史的车轮会在这条巡游之路上偏离轨道，年少贪玩的胡亥会因为嬴政的突然死亡成为一场权力阴谋的最大受益者，成为秦国这只巨轮新的掌舵人。

当绵延数里的巡游车队经过山东西部的平原津时，嬴政突然感觉到身体不适，病情也随之加重。作为近臣的李斯虽然预感到了不妙，但他也没有更好的处理办法。他几次想请示嬴政，万一他在路上驾崩了，由谁做他的皇位接班人。

他的这种想法也仅限于自己的内心，始终没有说出口。因为嬴政最忌讳的话题就是"死"，这也是他晚年为什么一心求仙，企图躲避死亡、追求长生的原因之一。

这时候陪在始皇身边的近臣除了李斯，还有中车府令赵高。赵高家族算是赵国王室的疏族，不知何故来到秦国。赵高的母亲，因为有罪受过刑罚，赦免后，由于身体有受刑后的残疾，不便见人，也不愿被人瞧见，就一直在隐官劳动生活。在秦代的等级身份规定中，在隐官劳动生活的人，其身份也叫隐官，用现在的话来说，相当于刑满释放人员，地位在普通庶民之下，所能占有的土地和住宅，只有普通庶民的一半。

作为王国贵族的后裔，又从小生活在犯人堆里，赵高对秦国的仇恨和对现实的不满是根深蒂固的。他心理阴暗，性格残忍。为了寻求机会发泄仇恨，他刻苦学习，掌握了秦朝的法律及治狱程序，并成为当时一流的书法家和文字学家，再加上身体强健，骑术车技精湛，为秦始皇所赏识，任命为中车府令，也就是直接掌管皇帝车马交通事宜的近臣，并同时担任最小的皇子胡亥的老师。

秦始皇不断巡游，中车府令赵高也由此成为与其接触最密切的人物。巡游路上，他专门负责保管皇帝的兵符印玺。李斯每天传太医给秦王把脉进药，只是希望嬴政的病体能够再拖一拖，或者神奇康复，最起码能够熬到咸阳再死去。历史往往会因为一个人的一口气，一个人的一句话，发生根本性的逆转。

就在车队行至今河北邢台境内的沙丘，嬴政驾崩了。在他生命终结的最后时刻，发布敕令，把兵符印玺都交给他的长子扶苏，让扶苏赶快到咸阳准备即位。由于命令发布的太晚，遗诏刚刚密封起来，首位完成中国统一的皇帝就咽下了最后一口气。

这时候，大秦统一天下仅仅十一年，六国遗民不服归属，心怀故国。秦朝推行的严刑峻法、苛捐重税，一次又一次加剧了他们内心的仇恨。嬴政在平灭六国前后，经历了数次有惊无险的暗杀事件。记录在册的就有三次：一是荆轲刺秦王；二是乐师高渐离用灌了铅的筑猛击嬴政；三是有人收买一个大力士潜藏在一个叫博浪沙的地方，嬴政巡游的车队经过时，大力士从山崖上扔下一只一百二十斤重的大铁锥，把嬴政的副车击得粉碎。

为防止六国遗民借嬴政之死兴风作浪，李斯做的第一件事就是严密封锁消息，把嬴政已死的消息限制于一个可控的极小范围内。还有很多事情等着他去处理，比如嬴政的遗体如何防腐，如何运回咸阳，如何让别人以为始皇帝还活着，等等。

在这种情况下，李斯来不及考虑嬴政之死对他来说意味着什么。他只是隐隐地意识到，他的命运有可能会发生改变，到底往哪个方向改变，他还说不上来。这么多年来，李斯处心积虑，设法把自己的利益与嬴政捆绑在一起，把自己的女儿都嫁给了嬴政的儿子，让自己的儿子都娶了嬴政的女儿。尽管如此，嬴政的大儿子扶苏和小儿子胡亥却不是他的女婿。

或许造化弄人，李斯最后还是输给了嬴政最不起眼的儿子胡亥。确切地说，他是输给了胡亥的老师赵高。赵高凭借敏锐的政治嗅觉，察觉到这是一个千载难逢的好机遇，他要紧紧抓住这个机会，一举攻克秦王朝政治舞台的前沿阵地。要站到秦王朝政治舞台的前沿，就必须要好好利用手中的道具——兵符和印玺，胡亥和李斯。

李斯就像一只木偶，命运的线绳原先是提在嬴政的手中，现在又转移到了赵高的手里。李斯与嬴政都是玩政治的，玩政治如同两个拳手在擂台上过招，虽然也使阴招，但是有规则可循。可赵高是玩阴谋的，最擅长的是背后捅人刀子，只要致命，哪管规则的约束。这种人往往是最危险的，死在他的手上，都不知道是怎么死的。

一场政治家与阴谋家的较量就此拉开序幕。赵高主动找到李斯，对他说，皇上驾崩，遗诏让扶苏即位，遗诏、兵符、印玺都在公子胡亥手里，没有人知道这件事，现在立谁为太子，就是我们两人说了算。

李斯对于赵高提出的政变主张，本能地表示震惊和反对。他斥责赵高："安得亡国之言！此非人臣所当议也！"一直以来，李斯的"仓鼠"哲学就是为了自己的一切，一切为了自己。他身上虽有着为利益不择手段的奸与坏，但知识分子的正直与忧国忧民并未完全丧失，还留着一点人性的光芒。

赵高对李斯的心里洞若观火，他为李斯分析利害。他说："长公子扶苏与蒙恬兄弟关系密切，蒙恬战功赫赫，如果扶苏当了皇帝，无疑会任用蒙恬为丞相，那么在政治斗争中失势的你，则可能面临灭顶之灾，甚至殃及子孙。"

李斯是文臣，蒙恬是武将，二人本没有多少可比性。作为读书人的李斯虽然位极人臣，但始终焦虑不安，患得患失。李斯是从仓库的看门小吏，千辛万苦才爬到如今这么高的地位，他的忧患意识随着地位攀升而日益强烈，他最怕的就是失去现有的一切。赵高与李斯同殿为官也不是一年两年，他太了解李斯这个人了：谋事而不能谋己。

赵高慨叹一声说："公子胡亥是始皇帝的小儿子，跟我学习了好几年法律，从没有过失，他忠厚仁慈，礼贤下士，他就在我们身边，你一句话，他就可以立为太子了。"

李斯的心里发生了动摇，但是，他那颗未泯的良心还是坚决地阻止了他的不良念头。他说："我李斯原本是一介布衣，幸得始皇赏识，将我提拔为丞相，现在我的儿孙都高官厚爵，始皇刚刚驾崩，尸骨未寒，我怎么忍心做这种事情呢！"

赵高说："你听从我的计策，不但能够保全爵位，儿孙还可以继续享受富贵。你如果不听我的劝告，执意立扶苏为太子，就等着被罢免的命运吧，你的儿孙也会受牵连。丞相即使不为自己着想，也该为儿孙们想想吧。"

赵高这番话，触及到了李斯的灵魂深处，也是他心底最为虚弱的部分。李斯忽然意识到，嬴政之死，已经将他推到了一个人生的十字路口。他必须要在保全良心还是保全利益间做出一个选择。赵高在这里用的全是假设论证，却忽悠得李斯仰天长叹，泪流满面。他的人生还有未完成的梦想，有一天退休了，他希望能领着儿孙，坐着考究的车子，回到故乡，迎接他的是鲜花、掌声、孩子的欢呼、姑娘的笑脸。

李斯不甘心就这样退出历史的前台，除了个人荣辱得失，还有更多难以割舍的东西。作为大秦仓库中的一只硕鼠，他参与政变后或许可以保有在手的功名利禄。如果阻挠政变，他付出的代价可能是身家性命。让他呕心沥血的大秦帝国刚刚完成统一，有太多的事需要他去做。他无法拒绝帝国的要求，一是因为他无法放弃权力，二是他还要在全国进一步推行法家的统治思想。李斯不是那种甘愿逃避的人，就像发迹前他要去挑战自己卑贱的命运，改写自己的人生。

经过内心的痛苦煎熬和反复权衡之后，信奉老鼠哲学的李斯决定与赵高结盟，立胡亥为太子。就李斯而言，他有强人的雄才大略，但很多时候又表现得像是一个首鼠两端的投机者。

秦国统一后，在绝对的皇权面前，君臣之间的关系发生了前所未有的变化，大臣们往往处于两难境地。如果坚持争议，就有可能会冒犯君主，遭到杀身之祸；如果阿谀逢迎、甘当奴才，就会违背良心，有可能给自己带来更大的灾难。

在大秦专制主义的文化氛围里，即使像李斯这样受到赏识和器重的大臣，也不可避免地成为失去独立思想的奴才，甚至不惜把对国家的忠诚、个人的信仰和为人的气节统统抛弃。李斯就是这样走向与狼共舞的不归之路。

李斯、赵高与胡亥能够长时间隐瞒秦始皇死亡的消息，是政变取得成功的关键。当时正值酷热七月，尸体发臭，只好用鱼的腥臭遮盖气味。在长达一个多月的时间里，始皇的死讯竟然没有外泄。除了李斯等人的保密手段高明，还与秦始皇一贯的行为方式有关。

秦始皇执政后期，长期自我禁锢，制造神秘专断的统治氛围，以此来神化自己。他听信方士的欺骗直言，认为自己的行踪不能被别人知道。长期以来，官员们只能在咸阳宫里等待宦官代传的皇帝诏令，而始皇的行踪则无人知晓，也没人敢问。

公元前210年7月，代郡。正在守边的公子扶苏突然接到始皇的诏书，诏书措辞严厉，用语苛责。这份伪诏书谴责扶苏守边数年，未立寸功，反而常发牢骚、忤逆不孝，立即赐死。诏书同时谴责蒙恬与扶苏相互勾结，应依法严办。令人不解的是，公子扶苏在接到这份诏书后，居然没有任何的怀疑和犹豫。蒙恬认为这份诏书来得突然，其中必有隐情，他劝阻扶苏查明真相再行决断。可愚孝愚忠的扶苏认为："父而赐子死，尚安复请！"随即自杀。

如果扶苏听从了蒙恬的劝告，做出合理而明智的选择，历史或许会有另外一种可能。不管是再请复核，还是与蒙恬联手抗命拖延，秦国的命运将完全改观。然而，扶苏一味地听从内心的召唤。成败往往决定于一念之间，悔恨铸成于瞬间之误。对于那些身处高位、左右国政的人来说，一念间的选择，往往决定了历史的动向。

蒙恬是在狱中听到始皇帝驾崩、公子胡亥继承皇位的消息。在那一瞬间，蒙恬似乎明白了一切。蒙恬从他祖父起，三代尽忠于秦国，为保全祖宗清誉，他也选择了自杀，他的弟弟蒙毅被处死。蒙恬死前仰天高呼："我何罪于天，无过而死乎！"一代名将就此喝下毒药，含冤自尽。

扶苏自杀后，沙丘政变完全成功。从此，赵高、胡亥携手将大秦帝国一步步引向灭亡之路，一系列的偶然事件最终酿成了历史的必然走向。

李斯很快就后悔了，自己冒着极大风险成全的胡亥实在是扶不上墙的一坨烂泥。秦二世胡亥得李斯、赵高的辅佐，大力推行铁血政策。

赵高复仇于秦的变态心理得到了极大的满足，他的"亡秦"程序也按下了快进键。他成功地促使胡亥施行了暴政，同时也就成功地把恐惧、仇恨和叛乱的种子播撒到了帝国的四面八方。身为丞相的李斯，吃了那么多年的政治饭，凭着他敏锐的政治嗅觉，他预感到，秦二世和赵高再这么折腾下去，自己和秦始皇苦心经营的秦国大厦将会迎来倾覆崩塌的时刻。

秦二世元年（前209）七月，陈胜、吴广率领九百名戍卒攻克了大泽乡，一路西进。

两个月后，刘邦在沛县（今江苏沛县）起兵。

项梁、项羽在吴县（今江苏苏州市）起兵。

田儋在齐国故地起兵……

秦王嬴政尸骨未寒，他苦心经营的庞大帝国就已经走到分崩离析的境地。李斯进谏："关东的盗贼多如牛毛，军队前去镇压，杀死了很多，却仍然不能从根本上解决问题。全是因为劳役太苦、赋税太重所致。请皇上停止阿房宫的浩大工程，减少边境的兵力调动。"

胡亥的回答却是帝王拥有天下，专用它来供自己享乐，这才是拥有天下的好处所在。贤明的帝王严明法律，一定能安抚四海、统治万民，要是自己都得不到好处，还哪有心思去管理国家？所以朕要极情纵欲，长享安乐而不受害。朕即位才不过两年，强盗四起，你们身为大臣不能平息叛乱，却想罢辍先帝要建的阿房宫，居心何在？你们既愧对先帝的在天之灵，也未能为朕尽忠效力，为何还尸位素餐？"

胡亥的这套帝王价值观可以用八个字来概括：人生短暂，及时享乐。

赵高对胡亥的这套理论大加称赞，说这是贤明君主的想法，昏庸君主是无论如何想不到的。狠辣阴险的赵高在掌控胡亥的同时，也没有放过那些曾经给自己带来耻辱的贵族王室。他提醒胡亥："你的兄长和王公大臣们背后议论你，说你的皇位来路不正，如果他们找你的麻烦，你想享受人生的欢乐，也被干扰得享受不成。"

胡亥果断地决定，谁要是影响他享受生活，就让谁从这个世界消失。一时之间，咸阳城里血雨腥风，秦始皇的儿女旧臣差不多全被杀掉。秦朝宗室遭遇了一场灭顶之灾，十二个公子被屠戮于咸阳，十个公主被分尸于杜县（今陕西西安市东南），所有财产全部充公，受株连治罪者不计其数。胡亥又征发民夫，继续修建阿房宫，横征暴敛，比始皇帝有过之而无不及。

赵高一手遮天，为所欲为，胡亥日复一日纵情享乐，年过花甲的李斯不禁为大秦的前途忧心不已。这个庞大的帝国是他帮着始皇帝一步步打造起来的，这个前所未有的集权制帝国也是他辅佐始皇帝一点一滴建设起来的。

如今他要眼睁睁地看着一生的心血毁于一旦，怎能不痛心疾首？！可是，如果要挽救帝国，他势必要倾尽全力与权宦赵高展开一场生死博弈，也势必要处处违背胡亥的旨意下大力气整肃朝纲。他这么做值得吗？这个念头在脑子里只是一闪，就被自己否定了。

付出的代价太大了。要拯救帝国，他就得押上他目前所拥有的一切。李斯不敢冒这个险。

李斯的长子李由担任三川郡守，三川郡的辖区在今河南省的黄河以南地区，是反秦义军进攻的主要地区，李由清剿无力。李斯害怕朝廷处罚李由，他以出卖良心为代价换来的富贵荣华保不住。他明知最大的祸源是秦二世和赵高，却沉默如铁，极度恐惧让他的心灵天平再次失衡。

李斯在仔细揣摩胡亥的意图后，写了一篇违心的奏章。事已至此，李斯仍然抱着一种蝼蚁惜命的侥幸心理，上书讨好秦二世，他决心为自己赢得新的机会。

在这份奏章里，他居然论述了帝王严刑峻法、耽于享乐的合理性。他说："做皇帝不能为天下人服务，而要让天下人为你服务。为人服务的人是下贱人，被人服务的人才是尊贵的人。怎样才能让天下人都为你服务呢？你要对所有人严加监视，用酷刑惩罚他们。"

李斯还举了一个例子：把灰土洒在道路上本来是很小的过错，但是商鞅对这个人施了残酷的肉刑。百姓看见这样小的过错都要受到那样残酷的刑法，因此就会俯首帖耳为你服务了。李斯的这些言论简直是一个政治家的无耻理论，完全是违心之说。他劝说胡亥要自我放纵、享尽人间之乐，这样才能算是贤明的帝王；决不能让仁义的道德、忠烈的感情、大臣的谏说等等妨害了自己作威作福、压榨人民；皇帝要限制一切，但不能被任何东西所限制。

为了迎合秦二世胡亥，李斯大放厥词，让所有人都感到震惊。胡亥做梦也没想到，自己及时行乐的主张会得到朝廷内水平最高的理论家的肯定，这让他大为兴奋。从此，他纵情享乐的底气更足了，对官员们的督责也更为严苛，酷吏横行无忌，监狱里人满为患，死人的骸骨堆满了街头，杀人机器得到重用。

李斯就此完成了魔鬼作坊里的最后一道工序，难怪连司马迁都说李斯对秦国的忠心是值得怀疑的，他所付出的努力只是为了保证自己飞得更高，而秦国的天下不过是他的一方天空，没有这方天空，还会有另一方天空。

秦二世得益于赵高的启蒙和李斯的指导，尝到了专制极权给自己带来的一整套近乎变态的欢乐。为了保全自己的身家性命，李斯采取的不是与魔鬼死磕到底的做法，而是一味地讨好魔鬼，给魔鬼作恶提供更大的勇气、胆量和信心。

5. 一场双输的结局

这时候的大秦帝国已完全笼罩于赵高的权力淫威之下，胡亥索性躲进深宫过起逍遥自在的生活。除了赵高，其他人想要见一面都很难，包括李斯。

如果说，李斯先前的愿望是要保住自己享有的这份尊荣，那么此时的他已经改变了想法，自己为之奋斗了大半生的人生理想到最后能够保证自己安全着陆已经是不幸中的万幸。

如果说在此之前，李斯最大的人生愿望莫过于守住自己的权力奶酪，永远做一只仓中鼠。但不知从什么时候开始，李斯觉得做一只来去自由的厕中鼠也是不错的选择。

赵高并不愿意看到李斯从胡亥那里得到恩宠，李斯的存在对他来说就是一种潜在的威胁。李斯明明知道，在赵高当权的这段日子里，如此疯狂地折腾只会加速帝国的消亡，可他还是选择了沉默。或许他认为，如果他不选择沉默，就会加速自身的灭亡。但沉默并不能让他内心安定下来，因为他知道，他的沉默并不能保证自己能够摆脱命运的绞杀。

对于赵高而言，沙丘之变时，李斯是他政变计划中必须接上的重要一环。时过境迁，李斯则成了他计划中必须拆掉的一环。而赵高这时候要做的就是给李斯再设下一个套，等着他自己往里钻。

他对李斯的变招迅速做出了回应，他要摧毁秦二世对李斯刚刚萌发的好感。一日，他专程登门拜访李斯，然后忧心忡忡地说："关东盗贼横行，皇上却大修阿房宫，聚集狗马无用之物。我想劝谏，但人微言轻。您是丞相，一言九鼎，干吗不去说说？"

李斯感到很冤枉，不是他不想劝谏，而是无人通报，他想见胡亥一面也不容易。

赵高一口应承下来，愿意给李斯创造一次与秦二世胡亥见面的机会。赵高与李斯之间的权力斗法并不处于一个水平线上。李斯并没有把赵高作为自己的对手，而赵高则是把李斯当作了敌手。赵高掌握了与秦二世的联络权，李斯想见胡亥一面都不容易，更谈不上在他面前剖白自己，揭发他人。李斯要保住自己多年经营的政治果实，而赵高就是要参与争夺。李斯显然低估了赵高的野心与能力，赵高的最终目的，是要独揽朝中大权，而李斯的存在是他最大的障碍。

等到秦二世寻欢作乐时，赵高便派人招呼丞相李斯入宫奏事。李斯穿戴整齐，坐上快车，到宫门求见。经过几番折腾，秦二世终于愤怒了："李斯老儿这么做，到底是何居心？是在变着法子让我这个当皇帝的不开心吗？是在故意刁难我这个新皇帝吗？"

那些在权力场上想要固宠的人，无不想方设法打听主子的爱好，揣摩主子的心思，不惜重金打通与主子的联络渠道。但李斯却没有这么做，他在与主子的联络中，居然借助自己的敌手。

赵高笑了，自己到了该出手的时候。他需要做的就是说几句致命的话，将李斯拖入胡亥的黑名单。他进言道："事情很危险，沙丘密谋，丞相也参与了。现在陛下已立为皇帝，丞相的尊贵却毫无增加，看来他希望得到大片的土地，分封为王。陛下不问微臣，微臣不敢讲。丞相的大儿子李由

非常 非常人

担任三川郡守,楚地的盗贼陈胜就是丞相邻县的人,所以楚地的盗贼横行无忌,过三川时,郡守睁一只眼闭一只眼。我还听说,他们父子通信频繁,不知详情,所以没敢奏明皇上。再说,丞相在宫外,手中权力比陛下还要大。"

秦二世也觉得事情可疑,想要逮捕李斯,又嫌证据不足。于是,将李斯的大儿子李由作为突破口,严查他串通盗贼的罪证。只要此案成立,按照秦朝的连坐法(一人犯罪,全家甚至全族株连),丞相李斯便回天乏术了。

李斯当初在荀子那里学的是帝王之学,在秦始皇执政时期,获得了巨大的成功,也得到了始皇的充分信任。而在二世胡亥手下,他的帝王学基本就没有什么用武之地。李斯对秦二世几乎没有什么影响。

秦始皇在沙丘死去的时候,如果李斯能够主动想到了赵高劝说他的那些理由,为自身长保富贵做打算,当时最好的办法就是联合赵高,矫诏拥立胡亥。拥立胡亥成功之后,应该立即着手剪除赵高的势力,甚至在肉体上消灭赵高。但李斯没有这样做,也没有这样想。

他在被动中接受了赵高的阴谋,整个历史走向不是"李斯联合赵高,发动沙丘之变",而是"赵高联合李斯,发动沙丘之变"。从此之后,李斯就一直处于被动的位置,没有主动做过一件大事。

就算赵高向他发出了挑战,李斯也没有将对方视为自己最强大的对手。他以为,自己不可能倒在赵高的阴损招数下,赵高充其量不过是帝国权力场上的二流角色。李斯天真地以为,让秦二世做裁判,他就可以一举击败赵高,并将这个阴狠小人彻底制服。

李斯在没有掌握赵高任何谋反证据的情况下,上书给秦二世。大意是:赵高运用田常和子罕二人的叛逆之道,窃取陛下的威信,陛下要是不及早将他解决,我担心有朝一日他会发动宫廷政变。

赵高的迷魂汤早已将秦二世灌醉,而李斯这时候才想到去喊醒烂醉如泥的梦中人，未免太迟了。李斯的上书非但没有唤醒胡亥，却再一次点燃了他内心的怒火。

秦二世将李斯召唤到面前，质问道："你这个丞相到底想干什么？赵高不过是个宦官，人品高洁，心地善良，修养极佳，他完全是凭着对寡人的忠心得到提拔，凭着诚实干好本职工作，寡人认为他很贤能，你却怀疑他是乱臣贼子，这是为什么？再说，寡人少年丧父，没有多少知识，不懂得治理百姓，你的年纪又大了，说不定哪天就会去世。寡人不信任赵高，又该信任谁呢？何况赵君为人精明能干，体察民情，又与寡人关系融洽，你就不要多疑了。"

李斯反驳道："事情没有那么简单。赵高本来就是不识大体、贪得无厌的小人，权力仅次于皇上，所以我说形势危险。"

论恩德，秦二世对李斯和赵高都是心怀感激的，毕竟凭着两人的沙丘密谋，他才登上了皇帝的宝座。自己能有今日，少不了李、赵二位合力托举成全的功劳。但现在李斯与赵高水火不容，两人中必须倒下一个。这是一道二选一的题目，抛去辅政之功，就要看私人感情。赵高是秦二世的师傅，他们朝夕相处，论关系亲疏，李斯简直没法与之相提并论。

李、赵二人对掐，如果非要选择一个人倒下去，那还能是谁呢？秦二世怕李斯对赵高下毒手，便将李斯的话原原本本传达给了赵高。

赵高满腹委屈地说，如果赵高死，那么丞相就可以学田常弑君篡位了！

李斯的长篇宏论抵不过赵高的一句轻描淡写的话，虎虎生风的大刀抵不过一支夺命镖。秦二世那没二两肉的脸上青筋突暴，怒从心头起，他的手轻轻一挥，对赵高说："李斯就交给您了！"

政治斗争永远没有对错之分，有的只是时易势移。秦始皇到死都没有怀疑过李斯功高盖主，对他的信任更是无以复加。李斯对秦二世还有拥立之功，但却得不到最起码的信任，甚至被怀疑谋反。

李斯就这样被秦二世交到了赵高的手里，赵高又是刑法专家，罗织罪名是他的专业。

李斯身陷囹圄，这才有了那么一点迟到的觉悟，然而死到临头，他还忘不掉往自己脸上贴金。他哀叹道："昏庸无道的君王，不值得为他着想！从前，夏桀杀害关龙逄，商纣杀害王子比干，吴王夫差杀害伍子胥。这三位大臣，难道还不忠诚吗？然而，都难逃一死，这些人死后，他们效忠的君王都铸成了大错。我的智慧不及这三位先贤，二世的残暴却超过了桀、纣、夫差，我因为忠诚而死，理所当然。二世的统治如此昏庸，铲除手足兄长而自立为帝，杀害忠臣而重用贱人，兴修阿房宫，横征暴敛。我并不是没有劝谏过，但他对我的忠告充耳不闻。古代圣明的君王，饮食有节，车器有数，宫室有度，凡是要增加开销而又无益于百姓的事情，一律罢免，所以能够长治久安。现在二世坏事干绝，天下已不再听命，全国一半的百姓都在造反，他还执迷不悟，以赵高为辅佐，我一定能见到造反者杀入咸阳，朝廷化为废墟。"

死到临头，李斯所做的，也只是一味地谴责秦二世和赵高，对自己的所作所为毫无反省。

如果说李斯助纣为虐，焚书坑儒，多少还有维护秦王朝利益的良苦用心，属于事出有因。那么残害忠良，难道就没有他的一份"功劳"？当初，扶苏之死，蒙恬和蒙毅兄弟之死，若不是他李斯点头，赵高那样的跳梁小丑肯定无能为力；秦二世登基称帝，若不是他李斯有意成全，也必定泡汤。

李斯的悲惨遭遇，是他自己种下了孽因，最终自食恶果。改变历史的按钮原本掌控在他的手中，他的存在，原本可以使数以百万计的人不至于死于非命，而他自己也完全有机会拥有一个更好的结局。但他却将历史赋予的这次决定性的机会和权力拱手让给了赵高，也将自己的命运交给了对方。

赵高亲自出马把李斯和他的宗族、宾客全部逮捕下狱。李斯苦心经营了整整一生的功名富贵一夕之间化作了梦幻泡影，如同他在自己极尽恩宠时所说"物极则衰，吾未知所税驾也！"

李斯或许早就有预感，当年那句无端的感叹最后竟一语成谶。他没想到自己位极人臣后会走得如此艰险，一路战战兢兢，最后还是难逃悲惨的结局。此时此刻，不会有人在乎李斯的冤屈，也不会有人来分担他的痛楚。脱去权力的甲胄，李斯也不过是一介凡夫俗子。赵高亲自审讯李斯，在各种酷刑的考验之下，李斯也只能含血自诬，承认自己参与谋反。

与李斯同时被捕的还有大臣冯去疾和冯劫，他们悲愤地说："身为将相，决不受这样的奇耻大辱！"两位同僚相继自杀。李斯还在坚强地活着，他自负有雄辩之才，有功于秦始皇父子，确实没有谋反的证据。他怀着侥幸的心理给秦二世上书，借以表白自己的心迹，希望秦二世明白自己的心迹后能够一夜之间幡然醒悟。

在这篇奏疏里，李斯为自己开列了七宗罪。他说，自己担任丞相，治民有三十余年了。秦国的土地原先很狭隘，先帝时秦国的领土不过方圆千里，拥有数十万士兵。他竭尽所能，谨慎地执行法令，暗地里派遣谋臣，让他们带着黄金美玉去游说诸侯。他暗地里厉兵秣马，修明政教，任用勇士，尊重功臣，所以能胁持韩国，削弱魏国，攻破燕国和赵国，荡平齐国和楚国，终于兼并天下，俘虏六国的君王，立秦王为天子。这是他的第一宗罪行。领土并非不够广大，又在北方驱逐胡、貉，在南方平定百越，以显示秦国的强大。这是他的第二宗罪行。尊重大臣，使他们的爵位非同寻常，强化他们对国家和君主的感情。这是他的第三宗罪行。立社稷，修宗庙，借此显示君主的贤德。这是他的第四宗罪行。统一度量衡，将法律公布于天下，树立秦朝的声名。这是他的第五宗罪行。修驿道，建行宫，借此表现君主的得意。这是他的第六宗罪行。减轻刑罚，降低赋税，借此为君主博得民心，使君主受万民拥戴，至死不忘。这是他的第七宗罪行。像他李斯这样担任丞相，罪过之大，早就该死了。幸而皇上信任，他才能竭尽绵薄之力，活到今天。

李斯这次也是正话反说，在书中历数自己一生犯下的七宗罪，实则是力表自己为帝国立下的七大功勋，其情不可谓不悲，其心不可谓不哀，甚至连秦二世都产生了动摇，可是却无法让赵高有一丝感动。

古罗马人曾经说过，严刑之下，能忍痛者不吐实，不能忍痛者吐不实。蒙田亦云：刑讯不足考察真实，只可测验堪忍。忍痛之难，不仅难在生理上，更难在精神上。后来秦二世派人来核查口供，李斯还以为是那些蛮不讲理的恶棍，只是一味地重复道，"我有罪，我欲反。"

赵高将判决递了上去，胡亥高兴地说："多亏了赵君啊，不然我被丞相卖了都不知道。"

大臣谋反非同小可，秦二世不仅要将李斯腰斩于市，还要诛灭三族（父母、兄弟、妻儿）。行刑当天，李斯走出监狱大门，与儿子一同被绑赴刑场，大秦帝都咸阳万人空巷，大家都去刑场伸长脖子看戏，有拍手称快的，也有同情落泪的。

按说人之将死，其言也善，李斯望着满脸猪肝色的儿子，叹息的却是："我想与你再牵着黄狗一同出上蔡（李斯的老家）东门去追逐狡兔，过自由自在的生活，还怎么可能呢？"

身败名裂、家破人亡的李斯，到头来憧憬的只是一种常人的幸福。

这种幸福多普通啊，普通得近乎琐碎。任何一个小老百姓，只要他愿意，他随时可以放下手中的农活，带上儿子，牵黄犬，出东门，逐狡兔。然而，此刻的李斯不能。

二十多年前，他在刚刚爬上权力浪尖时，就应该预料到自己迟早会有这样一天。在权力斗争的漩涡中心，他能苦撑三十多年，已经是一个奇迹，尤其是他伺候的又是两位顶尖级的暴君。李斯是在刑场上才悔悟到这一点，可见权力不仅是烈性的春药，也是烈性的迷药，最聪明的人一旦鬼上身，也是至死才悔，就算悔青了肠子，又有何益？

公元前 207 年，秦二世三年八月。咸阳令阎乐率兵一千多人突然出现在望夷宫，杀掉侍卫长后长驱直入。胡亥知道大势已去，缓缓步入内室。这时候只有一个宦者跟在他身边。

阎乐走近胡亥，说："足下骄横放纵，诛戮无道，天下人全都背叛足下，足下打算怎么办？"

胡亥说："我情愿做一个郡王。"

阎乐说："不行。"

胡亥说："我情愿做万户侯。"

阎乐说："不行。"

胡亥说："那我情愿和妻儿一起做平民百姓。"

阎乐最后看了他一眼，说："臣奉丞相之命，替天下人诛杀足下，足下虽多言，臣不敢报。"说完把手一挥，士兵们一拥而上。

绝望的胡亥被迫自杀。胡亥临死前的愿望呈阶梯式递减，当被一一否决后，最后的一丝渴望不免还是和李斯一样——做一个老百姓。他们这算是彻悟吗？恐怕不能算。如果上天再给他们一次机会，他们的欲望还是会重新往上走，呈阶梯式递增。这就是人性，古往今来没多少人可以例外。

王莽：理想主义者的泥潭

地皇四年（公元 23 年）秋，新朝都城长安，皇宫内殿。沉睡许久的王莽突然大叫一声，从龙榻上翻滚下来。他已经记不清，这已经是多少次从噩梦中惊醒。他已经很久没有睡过一个安稳觉了，几个时辰以前，他痛饮了几大樽酒，才在一场酩酊大醉中沉沉睡去。白天夜晚，他睁着那双死鱼一般的眼神茫然地盯着翻倒在面前的酒爵。空荡荡的大殿里空无一人，多少次，他一个人酒醉后咆哮，回声从走廊的尽头传来，宣泄完又随即无力地瘫倒在床上。

此时的王莽真的不愿意再回到现实中来，武关已经陷落。当这个消息传来时，他并没有表现出应有的慌乱。在他那惨淡的笑容里，朝中大臣们已经读出了世界末日的降临。通向长安的道路畅通无阻，八百里秦川无险可守，只要一员虎将，提一旅之师，长安便指日可下。

1. 用道德兑换生存价值

汉元帝初元四年（公元前 45 年），王莽生于显赫的贵戚之家。西汉末年，外戚王氏家族成为中央权力集团的最核心层。而王莽凭借着家族的威势，扶摇直上，崛起于政坛，成为当时社会的最高主宰。王莽之所以获得奇迹般的人生际遇，与天意和天赋并无关系，而与王氏家族中的一个女性成员有关，她就是王莽的姑姑王政君。

汉宣帝五凤四年（公元前 54 年），王政君年满 18 岁被选进宫。两年后，王政君生下嫡皇孙（后来的汉成帝），母凭子贵。

黄龙元年（公元前 49 年），汉宣帝去世。皇太子即位，是为汉元帝。立王政君为皇后，授其父王禁"特进"的荣耀职位（有特殊地位的人的一种加衔），王禁之弟王弘也晋升为长乐宫的卫戍司令——长乐卫尉。

王禁是个酒色之徒，妻妾成群，共生有四女八男，其中只有王凤、王崇和王政君是一母同胞。永光二年（公元前 42 年），王禁去世。汉元帝死后，皇太子刘骜即位，史称汉成帝。他即位之后，尊母亲王政君为皇太后，任命舅父王凤为大司马、大将军，领尚书事。

从此，朝廷中上至九卿、大夫，下至诸曹，几乎塞满王氏子弟及其亲信。王氏家族凭借王政君的地位成为炙手可热的权力新贵，凡是与王氏家族沾边的成员都能从中捞到实惠，至少也能弄个一官半职；就连那些戚门近支，也都跟着风生水起，当时人称王氏家族是"九侯，五大司马"，显赫之势，历朝罕见。

就在王氏家族权势如日中天之际，这个家族中，却有一支被冷落和遗忘了的人家——王莽的家庭。王莽的父亲王曼与王政君非一母所生，在王政君尚未得势的时候，人就死了，没人注意到这对孤儿寡母。更何况，此时的王莽还是个未成年的孩子，跻身于政坛还不到时候。由此，这个家庭没能赶上王氏家族权力奔驰的头班列车。

这个社会就是如此，当你被命运的快车超越的时候，你只有自认倒霉，你只能眼睁睁地看着那些与你条件相同，甚至不如你的人过着和你天壤相悬的好日子而无可奈何。因为这列快车上的人们在愉快地享受着人上人的滋味时，是决不会想起他们还有一个血缘至亲还在车下眼巴巴地盼望着他们能援之以手。

这时候，王莽母子过着十分清寒的生活。对于一个尚未涉世的少年来说，苦难的磨练要比富贵的浸泡来得更有价值，因为苦难从来都是强者的学校。它不仅能够磨练一个人的意志，更能使一个人在苦难中开阔视野，放眼社会，参透生活的真谛，懂得怎样用自己的能力去改变自己的生活地位。

如果王莽过早地投身于富贵之乡，难免不会被上层社会那种骄奢淫逸、纸醉金迷的畸形生活所腐蚀，把他塑造成一个头脑颟顸、乖戾恣睢的贵戚子弟。如果说王莽在以后没能像其他的贵戚子弟那样，成为百无禁忌的社会公害，与这段贫寒岁月不无关系。

尽管如此，这时的王莽也不能与社会底层广大劳苦民众同日而语。就广大的劳苦民众而言，他们世世代代被压在权力金字塔的最底层，祖祖辈辈面朝黄土背朝天地讨生活，他们的最高要求不过是"温饱"二字。

他们做梦都没有想过权力金字塔的最高处究竟是怎样一番风景，对他们来说，那是一个神秘、遥远、美妙而又凛然不可侵犯的地方，他们有时虽然会对那些人上人的专横、傲慢、跋扈、残忍发出刻骨铭心的诅咒，可他们却从来没有人敢于产生与这些人上人平起平坐的奢望。

在专制主义横行的时代，不平等往往就是一种合理。这个天国般的世界对于王莽来说是那么近，近到他就置身其中。他的姑姑是当朝太后，他的伯父、叔父封侯的封侯，拜将的拜将，就连与自己同辈的那一大群叔伯兄弟，有一个算一个，也都在名利场中捞取一个实权在握的肥缺。

他们过着什么样的生活？王莽看得清清楚楚："五侯群弟，争为奢侈，赂遗珍宝，四面而至，后庭姬妾，各数十人，童奴以千百数，罗钟磬，舞郑女，作倡优，狗马驰逐，起土山渐台，洞门高廊阁道，连属弥望。"（《汉

书·元后传》）

这种场面与王莽那种清寒的处境形成的反差太过强烈，对他的刺激太大了。同样是人，同样的血统，同一个家族，有人活得那么潇洒，那么滋润，而有的人却活得那么艰难和清贫，差距何以至此？这也唤起了他对权力近乎病态的渴望和攫取权力的强烈冲动。

如何才能侧身于同辈之列？对于王莽来说，眼前有两条路可供选择：一是靠裙带关系钻营上去；二是走当时读书人的常规途径，学而优则仕。

第一条路看似可行，实则不通，王氏家族的当权派暂时还没人会对他施以援手。他只能选择另一条路，读书做官。王莽穿上了儒生的长衫，开始苦攻儒家经典。

自从汉武帝"罢黜百家，独尊儒术"之后，整个王朝在意识形态领域发生了翻天覆地的变化。由孔子所创建的儒家学派的思想，从诸子百家中的一家之言，一跃成为西汉帝国的国家意识形态的主流。到了此时，知识界和政界已经是儒家知识分子一统天下的局面，"官学"、"私学"林立，"尊孔读经"蔚然成风。官僚队伍之中几乎全是儒家知识分子，在儒风蔚然的时代氛围驱使下，就连皇帝本人和皇亲国戚也都装模作样地捧读经书。

王莽学得很投入，也很认真，时时以儒家知识分子自居。在儒家思想的熏陶下，他的价值取向和行为规范都发生了明显的变化，逐渐成为一个与贵戚之家中那些纨绔子弟截然不同的人。

通过对儒家经典的学习和钻研，王莽不仅确定了自己的行为规范，更重要的是确立了他的人生价值目标，即由孔子所确定的一个儒家知识分子积极入世的人生追求。没有这种思想作为支撑，王莽身上那种强烈的政治参与意识和变革现实的精神就会成为无源之水。当然也不排除，这里同样也有卑劣的个人动机隐于其间，不过那也是人性使然。

非常史 非常人

王莽对儒家经典产生了浓厚的兴趣，但他的学习方法却与一般儒生有很大的不同。

当时儒学内部派别林立，同一本经书，不同的派别有着不同的解释。《诗经》有齐、鲁、韩三家之学；《尚书》有欧阳，大、小夏侯三家之学；《易经》则有施、孟、梁丘之学，等等。他们之间门户成见极深，学生们必须死守本门"师法"，不许持有任何怀疑态度，更不能肆意改动。

王莽则不同，他学无常师，不死守一经。他跟着陈参学过"礼经"，还跟着陈钦学过《春秋左氏传》，对其他儒家经典也有所涉猎。不仅如此，他在学习上的最大突破是超越了官学、私学的界限，他所学的《周礼》、《左传》属于不被政府承认的"私学"，这对于一个青年人来说，没有最起码的勇气和头脑，没有一点反潮流精神是行不通的。

一般读书人大多来自于社会底层，思想往往囿于一隅；作为王氏家族的一员，王莽比他们更了解这个体制内的腐朽与没落。作为来自于清贫家庭的王莽来说，他无法在面对低层民众的疾苦和呼声时充耳不闻。孔老夫子"不患贫而患不均"的教诲始终不敢忘，也必然会激起这个年轻的儒家知识分子的良知、责任感和使命感，也必然会促使他去探究解决这些社会问题的答案。

长期处于贫寒生活状态中的王莽越是在学问上精进，越是感到现实世界的不公平。王氏家族中与他同辈的那些不学无术的兄弟们，却能毫不费力地爬到最高权力圈中去策马奔腾，而他却被无情地抛在一个阴暗的角落里苦熬。

王莽恨王氏家族中所有的人，恨那些对他不理不睬的人。他始终无法忘怀那些有恩于自己的人。这种人生际遇将他那颗年轻的心过早地锤炼成一块冷冰冰的硬结，使他丧失了诱发感情沸腾的动力，他完全成了一个依

72

靠理性行动的人。

他无法理解本家兄弟们在权力世界里如此疯狂到底是为什么。难道只是为了去巧取豪夺、为非作歹，为自己赢得一片骂声与诅咒？如果将他们手中的权力给了他王莽，一切就会不一样。尽管年轻的王莽为自己的际遇而愤愤不平，但清贫生活的磨练和儒家的修身功夫使这个年轻人正慢慢脱离贵戚子弟的低级趣味。

他待人谦恭有礼，作风艰苦朴素，事母极尽孝道，养育孤侄如己子，对各位伯父、叔父毕恭毕敬，处处表现出一个年轻儒者的风范。可惜的是，王莽的相貌十分丑陋。《汉书·王莽传》中记载："莽为人侈口蹙颐，露眼赤精，大声而嘶。长七尺五寸，好厚履高冠，以氂装衣，反膺瞰临左右。"这是个什么形象呢？大嘴巴，短下巴，暴突红眼，大嗓门，声音嘶哑。

相貌是父母给的，气质却是后天培养的。王莽有着"好厚履高冠，以氂装衣，反膺瞰临左右"的习惯，那种卓尔不群、特立独行的傲世气质呼之欲出。

汉成帝阳朔三年（公元前22年），王莽的伯父，大将军王凤病倒。王莽以子侄的身份守候于病榻旁，寸步不离。每次医生给病人送来的药，他都要先亲口尝一尝。数月衣不解带、寝不安席，这让王凤极为感动。临终之前，王凤特别嘱托皇太后王政君和汉成帝，让他们将王莽作为重点培养对象。王凤死后，王莽就这样被招进宫门，做了一个"黄门郎"。

黄门郎即黄门侍郎，是宫禁之内的一个办事员，不属于外朝的政府官员。职位虽然不高，却是君王身边的近臣。当时充任黄门郎的人选，不是皇亲国戚，就是将相子弟。至于其他人要想侧身此列，是一件非常困难的事。

对于一个初入仕途的年轻人来说，"黄门郎"虽然是个"显处"，但与其他要官相比，仍然是一个没有实权的闲职，尤其是皇亲国戚做这个官，让人觉得不够体面。黄门郎是个鱼龙混杂的群体，其中不乏真才实学的儒生，除王莽之外，与他同时充任黄门郎的还有刘歆、扬雄。在王莽后来的事业中，他们都成了王莽事业上的拥护者。

王莽在黄门郎的位置上没呆多久，就被提拔为射声校尉（京师屯兵八校尉之一）。这是个有职有权的高级武员，其人选都是皇室认为最可靠的人物，谋到此职，使王莽在仕途上又前进了一大步。

当王莽沿着权力的阶梯不断向上攀登的时候，宫廷斗争的序幕正逐渐向他开启。面对因权力之争而随时引发的明争暗斗，面对明争暗斗中为了置对手于死命而无所不用其极的手段，都让王莽产生了一种高处不胜寒的阴森之感。可是对权力的强烈渴望，又怎能让刚刚起步的他戛然而止？更何况一个人一旦踏上角逐权力的游戏，还有退路可寻吗？

大将军王凤死后，王莽虽然借机捞到了一些实惠，但因王凤之死而掀起的一场政治波澜，又给王莽上了一堂生动的政治课。

大将军王凤临终之时，向汉成帝推荐了御史大夫王音。王凤的决定导致王氏家族内部出现分裂，王音以一个远房兄弟的身份从御史大夫摇身一变成为大司马、车骑将军、领尚书事、安阳侯，并且"食邑与五侯等"；而王凤的亲兄弟"五侯"却坐上权力的冷板凳。

王凤的亲兄弟——王谭等人因王音的蹿升而大为恼怒，双方结下仇怨。王谭不久就病死了。王氏家族内部的分裂和斗争使王莽有了更多的想法，他游走于宫廷中的各派势力之间，为自己打下权力基础。

王凤的几个弟弟并无任何收敛的迹象，依然我行我素。王莽没有因为"五侯"失势，而另辟蹊径，他还是毫不犹豫地投靠了"五侯集团"。他知道自己的根在哪里，他和王氏家族是"一荣俱荣，一损俱损"的关系。王氏家族出现危机，正是他表现忠心的大好时机。"五侯集团"受到压制，他却站了过来，这使"五侯集团"的成员大为感动。

王谭死后不久，汉成帝重新起用他的另一个舅舅成都侯王商。

在这次权力站队游戏中，王莽经受住来自王氏家族的考验。成都侯王商上书汉成帝，愿意拿出自己封邑中的一部分土地犒赏王莽，并且一再敦促汉成帝要重用王莽。因得到居于高位的王氏家族成员的大力推荐，王莽的地位骤然提升。官场上的势利之徒们对王氏家族中冉冉升起的这颗政治新星刮目相看，急欲向政治高峰攀升的王莽就这样拿到了打开帝国权力之门的那把钥匙。

王莽在"内事诸父"取得效果之后，又积极展开"外交英俊"的社会活动。

当时的社会名流，如常乐少府戴崇、侍中金涉、胡骑校尉其闳、上谷都尉阳并、从事中郎陈汤等人都成了王莽与之结交的对象，这些人代表着当时上流社会的各个层面。

其中戴崇是汉成帝的老师；金涉乃是汉武帝的宠臣金日磾的后裔，出身于贵族之家；至于陈汤更是一个传奇人物，他"出百死，入绝域，遂蹋康居，屠五重城，搴歙侯之旗，斩郅支之首"，成为立功绝域的大冒险家、大英雄。此人是大将军王凤的心腹，王凤死后，他又一头扎进了王音的怀抱，从此得罪了成都侯王商。王莽与陈汤的交往固然要冒不小的风险，可陈汤这个人有一个特点，给他好处，他就给你办事。

王莽能够在名利场中很快打开局面，买通陈汤是关键的一步棋。陈汤在接到王莽给他的好处后，立刻上书皇帝，为王莽鸣不平，其中说道："（王莽）父早死，独不封，母明君供养皇太后，尤劳苦，宜封。"各方势力齐声呼应，王莽随之声名鹊起，引起朝堂上下的极大关注。

永始元年（公元前 16 年），汉成帝下诏，封王莽为新都侯，这一年王莽刚过而立之年。

借助各方舆论，王莽就这样被捧了起来，但是他并没有因此昏头。他在皇帝的身边宿卫，表现得异常驯顺谨慎。爵位越高，他越要收敛自己的言行，把持自己的节操。他出手大方，仗义疏财，经常用自己的车马衣物救济手下的宾客，甚至搞得自己一无所有。

他继续广泛结交社会名流、王公大臣，与他们打成一片，这使那些权势要员更加起劲地吹捧他，可见王莽手段之高明。或许是这方面的表演太过了，遭到一些人的非议，说他这个人过于虚伪。王莽对此却并不介意，他依然故我，走自己的路。当时，发生在他身上的几件事确实起到了轰动效应。

他的哥哥王永死得很早，留下一子叫王光，王莽一直将这个侄子留在身边抚养，让他在博士门下读书学习。每逢休假日，王莽都打点好自己的车骑，携带着羊酒，前去慰劳王永的老师，连王光的同学也跟着沾光。

王光比王莽的儿子王宇年龄小，但王莽却安排王光、王宇同一天完婚，以示毫无偏心。婚礼那天，宾客满堂。正当大家觥筹交错、起坐喧哗之际，家人却多次急匆匆地跑到王莽跟前，当着大庭广众禀报说，太夫人（王莽的母亲）又不舒服了，该吃药了。为此王莽多次离席，跑到后面去探视母亲，这种带着表演的孝行赢得一阵阵赞扬。

还有一次，王莽私下里买了个侍婢，结果让王氏家族中的一些同辈人知道了，以此嘲笑他伪言伪行，纵欲好色。王莽故作镇静地说："我听说案后将军朱博无子，又听人说这个婢女生育能力很强，这才把她买回来。"说完，当天就把这个婢女献给了朱博。

从今天看，王莽在台面上的表演并不高明，可是如果将其放到西汉末年那个时代大背景下，效果大不相同。自汉武帝"独尊儒术"之后，儒风愈刮愈烈，儒家提倡的那一套道德信条成了规范人们社会行为的唯一准绳。在儒家思想一统天下的文化氛围中，社会要求包括上至天子、下至庶民在内的所有人都必须成为纯粹的道德人。如此一来，道德必然蜕变为刑罚手段，成为禁锢人们的精神枷锁。在现实生活中，当权者本是道德建设的倡导者和推行者，但他们迫使芸芸众生自缚于道德规范，他们自己却反其道而行。除了道德，他们几乎无所不用其极，他们荒淫无耻、阴险毒辣、伪言伪行、矫情自饰。对此，人们必然会问道德的力量何在？而理想的道德人又在哪里？

面对这种危机的冲击，王莽做出了自己的思考与选择。他既没有挺身而出，痛陈时弊；也没有与烂社会里的蛆虫们沆瀣一气、同流合污，而是采取了一种独特的方式对日见颓废的世风做出自己的反应，那就是以一个贵戚子弟的身份，洁身自好，身体力行地去实现儒家的信条，以此拯人心、正风俗，从而赢得社会的广泛赞誉。

连他自己也没有想到，他的矫俗之举竟然会产生如此强烈的轰动效应，各方赞誉和喝彩如潮涌而至，一时之间，王莽成为整个帝国的头号新闻人物。

2. 超凡入圣的显性路径

王莽终于挣脱樊笼，在帝国的权力高层中占得一席之位，然而在温情脉脉的面纱掩盖下的最高权力圈中，却杀机四伏。

永始元年（公元前 16 年）六月，汉成帝立赵飞燕为后，大赦天下。本来皇帝立一个皇后应属情理之中的事情，但赵飞燕的出场却引起轩然大波。

在拥立赵飞燕为后这件事上，皇太后王政君是极力反对的，如此卑微下贱的女人怎有资格成为大汉王朝的皇后。赵飞燕之所以如愿登上皇后宝座,全靠淳于长的斡旋和努力。淳于长是皇太后王政君姐姐王君侠的儿子,即王政君的外甥。此人与王莽是亲表兄弟。不过,彼此的血缘亲情并没有让他们走得更近,为了攫取权力,他们反而成了一对冤家对头。

这时王莽最大的竞争对手淳于长表现得异常活跃,他已经超越了王莽,成为皇帝身边炙手可热的红人。

在一个视权力为私有物的社会中,谁攫取了权力,谁就可以去攫取财富及其他的一切;谁的权力越大,谁就越能最大限度地满足一切丑恶的情欲。但权力是一个魔鬼,从你手中握有权力的那一时刻起,这个魔鬼也就控制了你,使你的欲望像肥皂泡似的不断膨胀,把你扭曲成一个政治怪物,然后再将你无情地毁灭。

淳于长胆子越来越大,觉得在底下胡作非为还不过瘾,又闹到宫里。这时已被汉成帝打入冷宫的许皇后的姐姐许嬷死了丈夫,寡居在家。淳于长先是与她私通,后来又娶她作了自己的小老婆。许皇后凭着这层关系,拿出巨款去贿赂淳于长,托他疏通汉成帝,希望能够让她走出冷宫。

淳于长狮子大开口,前后接受许皇后金钱、车马、皇家御用衣物价值达千万之巨。许皇后虽然已被淳于长敲诈馨尽,可他仍不肯放过她。每当许嬷到长定宫看望许皇后时,他都让许嬷捎去一封信,在信中用最无耻下流的语言戏辱许皇后一番。

对于淳于长的恶言恶行,王莽了如指掌。他希望他这位表兄弟能够再疯狂一些,贵戚及其子弟们闹得越凶,他的社会声望也就越高;贵戚及其子弟们越腐化堕落,他也就越受人们的称颂和拥戴。

永始四年(公元前13年)7月,帝国的天空出现日食,天下臣民认为这是不祥之兆。借此,反外戚的呼声达到了高潮。在社会舆论的压力之下，王商以有病为由，退居幕后，用障眼法来缓和日益尖锐的社会矛盾。

第二年春天（元延元年）正月，再次发生日食。朝廷只好又恢复了王商大将军、卫将军的职务。他在复职一年后，病死。他的弟弟曲阳侯王根接班。

王根在这个位置上待了不到三年时间，心力交瘁，再三上表告病求退。这时，王氏家族都把目光集中到淳于长身上。王氏家族为什么要一反常态，起用一个外姓人呢？主要的原因是，王氏家族成员执政以来，搞得天怒人怨，丧失了舆论的信任和支持。他们考虑再三，不如让一个名义上不是王氏家族，但却仍然代表王氏家族利益的人到前台执政。淳于长符合这个条件，他不姓王，却是皇太后的骨肉至亲。

王莽得到这一消息后，有如五雷击顶。他实在难以理解淳于长有什么资格接王根的班，去管理这个国家？以皇太后为首的王氏家族不是很器重他吗？社会舆论不是也向他致以崇高的敬意吗？可为什么偏偏就在他十分自信地伸手去摘这顶本该属于他的权力桂冠时，命运女神却突然背叛了他？

经过思索，王莽很快就找到了答案。在失序乱法的权力圣殿中，或许无耻才是最有用的武器，至于知识和德行则被人们看作是钓名沽利的工具而已。不久之后，大司马骠骑将军曲阳侯王根也病倒了。王莽像对待当年王凤那样，尽心尽意地在病床前服侍王根，毫无半句怨言。

病痛之中的王根问王莽，淳于长怎么没来？

王莽装出很愤怒的样子，他说："淳于长看到将军久病不起，别提有多高兴了。他现在已经以执政者自居，开始给满朝文武大臣们布置任务了。"

王莽最清楚一个高高在上的人最怕的是什么，他们最怕是从权力的巅峰之上跌下来时那种难以名状的失落感和恐惧感。王莽又将淳于长如何敲诈许皇后、如何为许皇后谋立做皇后等事，一五一十地和盘端给王根。躺在病床上的王根再也无法安心养病，他让王莽将这些事情尽快告知皇太后。

王莽立刻以王根意见转达者的身份，将淳于长如何胡作非为，如何盼曲阳侯王根早死，好取代他的事情告诉了皇太后。皇太后也大为震怒，又让王莽将这些事情禀告汉成帝。

到了皇帝面前，王莽简单传达了皇太后和大司马王根的决定，然后就离开了。因为他非常清楚，汉成帝对皇太后和大司马王根的最高指示是无条件执行，王莽所要做的就是静待佳音。

果不出王莽所料，绥和元年（公元前8年），淳于长的职务被一撸到底，只保留一个定陵侯的爵位，令他离开京师，回到封地定陵（今河南省舞阳县北）。淳于长不甘心就此沉沦，他找到红阳侯王立，希望他能在皇帝面前替自己做做工作，让自己早日重返京师。

不料事情败露，淳于长陷入牢狱。大刑之下，最后居然招认了自己曾经敲诈许皇后，并戏侮她，试图助她重新夺回皇后之位的事。汉成帝并不知情，了解之下，大为震怒，给他定了个大逆不道的罪名，在狱中将其活活折磨而死，妻子儿女流放到遥远的南方。淳于长的母亲、皇太后的姐姐王君侠也被遣送回故乡居住。汉成帝恨意未消，用毒药赐死许皇后。

这起轰动朝野的大案，使很多元老重臣卷入其中，最后倒在这场权力大清洗中。汉成帝下诏褒扬王莽"首发大奸，称其忠直"，王根也认为自己找到了真正的接班人，极力推荐王莽接替自己的职务。社会舆论也认为王莽是这场政治斗争的胜利者，他们也需要一个道德的完人、政治的强人。在这场权力争夺战中，人们觉得王莽的表现没有半点瑕疵。

绥和元年（公元前8年），这时候已经38岁的王莽终于登上了西汉帝国的权力高峰，圆了他的"大司马"梦想，成为帝国的实际掌权者。

　　当王莽疲惫而又兴奋地登上权力金字塔的最高处，向下俯瞰，他还是感到阵阵袭来的寒意。他毕竟比王氏家族的其他成员多读了几本圣贤书，心中树立过"太上立德，其次立功，再次立言"的人生价值追求。

　　从他人的角度看，在这个沉沦混乱的社会中，还有王莽这样一个道德完人矗立在那里。而从王莽的个人角度看，他身体力行地践行着儒家"穷则独善其身"的道德原则，正走在通往最有权力的圣人之路上。在一个儒风炽烈的社会中，一个人能够做到王莽这样就足够了。可王莽现在已是重权在握的大司马，如果再想用"穷则独善其身"来面对社会，那就远远不够了。

　　绥和二年（公元前 7 年）春天，帝国的上空出现了"荧惑守心"的异常天象。"荧惑守心"的出现在当时看来是不祥之兆，轻者天子要失位，重者帝王会暴亡。这个不祥之兆让汉成帝惊恐难安。

　　随后，汉成帝刘骜逼迫丞相翟方进以自杀的方式谢天。翟方进死后不到一个月，汉成帝也病逝于未央宫。随后，刘欣继承皇位，是为汉哀帝，刘欣是定陶恭王刘康之子。汉哀帝尊皇太后王政君为太皇太后，尊皇后赵飞燕为皇太后。

　　这个年轻的皇帝对王氏家族早就心生不满，贵为帝国的新主人，他决定放手与王氏家族来一场生死斗法。立赵飞燕为皇太后，是他挥出的第一记重拳。

　　此时的王莽已有一叶知秋的预感，这个二十岁的新皇帝并不像想象的那样容易驾驭。王莽是个经得起风浪的人，他早已习惯了这个无风三尺浪的权力圈。他一如既往地应付着宫里宫外的事物，就当什么事情也没有发生过。

　　汉哀帝刘欣即位的第二个月（五月），立祖母傅太后的侄女为皇后。

紧接着，又下诏尊傅太后为恭皇太后，尊其母为恭皇后，待遇如王政君、赵飞燕。根据"为人后者为人子"的皇家传统，从刘欣成为太子的那一刻起，他就必须斩断与亲生父母及其家族的一切联系，认汉成帝为生父，成为汉成帝一系的家族成员。当刘欣入宫为太子之后，他的祖母傅太后和他的母亲丁后应该留在定陶国，不得进入京师。

现在汉哀帝刘欣完全打破了这一约束，不但将祖母和母亲接到京师，封为恭皇太后和恭皇后，紧接着，又追尊傅太后之父为崇祖侯，丁后之父为褒德侯，封舅父丁明为阳安侯，表兄弟丁满为平周侯，皇后之父傅晏为孔乡侯，同时下令封皇太后赵飞燕之弟赵钦为新城侯。

一群新贵继王氏家族衮衮登场，王氏家族的权力受到了前所未有的挑战，帝国的权力系统又一次展开了它的轮盘赌。

就在此时，太皇太后王政君突然下诏，命令王莽搬出宫内，回大司马府居住，美其名曰"避帝外家"。作为王氏家族顶梁柱的王莽决定探一探汉哀帝的虚实，也立刻上表响应，申请辞职。

汉哀帝没有想到，自己屁股下的龙椅还没有捂热，王莽就站出来将了他一军。他知道，现在还不到与王氏家族最后摊牌的时候。他强压怒火，派人拿着自己的亲笔诏书去请王莽正常上朝。

汉哀帝马上派一帮元老重臣到宫中面请王政君出面挽留王莽，王政君装模作样把王莽从家里召回宫中，姑侄俩联手打造的权力双簧戏以胜利收场。事隔一个多月，有人在皇帝面前奏了一本，再次将矛头指向王氏家族。

汉哀帝宣布，遣送王根回其封地，将王况削职为民。王根及王况之父王商所荐举为官者一律罢官。至此，王氏家族的势力一落千丈，纵然有个王政君在宫中端坐于上，也因其独木难支而无济于事。

太皇太后王政君给王氏家族下令：凡王氏家族的田产，坟茔地除外，全部分给贫民。这一消息对朝野的震动太大了，尤其是广大的民众更是不敢相信自己的耳朵，他们只见到皇亲国戚、达官贵人们疯狂地从他们手中把他们仅有的一点点存身地掠夺去，逼得他们家破人亡、鬻儿卖女，把他们推到死亡线的边缘，却从来没见过这些人上人慷慨解囊，把自己的土地拿出来分给贫民。

表面看去，王氏家族有大厦将倾之势，其实不然。要知道，王氏家族在朝中的势力还是不容小视，那些大小臣工无不与王氏家族有着盘根错节的关系，特别是那些元老重臣对汉成帝和王氏家族的感情更深。自从王氏家族失势之后，他们越来越看到这样一个事实：新皇帝始终在不遗余力地把眼前的局面从汉成帝和王氏家族的影响与控制中摆脱出来，以便按照自己的意志确立起新的权力体系。

他们对汉成帝和王氏家族感情那么深，不是因为汉成帝是个多么伟大的君王，也不是因为王氏家族是个多么可敬的家族，而是汉成帝和王氏家族给了他们比别人更多的好处。现在新皇帝给他们的好处不仅大不如以前，而且还有被新贵们取而代之的可能，这怎能不叫他们惶惶然。一场没有王氏家族参与，却与王氏家族命运攸关的激烈角逐又徐徐拉开了序幕。

这年九月，汉哀帝下诏宣布：定陶恭皇之号不应再称"定陶"；现在尊恭皇太后为帝太太后，尊恭皇后为帝太后；为恭皇立寝庙于京师。这么一来，宫中就出现了四个太后，他们是王政君、赵飞燕、傅太后、丁后。

王氏家族在朝的势力基本被剪除完毕，十分明显，现在剩下了最后一个打击目标，人们不约而同地将目光投向在京城府第赋闲的王莽。没多久，依附傅太后的御史大夫朱博上奏弹劾王莽："王莽身为儒者，却不知尊尊之义，贬抑尊号，有亏孝道，当处极刑。幸蒙赦令，不应再有爵土，请免其为庶民。"

汉哀帝紧接着也下了一道诏书，保其爵位，赶出京师。建平二年（公元前5年）夏，王莽携妻带子被赶出了在此生活了四十年的长安城，踏上咸阳古道，被迫奔向他的封地南阳。

此时的汉哀帝完全失去了自己的方向，他的报复性揽权，并没有把权力揽到自己怀里。祖母傅太后和母亲丁后两家的亲戚一股脑涌进朝廷，当仁不让地占据了各路要津。傅、丁两家的暴发，必然引起一些当朝权贵的注意，因为他们看得异常清楚，无论哪伙外戚要想在政坛上站住脚，都得想方设法扩大自己的势力，而要想扩大势力，就得找他们这些政治冒险家。反过来说，他们这些人如果没有得力人物的援引，也不可能冲破森严的官僚等级之网，迅速地钻营上去，权力的秘密就在于此。

这个时候，人们又想起王氏外戚的好处，王家虽然骄奢，但毕竟大都是有能力的人，在他们的控制下，朝廷的运转基本正常。而傅、丁两家由于意外的机缘成了皇亲，如同乡下人进城，恨不得一天之内把所有的东西都抱回家去，刚刚进入长安就忙着起宅第、买仆人、讲排场、比阔气，一上任迫不及待地勾心斗角、卖官鬻爵，大开贪贿之门。一时间，京师之地被闹得鸡飞狗跳、乌烟瘴气，长安城的奢侈之风再一次兴起。

西汉帝国的官僚体系出现了从来未有的大震荡，一时之间搞得人心惶惶，自顾不暇。

正当朝中笼罩在一片恐怖气氛中时，王莽却在远离京师的南阳郡新野县都乡（今河南省新野县南）过着他的流放生活。这里没有京师那高耸入云的宫殿群，没有熙熙攘攘的闹市，没有白日里车尘马足激起的喧嚣，更没有朝中权力之争所造成的逼人的政治气氛。这次挫折，对以政治为生命的王莽来说，无疑是严重的。但是，王莽有着钢铁般的性格，挫折于上升期的他，就像给好钢淬一次火，只会让他更加坚韧。

在血亲社会，血缘是最有力的语言。新帝登基，王氏的血统立刻贬值。王莽和王政君都是明智之人，他们顺从地接受了命运的安排，离开政治中心，过起了隐居生活。他们有足够的耐心，就看上天是否能再次给他们机会了。

然而，王莽并没有真的闲下来。二十年的政治生涯已经使他由一个单纯的儒生变成了政治动物。他已经深深领略了权力的滋味，这滋味让人尝了一口，就再也不能放弃。他渴望着再过日理万机、废寝忘食的生活，渴望着再次见到人们在他面前毕恭毕敬、诚惶诚恐，渴望再一次体验掌握千万人命运的强大感，改造山河、建功立业的成就感。如果能够再次掌握权力，他甘愿付出任何代价。

多年周旋在政治旋涡之中，王莽已深谙政治的玄机。他的理想主义丝毫没有动摇，但是他实现理想的方式却已经悄悄发生了变化。刚入仕途，他只知一味刚强，做事恪守原则。而现在，他在刚强中已经揉入了一丝阴柔，做事更讲究方式方法。

他一如既往地维护着自己的道德形象，他知道，这是他政治生命的基础。人们对道德楷模的要求是苛刻的，他们把慷慨的赞美送给你的同时，也要求你在道德枷锁下不能有一丝松懈。因此，他必须倾尽全力，战战兢兢，把自己打扮得毫无瑕疵。为了这一点，他不得不矫饰自己。道德于他，此时已由单纯的目的变成了手段。

他知道了，为了达到光明的目的，有时要用不光明的手段。在闲居的日子里，王莽做了这样几件事，一是倾心结交官员特别是知识分子，建立自己的人际资源网；二是密切关注朝廷政局变化，同时又绝口不谈政治，不惹是非；三是继续进行自己的形象建设，丰厚自己的人格资源。

就在王莽韬光养晦的时候，汉哀帝与一个叫董贤的侍从产生了同性之情。被基情燃烧昏了头的汉哀帝居然任命正值青春的董贤为大司马。最为荒唐的是，有一次，哀帝居然当着朝中大臣的面，说了一句惊天之语——我想效法尧舜，把帝位传给董贤，你们看怎么样？

汉朝的衰败在哀帝当政期间达到了顶峰，他使汉王朝丧失了最后一点人心，各地农民起义在这时候风起云涌。为了挽救岌岌可危的局势，哀帝搞了一次荒唐的"再受命"仪式。

这时候的王莽一边故作平静地读着他的圣贤书，一边又不动声色地观望着长安城内所发生的一幕幕光怪陆离的闹剧。这时王莽家中发生了一件令人不快的事情，他的二儿子王获杀死一个家中的奴仆。这在当时本算不上什么大不了的事情，奴仆不过是主人随意处置的一分财产而已，杀死或卖掉他，只要主人愿意就行。

王莽本可以不闻不问，但他却一反常态，把小事变大，大事变天。他认为奴隶也是应该得到尊重的生命，杀人者偿命。谁也没想到，他最后竟然会强迫自己的儿子一命抵一命。这件事在当时引起巨大的社会轰动，王莽是疯了吗？为了一个奴仆要取自己儿子的命。

王莽没有疯！这时候有人站出来说话了。王莽非但没有疯，而且是真正的仁者。他杀死自己的儿子，是在用亲子之血捍卫儒家最高原则——"仁"。 这件事震动了整个社会，王莽的表现正在接近世人对于圣人的要求标准。在这个裙带成风，人与人只知固守着圈子利益的大时代，王莽的这一行为就像是一盏明灯，他用儿子的血，书写了仁者补天的重要一笔。

3. 子虚乌有的权力图腾

元寿元年（公元前1年）正月初一，发生日蚀。正当朝廷内外因"日食事件"闹得惶惶不可终日的时候，专横跋扈的傅太后突然死亡，这给本已严重失衡的政局平添了一个复杂的因素。傅太后的死，朝中波谲云诡的斗争，日益高涨的社会舆论对王莽的支持，让汉哀帝手足无措。

鉴于舆论的压力，哀帝只好以伺候王政君的名义将王莽和他的叔伯兄弟王仁（王谭之子）召回京师，阔别长安三年的王莽又重新返回到了西汉帝国的权力中心。随后不久，帝国的天空再次出现日食，天下人心浮动，舆论汹汹。

汉哀帝拖着他沉重的病体，颁布了他短暂一生中的最后一道诏书："正三公官分职：大司马卫将军董贤为大司马，丞相孔光为大司徒，御史大夫彭宣为大司空。"董贤正式成为第一执政。一个月后，年仅25岁的汉哀帝突然驾崩。在此之前，他的祖母与母亲傅、丁两后都已去世。在汉哀帝为所欲为的日子里，王政君默默地独居深宫，不动声色。而现在，他在侄子王莽的帮助下又重新夺回失落许久的大权，王莽也再度回到中央权力的核心地带。

王莽又成了大司马。他首先做的是罢免董贤，然后逼其畏罪自杀。此人早已成为哀帝的替罪羊，成为人人欲诛之而后快的目标。随后，王莽又毫不犹豫地将屠刀指向宫内，王氏家族最仇恨的赵飞燕成为第一个目标。王氏家族之所以痛恨赵飞燕，主要认为没有赵飞燕从中穿针引线，汉哀帝是不会当上皇帝的。汉哀帝不当皇帝，王氏家族就不会遭此劫难。赵飞燕，这位出身寒微的绝代佳人就这样被打入冷宫，最终三尺白绫结束一生。

王莽所做的第三件事是选立新皇。九岁的中山孝王之子刘衍即位，是为汉平帝，此人与没有子嗣的哀帝血缘最近，立他为帝顺理成章。王莽自然不会放过傅、丁两家。汉哀帝的皇后、傅太后的侄女与赵飞燕同日自杀。傅、丁两家在官者全部罢官，赶出京师。

宫中的宿敌就这样被王莽清除得一干二净，他任命自己那些名声良好的朋友亲信占据帝国的权力要津，最高权力又重新回到了王氏家族的手中。

王莽上台伊始，就来个里里外外、上上下下大清扫，这对统治集团震动极大，确实使人精神为之振奋。蛰伏已久的人心突然间从汉哀帝时那种压抑、沉闷、沮丧、绝望的政治气氛中挣脱出来，让天下臣民看到了幽深的时间尽头闪现出一道耀眼的光亮……

有人说，王莽一直苦心经营，为的就是登上权力巅峰，建立属于自己的理想国。但是从整个事态的发展来看，他更像是被汹涌的民意推着往前走。

民心与天意有时候就像是一对孪生兄弟，总是相伴而生。如果我们以王莽执政为一个分界点，那么在他执政前的数十年间，灾异频现，地震石陨，日蚀月食，星辰逆行。只要天象地貌出现什么异常，天下臣民就会牵强附会，认为这是神明在晓谕天下，政局不稳，世道有变！

巧合的是，等到王莽接过权杖，此类灾异也渐渐消失。随之而起的是各种各样的谶语，在汉代以前，"谶言"只是零零碎碎地出现。如在西周厉王时代，出现过一个神秘的谶言——"桑弧箕服，实亡周国"。而西周王朝真的亡于"桑弧箕服"者抱养的女儿褒姒。

春秋时斯，鲁国也传说了一个谶言：季氏亡，鲁不昌。这些谶言所以能有一个开始，是当代一些文化人对于当时的国政或诸侯国里重要政治人物议论时政的看法、想法。偶然应验，实不足为奇。

到了汉朝，特别是到是西汉末期，王莽称帝前后，因为政治需要，"谶"从一家之言、某些人之言发展成为一门新兴的学科：谶学，或谶纬学。

当时，所谓的封建体制刚刚成熟。皇帝还没有向天下人宣示"普天之下，莫非王土；率土之滨，莫非王臣"这个观点，所以有人提出，异姓可以受命之说。这个理论配合了王莽的需要。

伴随着谶言而起的，还有"祥瑞"事件的此起彼伏。祥瑞又称"福瑞"，是吉祥的征兆，儒学认为，天下大治，盛世开启，上天就会出现奇异的现象，或者出现稀奇好玩的玩意，如出现彩云、禾生双穗、地出甘泉、奇禽异兽出现等等，以此来褒奖即将出现的明君圣主。

这时候，一个自称是越裳氏的化外蛮夷，从遥远的西南方不远千里来到京师长安，向新皇帝献上"白雉一、黑雉二"，以示对西汉帝国的宾服。消息传开，朝野一片欢腾，熟读经书的大小儒家知识分子们尤其兴奋。因为他们都知道，《尚书》记载，西周之初，大政治家周公辅佐幼主成王而天下大治，致使四夷宾服、万邦来仪，其中就有越裳氏远道来朝的精彩节目。

有祥瑞，就会有人借题发挥。于是有大臣就在这时候上书："大司马王莽有安宗庙之功，按汉家惯例，应像前朝名臣萧何、霍光那样，益封三万户，畴其爵邑。"此议一出，群臣纷纷响应。王莽这时候就算想要一步登天，也不能让天下人看穿他的野心。

他所戴面具的形象是仁者，不是野心家，他再三辞让，最后才算勉强接受'安汉公'的称号，其他的封赏一概拒不接受。他的理由是，等到天下百姓家给人足之后，愿意接受更重的封赏。

王莽所表现出来的高姿态和以天下为己任的儒家理想，又一次触摸到了满朝文武的兴奋点。他们奔走相告，能与王莽生于同一片蓝天下，吾辈幸甚。王莽每谦让一步，那些朝臣们就向前推进十步。他们蜂拥到王政君的面前，要求为王莽晋封更高级别的官衔和尊位。

这时候的王莽左手握着绝对权力，右手擎着儒家理想。他接受了"安汉公"的头衔，这个头衔可以稳定民心，也可以洗脱自己的篡权嫌疑。自己所有的付出与进取，都是为了"安汉"。这时候天下人对大汉虽然还有认同感，但他们对刘姓子孙已经失去了耐心，也失去了信心。

这时候，董仲舒的天人感应论已深入人心，天下百姓都知道"皇天无亲，唯德是辅"，王莽显然更符合人们对于有德之君的定位。正是在儒生士子的推动下，王莽"爵为新都侯，号为安汉公，官为宰衡、太傅、大司马，爵贵、号尊、官重，可谓一人集五大恩宠于一身。

千万人的想法汇合成一股无形却能量巨大的洪流，势不可挡，最终将天下人都裹挟进去，形成了崩天裂地的巨大势能。在王莽的眼中，手中握有的绝对权力既是撬动历史的一根杠杆，也是创造奇迹的魔棒。历史上那些所谓的明君圣主，他们手中不就是因为有了这根魔棒才创造了属于自己的辉煌吗？同样，历史上那些所谓的昏庸之主也是因为乱用了这根魔棒而倒拨了历史进程的时针吗？

王莽的执政方针遵循了儒家理论，他不封王氏子孙，却依照周礼的精神，封宣帝子孙三十六人为列侯，赢得了皇族的拥护。

他带领官员们节俭度日，与百姓共克时艰，带头捐款一百万，捐地三十顷，用来救助贫民。每遇水旱灾害，他就吃素，与民同甘苦。在他的带领下，共有二百三十名贵族捐献田地，分给贫民。

按照周礼的记载，他在全国建立仓储制度，储备谷物，做赈灾之用。按照上古传说，他改革官制，设置"四辅"，加封周公、孔子等圣贤的子孙。他大兴教育，扩大太学招生量，太学生数量突破万人；在各地广建学校，征召"异能之士"，拓展底层知识分子入仕的渠道……

王莽的登场让汉王朝的政坛为之一亮，与此前的乱象相比，整个帝国呈现出一派祥和的气象。由于王莽不断强化意识形态，社会正统价值观念得以弘扬，社会风气明显好转。如果将道德视为这个时代的第一符号，那么王莽就是道德楷模的代言人；如果从王公贵族到知识分子再到普通百姓，每人一票选出自己心目中的理想群主，那么非王莽莫属。

元始三年（公元 3 年），汉平帝十二岁，按照周礼，应该到了结婚的年龄。王莽发布诏书，在天下名门大族中选取皇后。为了避嫌，他特意提出自己的女儿不参与竞争。

消息传出，又迎来如风暴般的强烈反应。每个人都在替王莽喊不平，每天都有上千人上书朝廷，就此事与朝廷展开理论。上书的人挤得政府门前水泄不通，几乎形成骚乱。人们强烈呼吁："愿得公女为天下母。"结果可想而知，王莽的女儿获得最广泛的支持，顺利地成为大汉皇后。

朝臣又查阅古书，上古的天子封后父的土地多达百里，所以加封王莽二万顷土地。王莽反复力争，终于退回了土地。按过去的先例，聘皇后的礼金达数万万，王莽只接受四千万，还把其中三千三百万用来周济别人。

第二年，汉平帝成婚，有大臣提议应该加封王莽为宰衡，位在所有公爵之上。几天之内，就有八千多百姓和官吏上书朝廷，支持这一建议。宰衡一职，是把上古伊尹和周公两大名臣的封号合起来起的新名，前所未有。王莽痛哭流涕地跑到王政君面前，拒绝接受这一封号，甚至以称病辞职为要挟。但是朝廷坚决不许，王莽极不情愿地接受了这一封号。

有人说，没有英雄的国家固然不幸，然而需要英雄的国家更不幸。中国人始终需要英雄，已经习惯了将自己的命运交给所谓的英雄。元始五年，王莽当政五年之后，朝臣总结王莽的业绩，说他的德行为天下纪，他的功业为万世基，提议加封"九锡"。

"九锡"是九种极尊贵的物品，加"九锡"，意味着取得了接近皇帝的地位。《周礼》记载："以九仪之命正邦国之位，一命受职，再命受服，三命受位，四命受器，五命赐则，六命赐官，七命赐国，八命作牧，九命作伯。"这套繁文缛礼是周代天子对等级不同、功劳不等的贵族进行封赏时所遵循的一套规则。

消息传出，在很短的时间里，朝廷竟然收到四十八万七千五百七十二人的上书，支持给王莽加"九锡"。统计数字如此精准，是因为班固在写作《汉书》时核对了当时的政府档案。

西汉末年，全国人口不过数千万。其中绝大部分是文盲，识字者不过数百万。而在长安附近，能够上书的知识分子加起来也不会比四十八万多多少。如果在当时进行民意测验，王莽的支持率肯定达百分之九十五以上。

而在高层官员中，支持给王莽加"九锡"的王公列侯及卿大夫达九百零二人，几乎占了全部。所有的手都想将王莽推向权力的制高点，推向那个"至尊"的宝座。除了得到王公列侯的支持，中小地主和他们中的知识分子也同样渴望着一个新王朝的建立。王莽的上位，新王朝的建立，能够为他们带来一次权力再分配的机会。

低层的农民更是期待着一个新王朝能够为他们卸下不堪的重负，而那些豪强地主集团和他们的代表刘氏皇族，也认为新王朝或许并不那么可怕，特别是这位未来王朝的当然统治者王莽颇为开明，几年来不是一直在维护他们的利益吗？

在这种形势下，所谓民心，也就是新王朝建立所必需的社会基础，已经颇具规模，所欠缺的，大概就是使新王朝在一夜之间破土而出的天意了。什么是天意？也就是所谓的符命。造这玩意并不难，凡是不常见的自然现象、社会现象，统统可以用来附会现实政治，以昭示天意。

元始五年五月，汉王朝在未央宫举行盛大仪式，为王莽加封"九锡"。就在王莽加"九锡"之后七个月，长安附近有人在挖井时挖到了一块上圆下方的白色石头，上面赫然刻道：告安汉公莽为皇帝。

这出历史大戏，马上就要接近高潮了。所有的人都屏息静气，整个剧场暂时出现了可怕的寂静。刚刚上台的时候，王莽绝没有想到自己有一天能够登上帝位。他确实想效法周公，做一个完美的道德标准。周公之伟大，正在于他可做天子而没有做。

他觉得像周公、孔子这些儒家的先哲往圣早就在他们的主张、学说中给自己定位了。孔老夫子在壮志难伸、穷愁潦倒的晚年曾仰天太息说："甚也吾衰矣，久矣吾不复梦见周公！"老夫子一生都在翘首期盼着能有一位像周公那样拨乱反正的救世主出现。

对于王莽来说，周公的制礼作乐已经为他勾画出一幅接近完美的天下蓝图。他觉得冥冥中有一股力量在推着他，去完成蓝图变现实的千秋梦想。当民意大潮渐渐涌起的时候，王莽的心理也发生了微妙的变化。民心意味着一切可能，难道上天真的要自己做皇帝吗？

这个时候，王莽才发现自己内心对皇位的渴望是如此的强烈。这种强烈除了对权力的贪婪，更多是内心对于构建理想世界的冲动。在执政不久，王莽就已经嗅到了百官颂词中的特殊味道，在民众的一次次推戴中，他早就心领神会，并且以自己的行为方式恰到好处地配合了演出。他越谦虚，百姓就表现得越急切；他越无私，百姓就表现得越狂热。

直到有一天，"告安汉公莽为皇帝"的符命出现了，这时候，王政君才如梦方醒，原来这些人玩这些花招是想篡夺皇权。老太太勃然大怒，说："此诬罔天下，不可施行（这种事戏弄天下人）。"王莽却认为这一符命是真的。在他的下意识里，其实他还是盼望这道符命的出现，也相信这道符命必然会出现。本来，符命这种东西，并非不能伪造，但他不愿往那方面想。

就算这一切都是上天的意思，王莽也不能立刻接受。因为按礼的精神，这种事必须极力推辞。当然，王莽也不会否认符命的真实。经过反复争取，他还是做出了妥协和让步。他说，自己不会做皇帝，但也不能违背上天的旨意。怎么办呢？那就由自己先摄行皇帝之事，称"摄皇帝"，等到将来皇子长大，自己再还政。

天下臣民显然不满意王莽怠慢了天意，于是催促他即位的"符命"不断地出现。齐郡亭长辛当梦见天公派人告诉他："摄皇帝当为真。"为了表示神异，亭中当有新井。辛当早上起来跑到亭上一看，亭中果然出现了一口很深的新井。

从全国各地都送来带有天命信息的奇石，王莽去未央宫前观看这些奇石时，突然天风大作，尘土弥漫，风过之后，奇石前出现了铜符帛图，上书："天告帝符，献者封侯。承天命，用神令。"

面对上天的催促，王莽也只能发出一声声问询之语——天意如此，臣莽敢不承用？

王莽虽然不愿即位，但还是做出了让步。他让大臣们上书时不要再称"摄皇帝"，而直称"皇帝"，但摄政的性质不变。王莽就这样，走一步，停一停，逐步消解掉可能出现的不满因素，让天下慢慢适应改朝换代的现实。

王莽在向权力的巅峰冲刺之时，也开始了向理想的进军。他宣布从今以后，在西汉帝国必须达到"市无二价，官无狱讼，邑无盗贼，野无饥民，道不拾遗，男女异路"这种"太平至世"的标准，否则"犯者象刑（据说上古黄金时代，没有肉刑，只有象征性的刑法）。"

王莽所定的这个指标实在高得离谱，就是放在今天也是不可能做到的。他认为这个世界上只要有了周公、孔子的光辉思想，只要有了他王莽这个活着的"圣人"，什么人间奇迹都可以实现。

这一年的十二月，年仅14岁的汉平帝终于在渴望自由中结束了他那短暂的一生。当然王莽最关心的不是死去的小皇帝，而是新皇帝的人选。

当时汉元帝这支血脉已经绝后了，汉宣帝的曾孙中为王为侯者众多，他们都是汉平帝的兄弟辈。王莽认为他们岁数太大，将来难以驾驭。他最后在汉宣帝的玄孙中选中了一个2岁的婴儿子婴。

汉平帝的死对王莽是十分不利的，这无疑将引起非议，授人以柄。就在这个月，地方郡守谢嚣上书说，在他所管辖的地区挖出一块上方下圆的白石头，石头上写着"告安汉公莽为皇帝"的红字。

早有准备的公卿大臣立刻上表说："太后圣德昭然，深明天意，诏令安汉公居摄践祚，实乃英明决策。臣等恳请安汉公践祚之后，服天子之服，用天子仪仗，如天子南面朝见群臣，处理政事。"王莽当了假皇帝（代理皇帝）之后就自由多了，反正头顶上除了天就是他自己，他的意志可以不加任何掩饰的公之于众了，有了这些保障，王莽开始酝酿向一个更宏伟的计划进军。

王莽当了"假皇帝"之后，第一件事就是改元，以示现在他是西汉帝国的真正主宰。于是从汉平帝死后的第二年起，称居摄元年（公元6年）。

4. 越要完美，越是荒诞

元始三年，王莽着手扩大知识分子队伍和拓宽知识分子出路的工作：一方面，他下令在中央原有的博士弟子常员之外，允许朝廷官员之子以博士弟子的资格在太学学习，并且扩大选拔范围和名额。

元始四年，王莽提议修起明堂、辟雍、灵台。辟雍是古帝王为天下学子在京师所设立的最高学府，灵台是天子遥望云气、上通于天的地方。总之，它们都是古圣王（周文王、周公）"制礼作乐"时的精粹，是一个黄金时代来临的标志，所以也是后代儒家知识分子心向往之的圣殿。

如果能够再现当时沸腾的景象，也许我们也要为这项"伟大"的工程激动。与其说这是一项规模宏大的土建工程，不如说是一次知识分子盛大的节日。参加这次大会战的有 10 余万人，其中不乏那些平时只读圣贤书的太学生。

但事情到此远没有结束，王莽还要给人们本已狂热的情绪再次加温。他宣布为了彻底改善知识分子的生活状况，决定"为学者筑舍万区"。此外还在长安城东北专门为知识分子修建一处绿荫覆盖、环境优美的聚会广场。

让那些知识分子们兴奋不已的则是王莽另一个精彩的节目：他要像周公"一饭三吐脯，一沐三握发"那样礼贤下士。他明令将秦始皇焚书烧掉的《乐经》复原，使《五经》重新成为孔子时的《六经》。他明令扩大朝廷博士的名额，每经 5 人。他明令征召天下所有具备以下条件者：精通一门儒家经典，并教授学生十一人以上者；通晓《逸礼》、《古文尚书》、《毛诗》、《周官》、《尔雅》、天文、图谶、钟律、月令、兵法、文字等学问者，由中央政府派遣公车，载赴长安。

最后的压轴戏是征集全国各地的水利专家数百名，赶赴长安，参加"根治黄河水利会议"，研讨根绝黄河水患的大事，实现"圣人出，河水清"的梦想。

从这年的八月一直到年底，西汉王朝简直是好戏连台、高潮迭起，主角只有一个人——王莽。

公元八年十二月，注定是一个不平常的年月。这一天，一个读书人来到刘邦庙门前，向守庙官员呈报了一件奇怪的事。他说自己昨夜梦见了高祖皇帝，梦醒来后发现身边出现两个神秘盒子。一个盒子里装着"天帝行玺金匮图"，另一个盒子里装着"赤帝行玺传予黄帝金策书"。这是上天和刘邦的神灵写给王莽的信，说他是真命天子，要他明年元旦即位，改朝换代，新朝的名字，就叫"新"。

在刘邦的神灵写的这封信中，出现了十一个人的名字，说他们是新朝的辅佐大臣，要王莽重用他们。这十一人，有八人是王莽身边的亲信，而另外三人中，其中两人分别是王兴、王盛，没人知道他们是干什么的，另外一人是献符人哀章。由此可见，这又是一起卖巧讨好的祥瑞事件，而这一次打着的是汉高祖刘邦的旗号，难免会让汉家臣民的内心陷入迷乱状态。

这道符命规定了王莽即位的时间和新王朝的称号，如此一来，连王莽也不知该如何应对这眼前的局面。他必须在最短时间内做出决定，或是宣布此符命为假造，逮捕献符人；或是接受符命，提前即位。

这道符命虽然值得怀疑，但王莽还是决定接受"天命神授"这样一件事。他之所以接受，是因为他觉得这件事有存在的三点理由。一是他从来就信奉古书经典，相信符命的存在。由于民意的高涨，他也相信天命在他，出现符命，应该是正常现象。二是这道"符命"如果是假的，那么以往的种种祥瑞符命也就有可能是假的，天命在他的说法也就有可能是假的，这无论如何是不能接受的。三是这道符命制作精美，格式完全符合礼仪，不像以往有的符命语焉不详，粗俗鄙俚，不能登大雅之堂。四是符命明确规定了即位时间，使他没有任何理由再推让拒绝，也就意味着为他解决了最大的礼仪上的难题。

王莽彻夜不眠，在房间里一趟趟来回走着，不时拿起这道符命，端详一下。已经过了子夜时分，他下令，立刻召亲信大臣入宫。大臣们看过符命，立刻向他叩首祝贺，一致认为应该顺天应命，立刻即位。

王盛，一个谁也不知道从何处而来的人，没人能够解释清楚在刘邦神灵提供的这份名单中为什么会出现这样一个人。经过一番摸排，才将这个卖烧饼之人从长安东城仁义巷中挖出来。他的名字出现在"符命"里，他也就自然会被疯狂的臣民视为天命神授的象征。

他来这个世界终极使命不是卖烧饼，而是辅佐新皇帝王莽，他不出意外地被封为"崇新公"，开始了自己新的人生。王莽就这样被推举到权力的巅峰，他默默地注视着脚下黑压压的文武百官，他知道，属于自己时代正在慢慢展开图卷。站在这最高处，他虽然感觉到眩晕，可更多的是来自内心的使命感。

他觉得自己并不仅仅只是一个改朝换代的皇帝，诚如他在接受皇太子刘婴禅让那一刻，当着群臣的面，所说的"昔周公代成王摄政，最终使成王归位。如今我为天命所迫，接手皇位，这么做不是我的意思，天命难违。"

那一刻，他并没有一个窃取权力者得手后的轻松，反倒觉得生命中有了不可承受之重。

那一刻，他会想到自己一路走来的诸般艰辛，如电影画面在脑海一幕幕闪过。伺候王凤时的忍辱，斩杀儿子时的含痛，放弃了做人本应有的快乐，难得就是为了这一天，能够践履至尊，手握权柄？既然天下臣民都认为自己是天命所归，那么他来到这个世界，就不应该只是为了自己。他是为了改变这丑陋的世界，让复古的理想之火重新在中华大地上燃烧起来，让周礼从儒学的虚幻图景中走出来，成为现实。

那些复古经典里的世界是王莽心目中的理想国，它的存在如同天地玄黄，是不需要再去反复证明的先天真理。因此，王莽从来没有怀疑过那个世界，没有一秒钟怀疑自己按古代经典去用人行政不会取得成功。

皇帝和"摄皇帝"是完全不同的两种概念，也是两种不同体验。权力是一种很玄的东西，它会让清醒之人变得迷乱，也会让迷乱的人变得疯狂。如果我们说，一个人是伪君子，那么他就一定藏有私心。当他内心的企图得以实现后，往往会撕下伪善的面具。可是王莽却几十年如一日的仁爱谦恭、高风亮节。即使登上皇位，也没有给自己贴上一个帝王应有的印象标签，没有大兴土木，没有暴杀政敌，没有荒淫无道，没有虐民杀臣……

胡适在 1922 年写的《王莽》和 1929 年写的《再说王莽》两篇文章中，说王莽是一千九百年前的一个社会主义者，受了一千九百年的冤枉，应该替他申冤。不知道王莽在听到胡适说的这样一番话后，会不会产生穿越时空遇知音的感慨。

始建国元年（公元 9 年），刚刚坐上龙椅的王莽，马上投身于他那酝酿已久的"托古改制"运动，按照远古"黄金时代"的模式改造现实社会。他对此有着常人难以理解的热情，完全可以达到不眠不休的状态，生怕自己多睡一觉就错过时机，生怕自己轻松一次就破了金身。每天他就如同一架高效运转的机器，那些围绕在他身边的儒生士子，也像是打了鸡血似的，日夜与其探讨上古的制度，考据理想国的架构。

时不我待，王莽领着一帮读书人在完成一项与时间赛跑的游戏。既然是天命将其一步步推到天下之主的位置上，那么他就不应该有所回避。他知道，有多少人为他的天命所归而欢呼，就有多少人为他的野心篡国而诅咒。他管不了那么多，他来这个世界要做的太多太多。他要为天下打造一个美丽新纪元——复古时代，那里人人鲜花盛开，那里人人知礼守节。

经过一番考量，王莽认为，上古时期，之所以人人富足，是因为土地均等。也就在这时，有儒生提出一份"土地国有化"方案，这也正是王莽心思所在，他将"托古改制"运动作为自己理想国的破题之作。

中国的既得利益集团太过庞大，以至于每一次稍稍触动他们一丁点利益的改革都走得异常艰难，甚至伴随着流血，就算是做了皇帝的王莽也不例外。王莽要动真格——恢复上古的井田制，均分天下土地。先在国有土地上（在汉代国家控制着一部分土地），按"井田制"的办法，将国有土地按口授予无地农民，农民对土地只有使用权，没有占有权，目的是即解决了农民无地可耕的状况，又解决了土地的兼并问题。

"解放奴婢"是他"托古改制"运动另一个重要课题。王莽从道德的角度对奴隶制度发出了激动人心的谴责，痛斥这种把人"与牛马同栏"的奴隶制度是"逆天心，悖人伦"的野蛮残忍的行径，一声令下，必须立刻停止，三百六十万奴隶获得解放。

第三项是由政府垄断经营盐、酒、冶铁和铸钱，防止富商操纵市场，勒索百姓。王莽下令建立国家银行，贫苦百姓可以申请国家贷款，年息为十分之一。这样就杜绝了高利贷对百姓的盘剥。王莽推行固定物价政策，市场上的货物由政府规定价格，以维护市场秩序。

第四项，从皇帝到百官，都实行浮动工资制。如果天下丰收，皇帝就享用全额生活费，如果出现天灾，或者治理不当，就按比例扣减生活费。百官的工资也根据百姓的生活水平浮动。百姓丰衣足食，工资就高；百姓饿肚子，官员也要跟着一起挨饿。

王莽厉行惩治贪污。他下诏彻底清查所有官吏的家产，发现贪污者，没收所有财产的五分之四，用来补充国家财政经费。他建立举报制度，动员人们举报贪污行为，举报查实，给予重奖。

王莽改革了全国的官名。名不正则言不顺。他按照"周礼"的规定，设了三公九卿二十七大夫八十一元士。按照禹贡的规定，把天下分为九州，恢复上古地名。按照古书的记载，把太守改名叫大尹，都尉改名叫太尉，县令改名叫县宰，御史改名叫执法，长安改名叫常安，未央宫改名叫寿成室。

王莽在长安城中心建了一个王路门，在门下坐了四个人，叫谏大夫，面向四个方向，听取四方百姓对政府的意见。这是按照周礼而设。

蛮夷之国，名字也必须低贱，这样才符合上古礼制。他把匈奴单于改名为降奴服于，把高句丽改为下句丽。

……

当时的儒家知识分子们除少数例外，大都以极大的热情投入到王莽所领导的"托古改制"运动中来。一些儒林名流纷纷献计献策，为"托古改制"推波助澜。至于四方名不见经传的众多儒生更是为此而欢呼雀跃，摇旗呐喊。这时的朝廷呈现出前所未有的热气腾腾的一番景象。

当王莽"托古改制"的奇思妙想一股脑地抛向当时那个病入膏肓的社会时，大汉帝国的臣民们无不为此而欢欣鼓舞，他们望眼欲穿地期待着一个"黄金时代"的全面到来。

所有一切都在朝着王莽想要的方向去，他也在非常执着而认真地去落实他那些大而无当的计划。尽管他遇到的阻力前所未有，因为每一项改革都在动摇帝国豪强的利益根基。帝国的既得利益者们在跟着王莽奔向新世界的同时，蓦然回首，他们的土地，他们的利益，正在被王莽一点一点拿去做顺水人情。

王莽本来以为，自己做了皇帝，一切都不是问题。可是当他发现，那些大土地所有者在他的一纸诏书下达之后，并没有乖乖地将自己多余的土地交出来，他们甚至联手抵触他颁布的诏令。原来这些人力挺自己，只是想建立一个不触及自家利益的虚拟的道德社会。一旦触及个人利益，一切又都成了问题。在一个人口近 6000 万，人均耕地面积仅有 0.1 顷的国度中，要想实现《周礼》中"一夫百亩"的土地占有量是痴人说梦。

王莽认为《周礼》没有任何问题，他的执行也没有任何问题，有问题的只是人心。对于王莽的支持者来说，他们期望王莽做皇帝，也不过是为自己获取更大的利益寻找一个突破口。王莽本身没有绝对的错，他的错在于他认为天下臣民不应该不理解圣人治国的理想，不应该不跟着他这个圣人一起奔向更美好的未来。

结果令他大失所望，全国上下各个利益集团无论强势还是弱势全都反对，不光是那些贪官污吏、豪强劣绅们起来反抗，就连那些本来可以分到土地的贫苦农民，因国家分田的政策不能落实到位而怨声载道。

这让王莽大为震怒，既然你们不愿意消灭私欲、天下为公，那我就强行将你们纳入我的执政轨道上来。看一看是你们的脑袋硬，还是我的刀斧快。如此一来，他那仁爱、威严的形象开始变得恐怖起来。

农民的特点是私有和保守，虽然得到了土地使用权，但他们更想要的是所有权。这时候连失去土地的农民都不赞同王莽的政策，那些曾经拥护王莽的主要力量这时候也站到了他的对立面。

王莽虽然是大家推举出来的皇帝，推举上去后，他也就成了大家的上帝，生杀大权也随即交到了他的手里。或许王莽缺乏其他品质，但他从不缺乏决心。他认准了的事，任何力量都无法阻止。他挥起了鞭子，谁不执行，就把谁抓起来，不管他是皇亲国戚还是名公巨卿。

"于是农商失业，食货俱废，民涕泣于市道。坐卖买田、宅、奴婢、铸钱抵罪者，自公卿大夫至庶人，抵罪者不可胜数。"

犯罪的人越来越多。"吏民抵罪者浸重。"罪不致死者被罚为官奴，不长时间内，二十多万人从上层社会沦为官府奴隶，全国各条道路上，都络绎不绝地走着一队队的罪犯，监狱几乎满员。其情形，竟和秦朝末年有些相似了。

可是剩下的人，还是拒绝交出土地，奴隶买卖还是屡禁不绝。

这就是理想主义者的天真之处，对此，王莽永远是白天不懂夜的黑，仅仅依靠"本本主义"，仅仅依靠权力，是根本无法跨入他想象中的理想主义者的天堂。再说，经书上的"黄金时代"只是一个从来不曾存在的乌托邦，因此也永远无法实现。

王莽就像是西方中世纪那个骑着瘦马，拿着生了锈的长矛、盾牌，向风车挑战的堂吉诃德，他始终觉得自己壮勇无比、所向披靡。他将手中长矛舞得虎虎生风，累得呕心沥血，也不过是在上演一出滑稽戏。他将一个庞大的帝国变成了他精神世界的实验场，来实验他的种种天才构想。

在王莽推行的诸多改革试验中，币制改革是他最为得意的作品。王莽即位之后更改币制并非出于流通的需要，而是以新货币来标志与刘汉王朝的不同。不久，王莽认为百姓对新钱的接受与认同程度不高是因为使用不够方便，所以他再一次对币制进行调整："更作金、银、龟、贝、钱、布之品，名曰'宝货'。"可惜事与愿违，王莽的这次更改，不但没有方便百姓使用，反而因币制的繁杂加大了流通的难度。

在他的货币体系中，有大钱、壮钱，还有幼钱、幺钱、小钱。他给钱币组织了一个家庭，排了辈分。除了钱，还有布。布的家族关系更复杂，有幺布、幼布、厚布、差布、中布、壮布、弟布、次布、大布。按照上古的制度，乌龟壳、贝壳，也都成了货币。此外，还有货布、货泉、契刀、错刀、宝货。

一个大布值十个小布，一个小布值两个大钱，一个大钱值五十个小钱，一个乌龟壳值十个贝壳，一个贝壳值半个大布。一个错刀值十个契刀，一个契刀值十个大钱。一个货布值两个半货泉……

对于像我们这样接受过高等教育的人来说，如果让我算算一个货泉值多少幼布，给我一天时间，我也算不精准。更不用说当时的普通老百姓，他们到市场上买个东西，会算得头昏脑涨。对于那些嫌麻烦、胆子大的人来说，他们私下里还会偷偷使用汉朝的五铢钱交易。如果被官府抓住，就会遭到流放，罪名是"扰乱币值罪"。

天下人的忍耐是有限度的。如果是汉朝皇帝在台上肆意妄为还可以理解，毕竟这大汉王朝的天下是人家刘邦提着脑袋打下来的。而你王莽凭什么这么胡闹，难道你忘了是大伙一人一票将你推选上去的了吗？

各地豪强大户纷纷举起了造反的旗子。

天凤四年，山东吕母起义，很快发展成数万人。

天凤四年，河南南阳王匡、王凤发动绿林军起义。王莽数次派兵围剿，效果不大。

汉宗室贵族刘玄、刘演、刘秀等纷纷投身起义军中。

天凤五年，山东人樊崇发动了赤眉军起义。

王莽并不在意。他顺利即位，充分说明了上天对他的信任。上天既然选择了他，他又这样兢兢业业、克己复礼，上天没有理由对他不满。不过，各地的起义军毕竟干扰了他的思路，让他不得不分散精力，来应付一下。

面对如此纷乱无序的局面，王莽实在是疲于应付，过去的自信、激情、远见这时候也消失不见。人如果陷入这种难堪的境地，唯一的办法只能乞灵于骗术，沉迷于天象巫术。当时王莽豢养的一批江湖术士也乘机兴风作浪。他们忽悠王莽，说如果造一个威斗，可以压制各处的反叛势力。

这时候已经病入膏肓、四处乱投医的王莽只能将这些话视为救命稻草。另外他也从来没有怀疑过，自己是天命附身之人，会逢凶化吉。他让用五色药石与铜合金，铸造了一个长二尺五寸、状如北斗一样的威斗。每次出行，都有一个司命背负威斗在他车驾的前面行走，在宫中，也必须时刻有一个司命秉威斗站立在他身边。这个威斗的把随着时辰变化不断旋转方向，王莽的座位也就时时随之转动。

威斗根本不可能起到作用，整个帝国已经烈焰腾空，火烧四方。王莽不明白，这好端端的天下怎么就变成这样。不是说好天意庇护于我吗？不是说好人民拥护于我吗？不是说好《周礼》是天下大道吗？所有的办法都用了，甚至命太史令推算出三万六千年的历法，决定每六年改元一次，希望可以"群盗销解"。

各处反暴政的烈火越烧越旺，东方的赤眉、南方的绿林、北方的铜马，像伸向关中地区的一把把利钳，步步逼向王莽的咽喉。到公元二十三年，经过几年的东征西讨，王莽的领土日渐萎缩，全国五分之四的土地都已落入叛军手中。这个时候，王莽才真正着急起来。他吃不下饭，睡不着觉，成天成天地看各地呈上来的军报。

地皇四年，王莽派大司空王邑征讨昆阳。王邑集结四十万重兵从洛阳出发，旌旗蔽天，辎重盖地，据说还带了一大群虎豹、大象、犀牛等猛兽，以期获奇兵之效。然而这支大军在昆阳城下受到刘秀的三千敢死队袭击后，居然兵败如山倒，各不相顾，人马互踏，死者枕藉。四十万最精锐的新朝军队，一举被消灭，王莽也就此失去基本的军事力量。

正当这时，王莽突然宣布他要举行盛大的婚礼。眼前是遍地烽火、处处灾荒，这位六十八岁的老人却突然来了闲情逸致，要再度品尝一下人生极乐之事，或许他想用一场喜事来冲冲眼前的黑云压城。虽然局势紧张，但这场婚礼还是极尽铺张、奢华之能事。王莽将自己花白的须发认真地染成黑色，干瘦的躯体套上了不得体的彩衣，总之，一切都要符合典仪。

整个婚礼的流程严格按照《周礼》的规定来安排，王莽娶的是上次选入宫中的杜陵望族史谌之女，聘礼是黄金3万斤，车马、奴婢、杂帛、珍宝无数。王莽迎亲于前殿，行礼于西堂。陪嫁的还有120个窈窕淑女……

也就在王莽用新婚的欢愉麻醉自己时，天色骤变，狂风肆虐，房倒树折。那些面如土色的大臣用颤抖的声音齐声附和道："此乃大吉之象，所有反贼将被一扫而光了！今年将五谷丰登，万民欢庆，天下幸甚！"

置身于内忧外患的夹缝里，这位风烛残年的老人境况十分凄楚。王莽吃不下饭了，每天只靠鲍鱼就酒维持着。他也不上床睡觉了，抱着兵书一遍又一遍翻看，看怎么才能将当下的燎原之火扑灭，看困了，就靠着几案冲个盹儿。

有官员提议："《周礼》和《春秋左氏传》里都说：'国家如果面临大灾大祸，可以用哭来攘解。'我们这些人应当号啕大哭，呼告上苍，天帝一感动，国家就能转危为安了。"

哭天是大事，天子得亲自示范，于是王莽领着满朝文武来到南郊，他先念了一篇策文，陈述了他承受符命的始末缘由，然后开始放声痛哭。他哭诉道："皇天既然授命于我王莽，为什么不为我把群贼消灭干净？皇天如果觉得王莽所做有违天意，那就用雷霆把我王莽击死吧！"

王莽越说越激动，连连叩头不止，昏死在地。他觉得自己一个人哭不够诚意，又命令一群书生和市井小民组成哭丧队，早晚向天号哭，并且诵读由他亲自撰写的功德文。长安城上空响彻一片撕心裂肺的哀号声，令闻者动容。

这时候，从战场上不断传出军队倒戈的消息，到后来派出的军队前脚刚跨出京城的大门，后脚就调转了枪口。这是上天故意在考验自己，还是现实真的就走到了穷途末路？王莽不得不对现实做出让步，他用最快的速度调整改革制度。

私铸钱币和"扰乱币值"的，不再流放处死，改为没入官府为奴和罚做苦工，均分土地暂缓推行，同时开禁奴隶买卖……

整个帝国犹如失去一匹脱缰的野马，曾经希望能够驾驭他的主人已被掀翻在地，并身陷泥潭，再想用力已经来不及了。十月二日，起义军攻陷长安。十月三日早晨，长安城内火光冲天，哀号遍地，王莽的卫队一千多人只能在宫门徒劳无功地做着最后的搏斗。这一千多人中，有公卿大夫、侍中、黄门郎。这是王莽最后的一点实力，能不能坚持到老天爷开眼，可全仗着他们了。

可历史的车轮又岂是区区一个王莽和这一千多矢忠大新的臣子能够挡住的？

皇宫内突然起火，后宫许多宫殿也随之燃起熊熊大火。王莽的女儿望着眼前的火海，向天发出撕心裂肺的呐喊："我有何脸面去见汉家！"说罢，纵身跳入火海之中。

再看我们的主人公王莽，在生命倒计时的分分秒秒里，还忘不了放下自己所谓的政治信仰。他身着殷红色的朝服，手持所谓的虞帝匕首，佩戴着玺韨，让天文郎在其前占卜时日，旋转起行不离身的铜北斗，并按斗柄指示的方向坐下，学着当年孔子的语气，口中念念有词——天生德于予，汉兵能奈我何！老天爷把治理国家的圣德和使命赋予了我，汉军又能把我怎么样！王莽抱着威斗，神情恍惚，他弄不明白，当初的充耳颂歌，才不过短短十五年间，怎么就会变成了铺天盖地的声讨浪潮？！

未央宫院门轰然崩塌，烟尘四起，起义军的潮水一拥而入。不消一个时辰，王莽的头颅已经悬挂于城楼上，很快又被人们取了下来。每个人都争着上前踢上一脚，不久就将其踢得稀巴烂。有人把王莽的舌头从口中剜出来，剁碎分着吃了。似乎只有这样的举动，才能解除人们内心的痛恨。他们告诉自己的孩子，这个人是有史以来最坏的人，就是他，试图剥夺他们的土地，并把他们关进监狱。

他们还告诉孩子，最大的罪恶是篡逆，而这个人就是最丑恶的篡逆者。他们搜肠刮肚，在公开场合，寻找出最恶毒的词语来咒骂这个人。似乎只有这样，他们才能让自己忘记，当初正是他们自己，把这个人送上了皇位。只有这样，他们才能从篡逆的罪恶感中解脱出来。

自从"独尊儒术"之后，随着知识分子的迅速儒化，用儒家理想彻底改造世界的思潮开始甚嚣尘上，在这种思潮的冲击下，就不可避免地使王莽及其许多同时代的人成为狂热的理想主义者。他们将孔孟无限美化了的"五帝"、"三王"时代当成人类社会的黄金时代。身处每况愈下的西汉帝国，种种令人失望的社会现象刺激了这些儒家知识分子用儒家理想批判现实、改造社会的强烈愿望，以及对内圣外王的呼唤，对黄金时代的向往。

在这样的历史大背景下，王莽这个人物被时代的潮流掀上了风口浪尖，并且按照儒家编好的脚本，在西汉末期的政治舞台上淋漓尽致地表演了一番。在人们的喝彩声中，王莽不仅承担起"补天"的重任，而且还信心十足地带领着西汉帝国的臣民们奔向那个海市蜃楼般的"黄金时代"。既然西汉帝国的臣民自愿把自己的命运托付给王莽，那么也就必须要承担王莽所造成的一切后果。

中篇

打不破的格局

杨广：非主流帝王的末日狂舞

大业元年（605年）春天的某个早晨，在黄河流域某个村庄的王大和王二两兄弟，正在享用野菜糊糊做出的早餐。也就在此时，房门被人一脚踹开。涌进屋子里的是一群如狼似虎的官兵，他们二话不说，抓起两人就往门外拖。

"官爷，我们犯了什么事？给个理由。"两兄弟一头雾水地问道。

"没犯事，也没有理由。"官兵吼道，"皇帝要修房子，还要挖一条沟，人手不够用，抓你们去帮帮忙。你们是要建房子还是挖沟呢？这是一道必选题，二选一。"

"我喜欢建房子。"老大没做丝毫的犹豫，就抢先答道。

"那好，你去建房子吧！"老大就这样稀里糊涂地被官兵带走了。

"请问官爷，皇帝要建什么房子啊？"老二看上去似乎精明那么一些，也谨慎得多。

"少废话！说了你也不知道，东都洛阳！"

"那我还是挖沟吧。"精明的王二认为，自己挖沟肯定要比哥哥建房子有前途。精明的王二也揣着糊涂装明白上路了，后来他才知道自己挖的沟要比村东头那条沟大得多得多，因为那已经不能算是沟了，而是一条大运河。

小人物王二至死也不清楚有这样一组数据，是属于这条大运河。这项伟大的工程耗时六年，全长两千七百多公里。帝国征用了五百多万像王二这样的农民参与了这项伟大的工程。 历史就是用数以亿计的无名氏的牺牲，来换取时间深处那些屈指可数的功与名。

对于这项伟大工程的始作俑者隋炀帝杨广来说，贯通南北的大运河是他"四大形象工程"的其中一项。杨广的大国梦有四大部分组成：大外交、大工程、大排场、大战争。作为帝王的杨广还有一个鲜为人知的身份——诗人，一个水平还算过得去的诗人。七岁那年，早慧的他写出了平生第一首诗，歌咏长安灞河两岸的旖旎风光。这首诗从老师手中流传到文人学士圈中，为他赢得了一个"神童"的美誉。

隋文帝杨坚对这个儿子始终另眼相看，作为一个很少承认错误的人，杨坚却无法否认他对这个孩子"于诸子中特所钟爱"。做隋国公时，杨坚不惜重金为这个孩子聘请了国内最博学的老师，做了皇帝后，他又干脆把原来打算用作丞相的王韶任命为杨广的老师，他对王韶说："公宰相大器，今屈辅我儿。"

杨广的那首《春江花月夜》："暮江平不动，春花满正开。流波将月去，潮水带星来。"有专业人士评论说，他对诗歌艺术有着很高的造诣，他的诗歌具有独特的审美风貌，表现出了明显的融合南北诗风的努力。

诗人与帝王，一个是精神世界的无冕之王，一个是现实世界的冠冕之王。

如果我们把杨广的执政经历视为一首诗，那么这首诗的开篇还是显现出万丈豪情的气象。

1. 二十年一觉皇权梦

自西周起，中国政治权力的递延游戏就一直遵循着"立嫡以长"的原则。隋王朝也不例外，按照"嫡长制"的原则，将来继任皇位的应该是杨广的长兄、隋文帝杨坚的大儿子杨勇。

"嫡长制"虽然能够消弭皇族间的竞争，保证皇族内部权力延续的有序，但是这项制度的合理性是经不起任何实践的检验。一个人的政治才能与他出生顺位没有任何必然的联系。正因为如此，这项制度给了那些幼童、白痴、昏庸之徒占据中国历史头条的机会，也将一个帝国拖入昏昏然不知亡国将至的境地。

相信在一千四百年前，杨广和他的其他皇兄王弟们也都是这么想的。

杨氏家族的男人们身上流淌着鲜卑族和汉族血液，生来就带着虎狼的彪悍气息。如果杨坚不是一个帝王，那么杨广和他四个兄弟就有可能成为当世的人才俊杰，是在权力世界里抱团取暖的一个整体。可是这一切都随着杨坚称帝、五兄弟同日封王而成为一种不可能。

皇位让兄弟五人本应有的亲情关系发生了质变，权力本来就是男性壮阳最有效的药剂，也让兄弟之间的关系有了阴冷的成分。南北朝时期的政治，是中国历史最富阴谋和血腥色彩的时期之一。那些名门大族子弟含着金钥匙来到这个世界，他们在享有富贵荣华的同时，也要为自己的生存做着别样的打算。触手可及的皇位，一直是皇族兄弟拼争杀戮、你死我活的保留剧目。生于帝王之家，既是一种幸运，也是一种不幸。

权力的竞争本就是一件让人疯狂的事，更何况是天下至高的皇权。置身这场权力游戏，如同置身于狼群，皇权的魔棒让每个人的内心都伸出欲望的獠牙，不是你去撕碎别人，就是被别人撕碎。在这场追逐皇权的竞争游戏中，最后的胜出之人需要虎狼的凶残与强壮，更需要狐狸的狡猾与敏锐，后者往往比前者更为重要。

在杨氏五兄弟中，杨广的综合素质显然要高出他的兄弟一大截。他的身上没有豪门子弟的骄纵狂傲、放荡无形，好像生来就和他的那几个兄弟不同。年幼时他就表现出异于常人的自控力，举止端凝，"深沉严重"。

《隋书》记载隋炀帝当藩王的时候，"矫情饰行，以钓虚名，阴有夺宗之计"，直至糊弄得上下对他都是满心的欢喜。"大臣用事者，倾心与交"，"婢仆往来者，无不称其仁孝"。

政治上的礼贤下士多少都有作秀的成分在里面；襁褓里的君王如何"仁、义、礼、智、信"，总归不能剔除表演的性质。与他的"秀"相比，他的兄弟则呈现出另一种面貌：长兄杨勇是一个缺乏心机、行事放纵的太子，三弟杨俊性格软弱、奢侈无度，四弟杨秀则性情暴烈，甚至"生剖死囚，取胆为乐"。

杨广完全按照一个"三好学生"的标准来严格要求自己，听父母话，看父母的眼色行事，德智体美劳全面发展。

隋文帝曾经密令术士为他五个儿子相面，术士看过后诡秘地对文帝说："晋王眉上双骨隆起，贵不可言。"帝后对次子杨广始终高看一眼，厚爱三分，除了他自小美姿仪、长得漂亮外，更多的还在于杨广善于表现，建立了高出兄弟之上的功业。

杨坚不爱铺张，提倡节俭，杨广平时便穿着打补丁的衣服，表现出节俭有度的姿态。母亲独孤皇后是一个喜欢吃醋的女人，最无法容忍的是自己身边的男人好色，哪怕这个男人是皇帝也不行，所以隋文帝杨坚的个人生活一直缺少鲜活的颜色。这时候的杨广也与自己的正妃萧氏举案齐眉、恩爱有加。

对那些大臣，杨广更是倾心相交，以诚相待。在刻意打造之下，他的名声要远远好于其他皇兄王弟。从上到下，没有人不对杨广赞许有加。在这一点上，隋朝的名将史万岁深有体会。

开皇十七年（597年），史万岁远征云南回朝时，分别路过秦王杨俊所在的成都和晋王杨广所在的江都。两个王爷对史万岁的到来都很重视，亲自接见。不过秦王关心的是向史万岁索要战争中虏获的奇珍异宝，而晋王杨广却"虚衿敬之，待以交友之礼"，与他探讨军国大事。

或许是因为杨广具有突出的政治天分，杨坚给予他特殊的器重和苦心培养。

开皇九年（589年），在隋帝国最重要的战争——为统一南方而进行的平陈战争中，年仅二十岁的杨广被任命为五十万大军的最高统帅，引起举国瞩目。

这场战争可以说是杨广正式登上帝国政治舞台的亮相之作，他深知这是树立自己形象的绝佳机会。如果说在此之前，杨广为自己量身打造的形象已经让他在体制内获得良好的口碑，那么平陈之战又让他再度获得全国性的赞誉。其实这场战争，杨广虽然是最高统帅，但大的战略部署完全取决于隋文帝杨坚，杨广只是执行父皇的部署。在君王专制时代，权大无边的皇帝对历史进程的影响力是任何人都无法匹敌的。

平陈之战虽然是一场重要战争，但是战争的进程并没有给领军者提供多少展示军事才华的空间和机会。杨广尚未率主力渡江，一仗未打，陈军主力就被"先期决战"的隋军击溃，建康当天就落入隋军手中。

虽然杨广第一次亮相就获得了"南平吴越"的美名，但并没有让他获得空前的满足感。隋灭陈统一南北是中国历史上具有深远意义的大事件，它的意义甚至超越了隋代周的单纯改朝换代。杨广因缘际会，他的名字与这具有划时代意义的大事件永远联系在一起。

占领建康擒获陈后主后，杨广让后主写信招降上游陈军，使十数万人放下武器。随后，他又用同样的办法使岭南降伏，不战而屈人之兵。攻灭南朝之后，杨广又命属下接收陈朝的政治档案和典章文物，同时下令封存陈国家府库，金银财物一无所取，"秋毫无所犯，称为清白"。天下之人都称颂杨广，认为他是一个贤明的皇子。

有人说杨广是一个虚伪之人，蓄意矫饰，自我美化。可是对于政治家而言，这种刻意为之的伪装，也是必不可少的。等到胜利归来，隋文帝当众宣布，任命杨广为太尉，赐给辂车、乘马、高贵华丽的衮冕之服以及象征特殊荣耀的珍宝玄圭、白玉璧。二十出头的杨广就这样完成了个人的品牌塑造，成为帝国政治舞台上最闪亮的明星，他所表现的风雅之姿、英武之气，在历代君王子嗣中都是少见的。

晋王杨广在平陈之后，出镇并州，重新肩负起监视和抵御北边突厥的重任。开皇十年（590年）二月，杨坚亲赴晋阳巡视，在晋阳停留了长达两个月的时间，可见他对北部边防的重视及对杨广的器重。

杨广个人品牌塑造的背后，隐藏着谁都能够读懂的讯息：虽然嫡长制像一座山横亘在面前，但熟读君王史的杨广知道，在大哥杨勇还没有成为皇帝之前，一切皆有可能。在没有民主制度让贤选举的封建君主时代，阴谋与政变是有能力者获得权力的唯一路径。

相比而言，他的哥哥杨勇更像是这个时代的宠儿。他以嫡长子平流直取，成为大隋皇位的继承人。从理论上说，能够取代哥哥成为太子对杨广来说，几乎是不可能完成的任务。自古以来，中国政治文化崇尚稳定，反对"不守名分"，历代皆恪守嫡长制这一"万世上法"，他们宁可守着嫡长制，生生将一个帝国带向危险的境地，也不希望有人站出来打破游戏规则。隋文帝对此有着切身的体会，自己就是篡权当上皇帝，他不希望自己的子嗣在自家的皇权体系里再上演此类摄魂夺魄的戏码。

如果太子没有重大罪错，是无论如何都不可能被罢黜的。从杨勇的品行和作为来看，他不会是一个好皇帝，他缺乏一个当政者应该具备的自制力和责任感。

　　杨广是一个不屈从于命运与制度安排的人，他一直觉得自己能够成就更大的事业，认为当皇帝这样的"小概率事件"有可能会发生在自己身上。杨广之所以会如此自信，是因为从小到大，幸运之神从来没有远离过自己。不到最后一刻，他从不放弃自己的坚持，天赋的聪明让他很清楚怎样做才能获取自己想要的结果。在很多时候，他并没有表现出自己张扬的一面。在机会没有出现之前，等待是为了更迅猛的一击。

　　他对完胜长兄杨勇有着强烈的自信，他的这种自信来源于自己的毅力、耐心和敏捷。

　　作为具有鲜卑血统的杨氏家族的长子，杨勇继承了胡人的天性。这个比杨广大两岁的王子"性宽厚"，才智尚可，品质不恶，然而却毫无政治敏感和政治才华。他"率意任情，无矫饰之行"。父皇崇尚节俭，他偏要表现得大手大脚，不惜代价四处淘弄国内最好的猎鹰、宝石和马鞍。明知母亲独孤氏痛恨男人宠爱姬妾，他却要明目张胆地广纳美姬，与那些不三不四的女人鬼混。他不喜欢父母为他包办的正妻，甚至私下抱怨："阿娘不给我一好妇，真可恨！"他自己偷跑出去和尚未选入东宫的工匠之女云氏野合生子；父亲敏感多疑，他却公然和社会上的豪侠流氓来往，甚至允许他们身带刀剑出入宫廷。

　　一人之下，万人之上，如果没有像杨广那样刻意掩饰自己的言行，要做一个让皇帝满意、让朝臣满意的太子是很难的。他们的眼睛像探照灯似的，时时刻刻照射在太子的身上，微小的错误都会被放大若干倍。杨勇所表现出的人性劣根，是大多数皇族子弟在失去监控状态下都会犯的错误。可是作为太子，他的这种肆意而为，会给自己带来很多不必要的麻烦。在古代权力结构中，太子的位置就变得非常尴尬，看似一步之遥，搞不好就落得凄凉的下场。在通向权力巅峰的路上，每一步都至关重要。看似无心的一句话，无意的一个举动，都会陷自己于万劫不复。

真是因为自己心智粗疏、言行无忌，很多不利于他的言行才会传到隋文帝杨坚耳朵里，就连太子杨勇找占卜者卜算父亲杨坚的死亡日期这种要人命的事都会被告密。如果登基，此人也必是一个昏庸之主。

杨广太了解这个哥哥了，或许正是缘于这份了解，他才会隐隐觉得杨勇很难让自己的太子生涯完美收场。既然杨勇这个太子难以实现皇位的平稳过渡，那么自己就有海底捞的机会。在太子接近接班年龄后，如果皇帝的身体还是龙筋虎骨，那么皇帝与太子的关系就会变得非常微妙。太子当得太投入，往往会瓜分皇权；太子当得不投入，也同样会让君臣不满，这也是太子难以完美收场的根本原因所在。

杨广更了解自己的父皇隋文帝杨坚，这是一个铁腕人物，身上具有明君圣主的所有品质。作为隋王朝的缔造者，他的皇位是在一系列的政治阴谋中得来的。像所有开国者一样，杨坚也希望自己的王朝可以传之久远，千秋万世。正因为如此，他才会无比珍惜自己所建立的这个王朝，才会对损害皇位传承的一切可能存在的风险实施规避。他所表现出的疑忌苛察，视身边所有人为自己假想敌的精神气质，都是一个帝王的本能反应，包括对太子和诸位皇子的防范。

不要说杨勇是一个心性放荡、不顾私德的太子，就算他是一个循规蹈矩之子，也很难保证自己能够笑到最后。随着当太子的日子越来越久，杨勇的政治敏锐性越来越低。这一年冬至，所发生的一件事彻底改变了杨坚对杨勇的看法。按照朝例，这一天朝臣们要给皇帝行礼。或许是因为官员考虑到与日渐年长的皇太子搞好关系的必要，文武百官在见过皇帝后，出了皇宫大门就直奔太子东宫而去。

杨勇并没有意识到问题的严重性,他认为,百官来贺,自己这个太子很有面子。由于场面浩大,隋文帝在皇宫都听见了从东宫方向传来的朝乐之声,他不由大惊。太监回报:太子见百官毕集,就令左右盛张乐舞,接受朝贺。

杨坚早就对太子杨勇的庸劣忍无可忍,认为"此儿不堪承嗣久矣"。由此发端,杨坚开始着手调查杨勇的劣迹。独孤皇后也派人暗中伺察,搜罗杨勇的罪过。

一边是肆意妄为,恩宠渐衰;另一边却是矫饰伪装,渐得恩宠。杨广侦知杨勇失宠于父母,暗自窃喜。杨坚有意要取消杨勇的皇位继承人资格,公开召集身边的重臣,与他们探讨更换太子的可能性。虽然这一想法被大臣们劝阻,但隋文帝的内心已经被帝国高层悉知。

人言可畏,各种流言将太子杨勇团团包围,父母对他冷淡,朝臣对他疏远。杨广知道在这种形势下自己应该怎么做,一是继续用出色的表现来反衬太子的不堪;二是看准时机,对杨勇这块摇摇欲坠的石头轻轻加上一把力。而杨广在这两方面做得都很成功。

统一江南之后,杨广从开皇十年(590年)出任扬州总管,镇守江都,到开皇十九年(599年)由江都离任入朝,坐镇江都整整十年时间。"关中本位"的高压政策引发了江南地区的全面反叛,肩负镇守江南重责的杨广对原先政策进行了很大调整,"息武兴文,方应光显"。他开始广泛收纳江南,推行文教事业,调和南北人的感情,促进南北文化合流,以巩固新的统一。

杨广初到江南,也只有22岁。与其他关陇贵胄不同,杨广从小就"好学,善属文",热爱诗歌文学,写诗作文模仿由南朝入北的庾信及其文体。

非常文非常人

王妃萧氏是昭明太子萧统的玄孙女，具有极高的江南文化素养，这使杨广对江南文化极为推崇。

这一期间，杨广以极大的热情投入到工作中，整整十年间没有好好休息过。他的统治手腕也非常高明。他放弃了歧视南人的高压统治，从尊重南方文化、尊重和延揽南方精英人物入手，稳定江南人心。在他治理的十年时间里，占帝国半壁江山的南方经济迅速复苏，社会安定，百姓安居，一次叛乱也没有发生。南方士人这样称赞他："允文允武，多才多艺。戎衣而笼关塞，朝服而扫江湖。继稷下之绝轨，弘泗上之沦风。"

青年杨广的不懈努力和成功，使他不仅有统兵北御突厥、南灭陈朝的武功声誉，又取得安定江南的文治政绩，终于在朝臣中"声名籍甚，冠于诸王"，为他日后夺嫡打下基础。

作为晋王的杨广在个人生活也十分检饬，他的节俭在诸王之间是出了名的。人们来到晋王府，见不到古物珍玩，见不到鲜姬美姜，上上下下衣服都很朴素。因为无暇留心丝竹，王府里的乐器上都蒙了一层厚厚的灰尘。

每遇太监宫女们来府中办事，无论地位高低，杨广必与萧妃在门口迎接，为设美馔，申以厚礼，所以这些婢仆无不称其仁孝。这种连今天每个科级小官僚们都精通的政治技巧，杨广当然会玩得滴水不漏。

杨广矫情饰貌，并不是简单的曲意阿世、讨好父母，而是怀抱不可告人的个人野心。他不像其他兄弟一样，率情任意、恣行所欲，也不像其他兄弟那样不顾后果、一味胡来。他并不是天生胆小，而是另有所谋。爱好艺术，却不作长夜弦舞，反而要故意做出不好声伎的样子，这种刻意的压抑对于一个青年皇子来说是多么痛苦的事。

杨广13岁出藩并州，手握重兵北御突厥；20岁出任平陈统帅，又坐镇江都十年，安辑江南，大捞政治资本。夺嫡当皇帝才是他克己忍耐去追求的最终目标，他的目光早已越过一道又一道权力窄门，最终锁定在权力冠冕最高处的那颗明珠。

虽然远在江南，杨广却借着次数不多的进京机会，用自己超强的人际网络和雄厚的经济基础在朝臣中构筑了一张牢固而秘密的人际关系网。通过这个无处不在的网络，他在南方收到的称颂声传达到杨坚耳朵里时被放大了数倍。在帝国的政治高层，越来越多的人开始认为，像杨广这样条件出色的皇子为历代所少见。如果将来由杨广来接杨坚的班，那么隋王朝将会迎来一个更加光辉灿烂的明天。

就在杨广在南方不断为自己博取美誉的同时，太子杨勇却自乱阵脚，做着与太子身份不符的事。他与父皇杨坚的父子关系越来越紧张，甚至陷入难以纾解的僵局。隋文帝虽然是一个励精图治的帝王，但是人到晚年猜忌之心越发严重，变得喜怒无常，随意使用严刑峻法，杀戮过重。在这种情况下，那些公卿大臣为求自保，也只能装聋作哑，任由事态发展，"其草创元勋及有功诸将，诛夷罪退，罕有存者"。

随着宰相高颎的获罪去职，杨素成为帝国的权力二把手，其势如日中天。杨素受杨广和独孤皇后的委托，积极谋划太子废立之事。开皇十一年（591年）正月，杨勇的妻子元氏突然死亡。这种病发作后死亡很快，心性多疑的杨坚却怀疑是杨勇以毒药害的。元氏是独孤皇后在北周时亲自为杨勇选定的结发妻子，加上独孤氏向来反感男子纳妾，对杨勇冷淡正妻元氏、亲近昭训（妾的称号）云氏，早就看不过眼。

元氏的突然死亡，使独孤氏对杨勇十分反感，经常在杨坚面前说他的诸多不是。

来自于杨广的挑战以及父皇母后的猜忌，让太子杨勇危机四伏。那些东宫大臣不断在他面前散布山雨欲来的严峻形势。方寸大乱的杨勇只能被动地做出应对，缺少政治经验的他找不到更好的法子。他认为，自己的前途命运掌握在一个人的手里，那个人就是父皇杨坚。只要杨坚不废自己，眼前的困境就算不了什么。

于是，杨勇就在父亲身边安插了一些密探，以便随时能够掌握父皇的行踪。或许是派去的密探技术手段拙劣，很快就暴露了身份。这是一起严重的政治事件，太子居然监控皇帝，下一步是不是要上演弑君篡位的桥段。隋文帝杨坚大为震怒，他说："朕在仁寿宫居住，与东宫相隔甚远，然而我身边发生纤芥小事，东宫必知，疾于驿马，我怪之甚久，今天才知道是怎么回事！"

对太子杨勇有防范之意的杨坚，在自己的皇宫四周增加了数倍警卫。隐性的父子矛盾就这样演化为公开的敌我矛盾，为了防止太子趁自己不备搞突袭，杨坚就连睡觉的地方也是不固定的，从后殿移到前殿。

父子之间的纠缠斗法让朝臣们看在眼里，他们知道，杨勇被废是早晚的事。皇帝与太子之间的矛盾，让杨广找到了权力突围的路径。他指使亲信宇文述买通朝廷重臣杨素的弟弟杨约，通过杨约说通杨素，让杨素向独孤皇后进言，使她下决心并劝杨坚废杨勇。

为了赢得独孤皇后的支持，杨广借着进京面圣的机会，与母亲独孤氏进行了一次密谈。在这次密谈中，杨广装出一副楚楚可怜的样子。他说："父皇和母后赶快救救孩儿，太子不知何故，经常无端地寻我的错处，压制于我，他甚至扬言要除掉我这个弟弟。就在不久前，有一个刺客潜入晋王府，在刺杀我的时候被抓住，很多人说他是太子派来刺杀我的。"

独孤皇后当晚就将杨广的话告诉了杨坚，杨坚对杨广所言并无怀疑。杨勇监视他这个皇帝在先，如今又做出刺杀其他皇子的事也是极有可能的。在这种情况下，杨坚不得不对自己的皇位继承权做出调整。如果再继续发展下去，大隋的皇权交替将会有致命的危险。

独孤皇后还指出一点，杨勇与云氏野合所生的孩子有可能不是杨家的骨血。如果杨勇继位，杨家的基业将来就有可能会落到外人手中。

隋文帝杨坚对独孤皇后向来言听计从，在杨坚一生波诡云谲的政治岁月中，爱妻独孤伽罗始终是他最亲密的爱人、知己、智囊和精神支柱。其他人的话可以不听，但是独孤皇后的话在杨坚心中重千斤。

开皇二十年（600年）十月九日，皇太子杨勇终于被废，连同他的子女一并贬为庶人，成了平民百姓；同时，杨广被立为新太子。对于一个太子来说，身份的废立，无疑将他从高山之巅堕入命运的万丈深渊。隋文帝给这个儿子下的最后的结论是"尔之罪恶，人神所弃，欲求不废，其可得邪！"

杨勇在大隋王朝的太子之位上已经苦苦撑了二十多年，一朝被废，隋文帝杨坚的内心也是颇不平静。在杨坚看来，多数的朝臣会支持他的废立太子的决定，这样一个日子对大隋王朝来说并不是灾难性的，而是一个扭转命运齿轮的重要时刻。

皇太子杨勇的被废，除了自己不成器、不争气，让自己在父皇、母后以及部分朝臣面前失分之外，其实主谋者还是杨广，其他人都只是自觉不自觉地充当了他夺嫡阴谋的工具。

虽然杨广对自己的命运一直持有强烈的自信，但是生在皇家，谁又能完全掌控自己的命运。远离京都之地，让他与中央权力始终保持着一种相对安全的距离。身在江南的十年时间里，他的内心、目光从来就没有离开过矛盾交织的京城。

他从来没有怀疑过自己的能力，也相信自己有一天会打开权力的潘多拉盒子。皇权继承的嫡长制原则是中国政治传统奉行的不二法则，一旦打破这个法则，每一个局中人都将面临历史的裁决和命运的重新塑造。在二十多年的帝王生涯中，隋文帝杨坚缔造了一个帝国的恢宏霸业，只要皇权继承最后不出现大的偏差，他的历史功绩就可以盖棺定论。

杨广也有过犹豫的时刻，尤其是在太子杨勇为皇家添了一个健康的长孙之后。从他在江南之地所写的一些诗歌中可以发现，杨广已经在为自己将来的人生之路定下基调，做一个风雅之人，面朝大海，春暖花开。

就在他准备以一个恭顺亲王的身份了此一生的时候，京城却不断传来皇帝与太子痴缠相斗的消息。这是一个机会，一个可以改变自己人生命运的机会。在杨广的自我美化之下，一些有利于他的言论也不断从京城传来。成为太子的这一刻，他有些恍惚，像是醒在一场美妙的奇幻梦境中。一切像是梦，一切又不是梦。他觉得成事在人，更在天，正因为有了上天的护佑，才让他得以实现梦境中的一切。

虽然他的内心早就沸腾不已，但还是故作平静地看着眼前的一切。他知道一切才刚刚开始，一步之遥是最美妙的距离，也是最危险的距离。在隋文帝杨坚和独孤皇后以及满朝文武大臣的眼里，新太子杨广与前太子杨勇形成了鲜明的对比，一个收敛谦逊，一个骄狂任性。

杨广自13岁出藩以来，为大隋王朝的巩固和统一做出了他人难以企及的贡献。在诸位皇子中，他一直表现得儒雅谦逊、独著声绩，几乎没有被人抓住明显的错处，方方面面都可以说是无可挑剔。其实他在生活上的奢华绝不比诸兄弟逊色，他的内心也骄狂不安，但外人很难探知这一切。在杨坚看来，杨广身上没有皇族子弟的享乐主义倾向。其实这不过是杨广精心安排，用以获取父皇欢心的讨巧手段。

杨广不仅在父皇杨坚面前矫情饰貌，就是在那些僚属和士兵面前，也不忘保持自己的良好形象，为自己赢得美誉度。有一次观看围猎，突然天降大雨，左右进油伞。杨广不领情，说："士卒皆沾湿，我独衣此乎！"

诸如此类的刻意矫饰，使当时"朝野属望"，上下都盛赞杨广"仁孝"，以致"声名籍甚，冠于诸王"。

可以说杨广在入住东宫之前，就已经开始用一个太子的标准要求自己。有人说，杨勇之所以被废，全赖杨广阴谋所赐。在隋文帝杨坚的废太子诏中所列废太子杨勇的理由有两条：一是杨勇的生活奢侈腐化，二是他昵近小人，委任奸佞。隋文帝在将杨勇的太子位废掉的同时，又将东宫的很多辅臣赐死。

在杨广看来，太子是国之储君，是未来的帝王。但千万不要以为做了太子就一定能当皇帝，一定意义上讲，储君还不是"君"。新老交替过程中，太子比其他皇子更引人注目，也更容易招惹是非。老皇帝久经风雨，眼光毒、疑心重、顾忌多，尤其对未来之君，要求更严，标准更高，一旦受到不良干扰，出现信任危机，你这个"储君"也就算做到头了。因此，做太子往往要承受更大的外部压力和内心煎熬。

在册立太子大典上，杨广请求免穿与皇帝礼服相近的太子礼服，并且请求以后东宫的官员对太子不自称臣。他的这一请求，很得隋文帝杨坚的欢心，他觉得自己这一次没有看走眼。

成为太子之后，杨广与先前做皇子的时候并没有什么变化。如果说变化，一是官邸移至东宫，二是将更多的时间用在读书、写诗和礼佛上。需要太子独立完成的政治事务，他也会听从父皇的安排，从不自作主张。这时候的他比在江南总管的任上还要清闲许多，躲进东宫，关起门潜心研究诗歌和佛学，甚至编撰了二十卷《法华玄宗》。

虽然说晚年的隋文帝杨坚沉迷于享乐，猜忌心日益严重，用一些极端血腥手段对付权臣，甚至要将四子蜀王杨秀诛杀，后将其幽禁。尽管如此，杨坚并没有将怀疑的目光投向杨广。杨广也一直安静地做他的太子，等待时间来成就一切。

杨广知道，他的命运绝对不会像自己的哥哥那样，因为天意在他。大隋仁寿四年（604年）六月，也就是杨广做太子的第三个年头。隋文帝杨坚一病不起，帝国的命运也走到了一个十字路口。

这一年对皇太子杨广来讲也是最为煎熬的一年，更是他人生的关键时刻。宫廷内的权力争夺暗流迭起，太子之位并不稳定。政治斗争本来就没有什么规则可言，只有真正的强者、诈者才可能出奇制胜。

正史、野史、小说都在极尽夸张地描述杨广在文帝病重期间奸淫后母的可耻行径，把一个女子宣华夫人陈氏当成了历史的主角。弑父淫母，成为杨广最大的罪恶。一个矫情饰行二十年，独与萧妃居处，表现出极强自制力的人，何以一时糊涂，在自己当上皇太子四年之后，大胆妄为偷吃父皇身边草，置自己于危险境地，将二十年夺嫡成果毁于一旦。那些离奇的情节，只是为了满足一些历史爱好者窥探皇家隐私和癖好。

隋文帝杨坚去世前后的那段时间，整个王朝陷入一种难以名状的怪异气氛。好像所有的人在紧张地等待着鞋子落地的声响，有兴奋，有期待，有不安。按照人们的经验，杨广符合他们对明君圣主的要求，这个三十六岁的成熟男人，有着誉满天下的才学和品行，他将会带领隋王朝走向何处？没人知道，他心中藏着怎样一副锦绣画卷。

就连那些严苛的历史学家在对隋文帝杨坚盖棺定论时，也会有以下几个关键词出现：四海一统、勤政节俭、国力昌盛、政绩斐然。杨坚给杨广留下了一个富足的家天下，到隋文帝末年，国家富到什么程度呢，"计天下储积，得供五六十年"。如果说，创家业的杨坚一天到晚想的是创造更多的财富，那么守家业的杨广想的就是如何将这些钱花出去。

也正因为如此，杨坚在中国历史上留下了极高的政治声望。如果说杨坚让人诟病之处，那就是他的晚年政治生活。开国之君通常会比那些继任帝王更珍惜这份家业，尤其是越到晚年，内心的危机感就越强烈。与这种危机感相对应的是，他会加大严刑峻法的使用力度，为自己的继任者扫清障碍。

可是对于他的继任者来说，前任做得越完美，他的发挥空间就越小，长此以往，就会落得一个败家败国的名声。所以，新皇帝在继位之后，考虑的第一问题就是先皇治国的缺陷在哪里。他要更弦易辙，先皇越仁德，他就越刚霸；先皇越严酷，他就越宽仁。比如说，隋文帝时期，老百姓的赋税很高，到了难以承受的地步，即使发生饥荒也舍不得开仓赈粮。杨广继位后，就免了天下百姓一年的赋税。他在位十四年，也是多次宽免赋税，一再降低纳税标准。

杨广即位不久就做出两项决定：自己平陈时带回的俘虏陈叔宝去世，虽然对方只是一介俘虏，然而毕竟做过皇帝，按理应由现任皇帝确定一个谥号，以定一生功过。杨广翻遍《逸周书·谥法解》，反复斟酌，挑出了一个字：炀。《谥法》云："好内远礼曰炀，去礼远众曰炀，逆天虐民曰炀。"这是所有谥法中最坏的一个字。

杨广认为，只有这个字，才能充分表达他对这个手下败将的轻蔑和鄙薄，也才能提醒自己不要像这个败家子一样荒嬉无能、腐败亡国。他做梦也不会想到，这个字最后也被用在自己头上。

另一个细节是，在挑选新年号时，作为新皇的杨广圈定了古往今来年号中最大气磅礴的两个字：大业。

2. 一个权力诗人的癫狂症

在杨广登基之初，大隋王朝各项经济指标和人口数量的增长都呈递增之势。如果按照这个势头发展下去，帝国的命运走向将会呈现出另外一种局面。但是历史从来都是板上钉钉的事，没有任何的假设可言。

杨广的性格深处有着古今文人的通病，那就是对自己的能力自视甚高。自己既然能够成为天下人的领袖，才能自然居于众生之上。他曾经自负地说："天下的人都认为我是因为生在皇家才能继承皇位、拥有四海，但是如果让我和那些知识分子搞一次以文治武功来竞选皇帝之位，我也是当仁不让的天子。"

不知道杨广是在怎样的背景下说出这番话，是自视过高，还是对天下士子过于失望？不过可以肯定的是，杨广的血液里依然流淌着魏晋文人的孤傲孑然。

杨广的身上有着难以根除的诗人气质，正因为如此，他那不合时宜的政治理性充满了浮华的气息。诗人所具有的理想主义情怀，让他对这个世界有着近乎疯狂的完美追求。在他登基之前，曾经有过十年江都总管的任职履历，或许是浮靡绮丽的江南文化让他找到了自己精神世界的原乡。等到他将那套象征权力的龙袍披挂在身，诗人的浪漫主义情怀就迫不及待地裹挟权力而去。

如果说诗人与政治家是两种分工不同的职业，那么杨广更接近于一个完美的诗人；如果说，时势造就了他，将他送上权力的巅峰，那么坐上龙椅上的他，最后还是成为从龙椅上出走的诗人。说得好听一点，他的出走，是以诗人的方式在这块版图上书写属于自己的政治理想；说得不好听，他是个喜欢折腾的主，而且这种折腾，完全是遵从于个人的内心世界，是一种不管不顾、搏命似的折腾。

折腾，是非主流诗人的创作路径，也是一个执政者的命运死穴。

没有做过皇帝的人，想象不到登上权力之巅是什么感觉，一句话可以改变一个人的命运，一句话可以改变一个城池的命运，一句话可以改变一个民族的兴旺。权力越来越大，需要处理的事情越来越多。从诗人到皇帝，这种角色转换造成的落差，让杨广体会到了权力所带来的眩晕感。诗人擅长用文字构筑精神世界的乌托邦，而帝王则用权力改变现实世界的国与家。

作为杨广，他要将诗人与帝王这两种角色的特质集于一身，并且要做到完美几乎是不可能完成的任务。与其说杨广是一个权力者，倒不如说他是一个"权力美学家"，更加合适。权力成了非主流诗人手中的笔，杨广运笔如风，在帝国这张华丽的纸上挥毫泼墨。当一个帝王的人格特征与他的职业要求严重倒错，甚至是完全背离时，这就注定了他只能成为一个不靠谱的执政者。

不靠谱的执政者是永远也成不了政治家的，只能做一个有着浪漫主义情怀的政治诗人。

继位后的杨广，急于要用最短的时间来成就自己的"圣王之业"。如果一个帝王能够在他所统治的时代里，迎来四夷宾服、万国来朝的盛大景象，就能说明这个皇帝够得上一个圣君的标准。杨广一方面向高丽发动进攻，以实现"四夷宾服"的霸主地位；另一方面，又营东都、凿运河、筑长城、开驰道，在形象工程建设方面不惜下血本，倾全国之力。

按照中国人评判历史的标准，杨广的这几个大手笔并不是一个安于享受的帝王应该去做的。不管出于怎样的一番考虑，中华帝国以一种另类的姿态趋向杨广心目中的理想世界。一颗浮躁而澎湃的霸主之心，也由此得到了空前的满足。对于诗人杨广来说，他要构建属于自己的乌托邦世界；可是对于皇帝杨广来说，这是一项宏大而艰难的命题，而他没有能力处理好个人英雄主义与千秋功业、人民的幸福感三者之间的关系。

营建东都，是为了证明自己是权力正统性的核心；修建长城，是为中华帝国竖起一道坚硬的屏障；修筑运河，是为了贯通南北漕运的血管；征伐高丽，是"圣王之业"弈局中最为重要的一步棋，也是杨广运作帝王权力的胜负手。

杨广希望能够通过征伐高丽，将他的权力在秦汉版图的基础上得以延伸，那样的话，他就有可能会超越秦皇汉武，成就属于自己的千秋霸业。

有人说，杨广是冲动的，而冲动是要人命的魔鬼。马基雅维利在《君王论》中写道："征服的欲望是人与生俱来的一种本能，所以只要能够成功，总能得到人们的称颂而非指责。但若力不能及而又执意而行，很可能会铸成大错而受到谴责。"

其实杨广攻伐高丽还真就不是一时的冲动之举，而是历经数年深思熟虑和精心筹备做出的一个决定。就连唐太宗李世民也将征讨高丽视为帝国东亚战略的重头戏，和杨广陷入同样的命运怪圈。

大业三年（607年），隋炀帝北巡至突厥启民可汗大营，遇到高丽使者。杨广认为高丽本来就是箕子所封之地，汉、晋时期皆为中华帝国所辖郡县。他命令使者转告他们的国王速来朝见，不然将率大军巡游高丽国土。巡游是假，踏平才是真实想法。

高句丽王闻报惊恐不已，可还是不敢到杨广面前报到。这为杨广征讨高丽落下口实，杨广当然不会放过这样一个机会。更何况国内矛盾重重，战争或许可以转移国内矛盾。虽然这是资本主义总结"以战养战"的理论，可是战争在执政者看来从来都是关系到帝国利益的一场博弈。战争可以激发民众的国家意识，以此压倒其他的价值观念，统一国民意志；战争还可以促进就业，老百姓要吃饭的；战争还可以减少人口，这样人均资源就多，底层的人也多了晋升的机会；战争胜利可以掠夺各种社会资源，从而使得统治更加巩固。

没有人会做亏本的买卖，没有帝王会打一场赔本的仗。战争的收场虽然各有不同，但是发动战争之时，没有人会认为自己就是赔本的那一方。

作为帝国军队的总司令，杨广命令天下兵卒，不论远近，都于大业四年（608年）春天集中于涿郡，他要用武力征服中华帝国在秦汉时期的"郡县之地"。

隋朝在外交上采用的还是较为开放的大国策略，实行众国臣服的朝贡体制。

也就是各藩属国奉隋朝为宗主国，要定期朝贡，各国之间和平相处。如果有哪个国家不愿意臣服，帝国通常会采用战争手段将其强制性地降服。如果有国家侵犯另一国，隋朝也会为了维护朝贡体制出手帮助弱国击败强国。当然，如果各国都能够臣服，隋朝也同样会给予优厚的回报。在这种大国外交理念下，隋王朝出现了万邦来朝的恢宏局面。隋炀帝在友邦邻国面前过度地放大了这种四海臣服的局面，造成国力、人力与物力的极大浪费。

隋王朝的战前准备工作做得还是相当到位的，杨广下令修筑从陕西榆林到北京的驰道，这条驰道长达三千里。此外又打通了两条以涿郡蓟城（今北京宣武区附近）为交汇点的陆路干道：一条自南向北，一条由东往西。

杨广接着又发动河北百万军队开凿永济渠，引沁水南达黄河，北通涿郡（今北京）。这是南北大运河中最长，也是最为重要的一段，"长三千里，广百步"。隋朝在修运河的同时，还在运河两岸筑起了专供皇帝巡游的御道，沿岸还种上杨柳树作为景观树；沿运河各大码头建了许多粮仓，作为转运或贮粮之所；同时在蓟城建造了临朔宫。《北史》中有着明确记载："将兴辽东之役，自洛口开渠，达于涿郡，以通运漕。毗督其役，明年，兼领右翊卫长史，营建临朔宫。"隋炀帝以涿郡（今北京）作为讨伐高丽的基地，驰道与永济渠作为水陆两条军需供应线。大运河最为重要的永济渠，从洛口到涿郡的一段，也成为杨广征伐高丽的战时专用通道。大量的军用物资和军事人员通过这条通道实现北运，临朔宫也由此成为征伐高丽的战前临时指挥部。

大隋帝国本来是由西边的北周、东边的北齐，还有南边的陈朝三部分组成的。隋文帝时，虽然用军事力量将这三部分强行捆绑为一个统一体，但是内部的裂痕还是无法抹平的。要将这三部分真正焊接为一个不可分割的有机整体，只有靠东都洛阳和大运河将其串接起来。

大业八年（612年），全国应征的军队全部抵达涿郡。对高丽用兵是隋王朝发动的一场全民动员的战争。隋炀帝对于这场战争的重视程度是前所未有的，几乎是举全国之力、倾全国之兵来打这场带有侵略性质的战争。当然也有人站在隋炀帝的立场上看待这场战争，这并不是一场纯粹意义的侵略战争。因为战争的理由给得很蹩脚，高丽是不服管教的附属国，战争只能算是帝国的内部事务。

其实六七世纪的高句丽不能算是一个地区性的附属国，已经发展成为一个强大的中央集权制王国。在东亚地区已经具备与中华帝国争霸的潜力，而这种潜力有可能会随时爆发为战争对抗的实力。唐史载："高丽，本扶余别种也。地东跨海距新罗，南亦跨海距百济，西北度辽水与营州接。其君居平壤城，亦谓长安城，汉乐浪郡也。"高句丽人本是扶余古人的一支，于秦汉之季建国，建国之初，仅在浑江、鸭绿江中游占据一小片土地，范围和面积还不到我们今天的一个地级市大，人口更是少得可怜。与其说是一个国家，还不如说是一个部落领地。

由于资源所限，地域所限，高句丽这个民族的生存特质有着巨大的柔韧性，国民意识里潜藏着强烈的生存危机。长期被殖民、侵略、分裂的历史和尚未摆脱依附强国的现实，使高句丽这样的附属小国不得不学会在大国与强国的夹缝之间求得生存。

对于大国与强国而言，扩张是战略方向；而对于小国与弱国而言，生存才是第一位的。对于生存来说，做大做强实力才是其根本所在。

在大国与强国面前，有野心的小国与弱国通常采取的是一种表面顺服、暗地积力的隐形发展策略。虽然高句丽偏安于帝国一隅，但是从来就没有放弃扩张实力的机会。如果中原王朝出现分裂和战乱，他们就会乘机蚕食土地，增强实力。

经过五百年的不懈努力，到了六世纪，高句丽已经一口一口吃掉了汉代的辽东、玄菟、乐浪、带方四郡土地，隔辽河与中华帝国相望。同时还征服了沃沮、夫余等游牧民族，"东西二千里，南北千余里"，领土扩大了十倍，人口也急剧增长。

在杨广的百万大军面前，高句丽能够动用的军力已经达到二十万左右。一个能够调动二十万军队的国家，应该不算是无足轻重的附属小国。七世纪东北地区温暖湿润，适宜耕作，这时候高句丽的国家人口应该在四五百万左右，而常备军应在五十万上下。

六世纪，高句丽已经成为东亚地区仅次于中国的第二大强国，直接威胁中华帝国的复兴。

战争的统一指挥权由隋炀帝本人所持有，帝国的军队分为左、右各十二军。史书记载，在这三次征伐中，杨广都是御驾亲征，每次动用的军力都超过百万。百万大军首尾相接，鼓角相闻，绵延千里，是何其壮观的景象，史称"近古出师之盛，未之有也"。

统治者信奉"激进主义"，就会将帝国带进一条权力运转的死胡同。在我们这个讲究"中庸"的国度里，"激进主义"并不是什么稀罕玩意。

他随时会光临我们的世界，也无时无刻不在暗流涌动。对于历史，中国人习惯于用假设来推理真相，"如果……就……"的思维逻辑就像是一团火焰吞噬一切与理性有关的政治情感。感性的杨广捧着他那平平仄仄的诗行，与荒唐的政治和权力相逢于六世纪，就像是热恋中的青年男女，以为只要相信激情燃烧的情感，就可以缔造出一个属于他们的新世界，只要在政治操作中倾力灌注，就可以梦想成真、抵达彼岸。激情有余，狂热过头，一直是拖累中国政治无法摆脱中古式"伦理政治"的罪魁元凶。

中国并不缺乏会写诗的皇帝，可杨广与其他几位诗人皇帝不同之处就在于他的诗不是写在纸上的，而是写在一个国家的政治蓝图上。读他的诗，其间并不缺乏"理性"的光泽。在他的政治思维中，"激进主义"的狂想应该成为整个中原大地的主旋律。中国人是最有命运感的民族，他们什么事都习惯于听从权威。皇帝是天命所归的天然权威者，他的指挥棒决定着天下人的幸与不幸。

在天下承平、国力强盛之时，用这种大工程来装点盛世的繁华是掌权者通常会采用的方式。如此集中，如此大规模地将这些彪炳史册的形象工程连续上马，全国老百姓在短时间内几乎都被集中到劳动工地上。

杨广经常带着他的大臣们调研那些大工程、大项目，到处旌旗招展、人喧马嘶，他的成就感得到了前所未有的满足，这完全是一幅奔腾的盛世景象。他宁愿相信自己的眼睛，也不相信那些所谓的忠臣们，透过连篇累牍的奏折反复提醒着他，帝国已经走到了命运的转折点。

当然杨广的忠臣越来越少，朝堂之上只剩下三种人：明哲保身者，装聋作哑；心有异志者，等待机会；随波逐流者，骑墙观望。总之，沉默的大多数成为权力集团中的主流。当然这也是隋炀帝最愿意看到的，他曾经当着大臣的面，就此表过态。他说："我这个人向来不喜欢别人给我提意见，如果你们想通过给我提意见来博取名利，只会落得一个鸡飞蛋打的下场。"

杨广从继位那一刻起，就在倾力打造一个庞大的劳动生产线。中华版图宛如一个巨型的劳动竞赛场，他让自己的帝国陷入无休无止的大役之中，老百姓在生命难以承受的重压之下苦苦挣扎。

史料记载，隋炀帝时期最著名的三大工程，大业元年修东都洛阳，总计用十个月的时间，每月用工两百万；大业三年修长城，又投入百余万人；大业元年到大业六年修大运河，累计用工三百万人以上。

史学家胡如雷先生曾经做过一项估算。从仁寿四年(604年)隋炀帝即位，到大业八年(612年)第一次东征高句丽。在这八年的时间里，隋王朝一共上马了22项大的工程，总共动用的人力达到三千多万人次。而隋炀帝时期全国人口才四千六百万，而八年时间就动用了三千多万人，每年平均征用四百万左右的劳动力，占到了将近总人口的十分之一，几乎是全国男丁的总数。

成百上千万的民工，大部分人都倒在了工地上，无命归故乡。按照史书记载，营建东都洛阳，"僵仆而毙者十四五"；修长城，"死者十五六"；挖运河，"死尸满野"，河挖到哪里，运送尸体的车子就跟到哪里。

那些罪在当下、利在千秋的伟大工程，在当时看来完全是劳民伤财之举。

杨广为了成就自己的圣王之业，让整个帝国陷入这种全民皆兵、全民皆役的疯狂状态中。再加上连年的自然灾害，尤其是山东、河南一带，水灾成患。自然灾害对中国农耕社会经济的破坏，往往是一道无可挽回的致命伤。

中国的季风性气候是一种极不稳定的气候，在广袤的中华大地上，局部灾害是无年不有。中国官僚体系运行成本也是这个世界上最为昂贵的一笔开销，再加上官贪吏残，使得帝国的权力集团吞噬了大量的社会财富。更何况当时的情形已是"丁男不供，始役妇人"，男丁被抓去参与对外战争或者直接送到帝国大工地上当民工，由此造成"百姓困穷，财力俱竭，安居则不胜冻馁，死期交急，剽掠则犹得延生，于是始相聚为群盗"。也就是说老百姓为了能够生存下去，很多人被逼沦为匪盗，用刀头舔血之类的非法手段来获取血酬以维系自己生存的底线。

民间沸腾如此，那些稍稍有点民本思想的帝王，应该会有所警醒。他们往往会通过调整政治策略，来达到休养生息的目的，为紧绷的帝国神经做暂时性的舒缓。可是对于自视甚高，一心只想着早日成就圣王霸业的杨广来说，他不但没有丝毫的收敛迹象，反而变得变本加厉。其实他并不是要存心折腾天下百姓，只是在他的利益计算里，那些挣扎于底层的黔首百姓的生与死和他的千秋大业放在一起称量，根本算不了什么，不过是有血有肉的服劳役时的工具和服兵役时的兵器而已。

老百姓挣扎于死亡线上，各地的局势已呈烈火烹油之势，揭竿而起者比比皆是。可是杨广依旧沉迷于自己那高山都难以仰止的英雄大梦中无法清醒过来。叛乱，在有着浪漫主义情怀的诗人杨广看来，那不过是正常年份里疏通民怨的一条管道。成不了气候的叛乱，根本经不起帝国小股军队的轻轻弹压。

小民不足畏，那些寄生于权力机器的官僚才是最难伺候的人。

杨广生性自负而多疑，尤其对于朝廷里那些和自己政见不一的人更是倍加警惕。他曾经对大臣虞世基说："我性不喜人谏，若位望通显而谏以求名，弥所不耐。至于卑贱之士，虽少宽假，然卒不置之地上。汝其知之！"也就是说，他生性最讨厌别人进谏，如果有人已经身居高位，居然还想着靠进谏这种方式来博取美名，他尤其容不下这种人，当场就会杀了这种人。

如果这种人是一个卑微之士来向他谏言，可能会稍微地宽待，但是终究不会让这种人长久地站在这个地面之上的，终究还是会杀了这种人。

尽管在此之前，隋炀帝已经本着千古不易的兔死狗烹的帝王法则，将所有能够收拾的政敌都诛除干净。可是随着东征高丽的一败再败，国内矛盾日趋紧张，权力结构内部本就不够稳定的利益链也呈现出松懈与断裂的迹象。

君臣之间无信任，官员之间非友即敌，谁又能挽帝国狂澜于既倒？

隋王朝在国内外形势的急剧恶化中，与即将崩溃的权力体系来了一个火星撞地球似的碰撞。在零星不断的骚乱和劫掠之后，不满于帝国权力倾轧的杨玄感起兵于河南北部的黎阳，从而打响了帝国官员反对隋炀帝的第一枪。此人与李渊一样，是隋帝国的社会精英人物，并且与皇室有着远亲关系。其父杨素是隋朝的开国元勋，也是隋文帝杨坚最为信任的大臣之一。杨玄感官至礼部尚书，在杨广远征高丽之初，他在隋军的主要供应基地黎阳督运军需。

公元 613 年，在今天的山东地带连续爆发农民暴动。杨玄感利用朝野上下对高丽之役的普遍反对和对杨广本人的广泛不满，纠集叛军向东都洛阳进发，并将其围困起来。杨玄感喊出"为天下解倒悬之急"的口号，极具吸引力，一时间从者如流，队伍迅速扩张。

这场叛乱来得快，去得也快，前后只延续了不足两个月时间就宣告失败，杨玄感也落得抄家灭族，身首异处。火柴已经点燃干柴，想要自动熄灭已不可能。中华帝国烽烟四起，而权力系统内部和民间流传着各种未经证实的流言和带有目的性的谶语，成为泼洒于干柴上的助燃汽油。在隋文帝时期，已经被炒作过的"李氏当为天子"的神秘谶语再度甚嚣尘上。这条神秘谶语，令隋炀帝和他的权力拥趸者到了谈虎色变的地步，尤其是那些李姓中人，更是人人自危，当然这其中也包括李渊，一个站在帝国角落里沉默隐忍了半辈子的贵族官员。

隋炀帝大兴土木和对高丽的战争，将一个澎湃的帝国生生拖入死亡的泥沼。

各地叛乱风起云涌，大大小小有上百支起义军投身于帝国利益的重新分配格局中。而这些起义军有一个共同的行动纲领，那就是以反对繁重徭役和兵役为号召。由此可见，中国历史几千年来并无新事可言。新体制的萌芽往往是建立在反对繁重徭役的基础上，当新体制变为旧体制，繁重的徭役又会成为压弯旧体制的最后一根稻草。

最先起兵造反的是山东长白山地区的王薄起义军，这支起义军的军歌《无向辽东浪死歌》里提出"譬如辽东死，斩头何作伤"。歌词一经唱出，"避征役者，多往归之"。也就是说，他们反对杨广到高丽去打仗，拿他们这些贫民当炮灰。

李密的瓦岗军在讨杨广的战斗檄文中，开列了杨广不死无以谢天下的诸多罪状，其中有"广立池台，多营宫观，金铺玉户，青琐丹墀"。为了满足自己奢靡的生活，杨广倾全国之力，耗天下之财。由此可见，在反隋的队伍里，为了逃避征役而投身反政府行列的，主要是那些挣扎于社会最底层的民众。《隋书》中记载："彼山东之群盗，多出厮役之中，无尺土之资，十家之产，岂有陈涉亡秦之志，张角乱汉之谋哉！皆苦于上欲无厌，下不堪命，饥寒交切，救死莫蒲。"其实隋王朝的国库并不空虚，穷到连最基本的生存都无法维系的还是老百姓。

隋朝的财政体制是藏富于国，这就必然会导致官僚资本的大量积累，而老百姓的日子却过得异常艰难。史料记载，大业六年（610年）正月十五，杨广在东都洛阳举行盛大的节日庆典，那些随他西巡入京的诸国使节、商人都有幸见识了帝国的强盛与富足。来自全国各地的演艺人员有5万多名乐工，这些乐工集中于东都皇城外的定鼎门大街，足足闹腾了半个月。

除了炫耀自己的精神文明，杨广又将自己物质文明显摆了一番。东都的市场整饬一新，供各国商人参观。就连那些成本低廉、收入微薄的菜贩子都要在店铺里铺上地毯。各国客商路过酒店，都会被连拉带拽进去喝上几杯，喝完后可以拍拍屁股走人，根本没人问你要酒钱。胡人们觉得过意不去，就主动去到柜台结账，老板们笑脸相迎道："我中原大国富足，老百姓到酒店吃饭都是不要钱的。"

喝了酒的胡人，满脸写着狐疑之色，他们踉踉跄跄出了酒店，一头就撞在了路旁的树干上，可丝毫没有感觉到疼。半醉半醒之间，抬眼上瞧，路旁的树木都用丝绸缠起来，极尽奢华。对于杨广所展示出来的大国奢华之风，胡商们很不能理解。他们转脸问身边的中原朋友："你们这里有人连衣服都穿不起，还不如把这些裹在树上的丝绸拿去给他们做衣服呢？"这句话极尽讽刺意味。

杨广一生可以说都沉湎在活给别人看的虚幻世界里，史料到处可以见到这样的记录："高祖幸上所居第，见乐器弦多断绝，又有尘埃，若不用者，以为不好声妓，善之。上尤自矫饰，当时称为仁孝。尝观猎遇雨，左右进油衣，上曰："士卒皆沾湿，我独衣此乎！"

杨广在隋文帝面前伪装不好声色、勤俭好德的样子，在当时被人称为仁孝。外出打猎遭遇下雨，手下人给他献上雨衣，他却说"士兵们都湿透了，我怎么可独自穿这件衣服呢？"

为了能够得到王位，杨广将真实的自己伪装起来。人生如戏，戏如人生，在贵为帝王和王后的父母面前，以一个演员的标准要求自己。等到登上皇帝宝座之后，外在的压力和约束都已经消失，天性中那长期压抑着的"激进因子"不可阻挡地活跃了起来。百无禁忌的权力强化了他的政治虚荣心，也同时助长了他内心的浮躁感。这么大的舞台，杨广演戏的欲望更加强烈。他继续扮演着一个虚假的自我，一个超出自己能力范围的自我，只不过这个时候的观众由区区"二圣"两个人扩展为全世界的人。

一个国家奢华浪费不说，穷兵黩武不说，没完没了的劳役也不说。农民被帝国无条件征用，他们被迫从土地上出走，失去土地的农民就这样被逼入生死一线。

这些揭竿而起的反叛力量并没有统一在一面旗帜下，投身其中的叛乱者一个个就像是走到了世纪末的疯狂赌徒，手中有枪有人有地盘就会找个机会称王称霸。然后又找机会消灭自己近邻力量，以壮大自己的势力。在这些激烈的斗争中，谁能够正确运用战略战术，并做好政治分化工作，谁就能占据优势，从而成为笑到最后的那个人。

在这些叛乱队伍中具有代表性的有北方边境的李轨、薛举、刘武周等部；黄河流域有王世充、李密、窦建德、孟海公，包括后来的李渊等部；江西一带的肖铣等部；江淮之间的杜伏威、李子通、宇文化及等部。

其实隋末的叛乱者并不是单纯意义上的农民出身，虽然这些队伍的基本构成以失去生产资料的农民为主，但是从叛军领导者的社会地位来看，其中不乏王公贵戚，还有一些中下层地主阶级知识分子，甚至还有僧侣、奴婢和少数民族等。由此可见，帝国的权力阶层已经走到了一个全民情绪的引爆点上，以隋炀帝杨广为首的帝国权力阶层为了实现自己的政治梦想，不惜与整个社会为敌。

隋末，不仅失去活命之资的农民难以生存下去，就连帝国的中产阶级在也纷纷走向破产。当时在政府里助编国史的名士王孝籍，就是因为"不免输税"，弄到"申旦不寐，饥寒切体，卒岁无聊"的地步。

在那些叛军的领导层中，杨玄感可以算是隋帝国王公贵戚的反隋典型代表。他是隋炀帝宠信大臣越国公杨素之子，官至二品，授礼部尚书之职。一个帝国的二品官员起兵造反，它的伤害值并不仅限于城池的失守和军队折损。对于帝国权力集团而言，它所产生的蝴蝶效应将会使隋王朝的政治体系分崩离析。杨玄感起兵有家族仇恨的因素在其中，其父杨素的死与隋炀帝有着密切联系。

杨玄感起兵反隋，带来的影响很快就得到了应验，直接导致了隋朝统治集团内部的分裂。杨玄感起兵与隋炀帝推行的政治体制改革有着密切的联系，大业年间，帝国围绕封爵勋官制度推行了一系列政治体制改革。改革的目的只有一个，那就是打破北周宇文泰以来实施的"关中本位政策"，通过限制、削弱关陇集团在权力结构内的影响力，将帝国权力分配一次重新洗牌。政治改革往往会导致利益格局的重新划分，在杨广的改革体系里，首先受到冲击的就是以杨玄感为代表的一批关陇集团重要成员的特权利益。

本来就是干柴烈火的时局，如此一来，改革就成了点燃时局的那根火柴。

杨玄感这边大旗一举，那边就有大批年纪相仿的贵族官僚子弟蜂拥至黎阳，与杨玄感"共谋大事"。由于父辈都曾经是朝廷里的重臣，他们享受着权力带来的利益，而他们中间很多人与杨玄感又是儿时的玩伴。这些人中间有观王杨雄的儿子、开国名将韩擒虎的儿子、内史侍郎虞世基的儿子、民部侍郎裴蕴的儿子等四十余人，其中光禄大夫赵元淑、兵部侍郎斛斯政等人也直接响应杨玄感起兵。

在众多响应的贵族权力者中，有一个人是杨玄感的莫逆之交：李密。

李密的爷爷李耀是北周的邢国公，父亲李宽是隋朝的蒲山郡公。此人才兼文武，尤擅兵法。他继承蒲山郡公的爵位后，散尽家财养客礼贤，结交天下英豪。

李密为杨玄感献上三条策略：上策是挥师入蓟（今北京西南），截住隋炀帝的归路，可以不战而擒；中计是西入长安，据险自固，必克万全之势；下计是就近进攻东都，顿兵坚城之下，胜负未知。结果，杨玄感却以李密的下计为上策久攻东都不下，功败垂成。

时势推进至此，拿起枪杆子闹革命已经不是那些吃不饱饭的农民才干的事，像杨玄感这样的帝国权力集团内部的既得利益者，也希望能够通过打破旧的分配格局，重新建立起一个新的利益结构。不破不立，这种"皇帝轮流做"的权力交棒游戏，新或者旧，对于中华帝国的政治体制来说并无本质上的区别。

3. 与烈火烹油的时代迎头撞上

如同中国历史上大多数的叛乱夺权者一样，唐高祖李渊出生于显赫的门阀世家。按照李唐皇室的谱牒记载，李渊和他的后人有着极为高贵的士族血统。其远古的祖先可以追溯至五帝时代的颛顼高阳氏，而春秋时期的祖先则可以追溯到老子（李耳），西汉时期的抗击匈奴的名将李广的后裔。

当然，这种说法只是李唐皇室的一面之词，并没有强有力的血缘证据。没有证据的说辞，就难免会让人质疑。或者可以这么认为，这是李唐皇室为了"高远其来者"而精心编造的一个血缘神话，可神话在很多时候被现实证明是完全不靠谱的。

如果我们要查一个开国君王的履历登记表，久远的世系只是在皇家脸面上扑了一层金粉。而在那些后来者的眼里，贴上去的金粉不过是一个经不起任何推敲的美丽错误，但是也无碍皇家的尊荣。

中国人的血缘纽带往往只限于三代或者四代，上延下伸，跨过这个界限，血缘的纽带扣就会慢慢松开，直至断裂。原因很简单，中国是一个讲究家族传统的社会，每个人的血缘都能产生一种势能，而这种势能往往由血缘生成情感，中国人讲究"隔辈疼"，也就是说爷爷疼孙子，胜过孙子将来回报给爷爷的感情。中国人含蓄的情感表达注定了血缘就像河流一样，往下流淌。

李唐皇室为自己脸上扑的金粉还算厚实，比如说，李渊的七世祖是十六国时期的陇西成纪（今甘肃静宁县西南）人、西凉的开国帝王李暠；六世祖李歆是西凉后主；西凉被匈奴灭掉以后，五世祖李重耳流亡南朝刘宋，后又归降北魏，任弘农太守；高祖父李熙任北魏金门镇将，率豪杰镇守武川（北魏"六镇"之一，宇文泰家乡，今内蒙古武川县），遂留居此地；曾祖父李天锡也是北魏的重臣。

现代人续家谱喜欢攀名人，更何况帝王之家的家谱，更是来不得半点污浊。老子英雄儿好汉，后人做皇帝，前人当为王，这种由后者往上逆推的条件句式依然合乎情理。寻常人家通常只是将个体的荣光向上逆推两三辈。可是对于至尊至贵的皇家来说，家族史就是国史，他们恨不得将家族的至高荣誉逆推至原始社会那只刚刚进化了的猴子身上，好让天下臣民晓得，皇帝不是随随便便就可以炼成的。

李唐皇室之所以想尽办法与西凉王李暠攀上关系，一是西凉王李暠自身的不同凡响，是北魏的豪门显宦；二是李暠还是西汉名将李广的后裔。

如果能够将家族的血缘管道与李暠完成对接，那么就能够表明李唐皇室不仅出自汉代名门，同时还表明世代均为陇西望族。可是经过史家考证，李渊的家族与陇西望族李氏毫无关系。李唐皇室之所以自称先祖曾留居武川，目的在于暗示他们与西魏的实际统治者、北周的开创者宇文泰同出一源，均为北朝后期至隋唐年间叱咤风云的武川军团的核心成员。

李唐皇室高贵的出身渊源和美丽的血缘传说就像是折射着七色光的泡沫，只要轻轻触碰，就会在阳光下轰然破灭。不管最初的渊源是如何一番真相，李渊家族在 6 世纪下半叶是中国北方地区的贵族，这一点是可以肯定的。

从李渊的祖父李虎开始，李氏家族的历史就脱离了神话的轨道，进入到有真材实料的"信史"阶段。北魏末年，李虎追随宇文泰创建了西魏，官至太尉、尚书左仆射，封陇西郡公，并与太师宇文泰、太傅元欣、太保李弼（李密曾祖父）、大司马独孤信、大司寇赵贵、大司空于谨、少傅侯莫陈崇等八人同为西魏的佐命功臣、柱国大将军。这就是历史上著名的西魏"八柱国"。史书有称："当时荣盛，莫与为比！故今之称门阀者，咸推'八柱国家'。"

当时的中华帝国划江而治，南北两朝各有各的精彩，总而言之，都是一个乱字。这"八柱国"是北朝的贵族，他们不光在婚姻关系方面彼此勾连，在权力交接方面也像是商量好了，走的是轮流坐庄的路子。不过轮流坐庄，也同样伴随着血腥与杀戮。北周的创建者宇文泰创设了"府兵制"，在显赫的"八柱国"之下又设置了十二大将军。"八柱国、十二大将军"家族共同构成了一个空前强大的政治军事集团，成为西魏王朝当之无愧的中坚力量，并且在其后三百多年的时间里，影响着中国历史的延续和走向。

大业初年（605 年），隋炀帝杨广通过非常规手段成为帝国的一把手，也因此在中国历史上为自己留下了罪孽深重的一笔。对于那些开口必言尧舜德、闭口总道孔孟圣的史家而言，杨广俨然就是末世昏君的典型代表，什么弑君篡位、奸罢父妃、诛戮贤臣、大建官苑等等罪行，将其牢牢地钉在了历史的耻辱柱上。

曾经有人给杨广下过一个结论："秦始皇做过的事，他（隋炀帝）多半也做了，但是他没有焚书坑儒。我们还可以说，隋炀帝做过的事，唐太宗多半也做了，但是唐太宗贞观时代远不及他大业前期富庶。然而，秦始皇、唐太宗都有'千古一帝'的美誉，而杨广却落了个万世唾骂的恶名。"

杨广即位后，对自己的表弟李渊还算过得去。从小在隋文帝与独孤皇后身边长大的李渊，与杨广的成长过程应该有一段时间上的交集。这种交集很多时候会转换为情感上的倾向性，中国人讲究人情世界里的差序格局。费孝通老先生说："亲属关系是根据生育和婚姻事实所发生的社会关系。从生育和婚姻所结成的网络，可以一直推出去包括无穷的人，过去的、现在的和未来的人物。我们俗语里有'一表三千里'，就是这个意思。这个网络像个蜘蛛的网，有一个中心，就是自己。"

差序格局就是我们常说的人际关系格局，每个人都拥有一个以自我为中心的圈状扩展，关系递减的圈子。这就意味着人与人之间的关系内外有别、亲疏不同。中国是"熟人社会"，小圈子里面的人都相对来说要相互信任一些。李渊与杨广是表兄弟关系，按照差序格局原理，他们是距离自己这个"中心"较近的那道波纹。

我们常说家国天下，可国情又不完全等同于家里的状况。杨、李的权力身份决定了这份亲情难以替代帝国的政情，所以两人的亲情关系，在权力的作用下，有了更多趋利避害的成分。

杨广即位后，虽然对自己的表弟李渊还算过得去，但是少年时的情感代替不了权力上的纠葛。有一次，隋炀帝当众羞辱李渊是"阿婆面"，李渊长相是"高颜面皱"，长得像老太太。李渊十分气恼，回家见到夫人羞愤难平，不禁怅然落泪。

当然李渊还没有脆弱到因为相貌问题而流泪，而是因为他从隋炀帝杨广的话语里读解出更深层的问题。对于生长于核心政治家族的李渊来说，他对于政治的解读要比其他人来得更为直接和敏感。

李渊从杨广对自己的态度里，解读出自己在仕途上的黯淡前景，解读出李氏家族在帝国权力结构内的尴尬位置。因为距离权力高层太近，李渊要比别人更加了解帝国政治的运作规则，也更加明白受到皇帝轻视将会有怎样的下场。念及于此，他难免会黯然神伤。在李渊的伤感中，我们能够感觉到帝国贵族在末世来临前那脆弱的政治敏感度。

他的夫人窦氏说："公封于唐。阿婆乃是堂主。'堂'者'唐'也。意思是说，阿婆就是堂主，堂是厅堂，即一家之主，'堂主'谐音'唐主'。这是在告诉李渊，你将来是唐朝之主啊。"

窦氏的一席话，仿佛打通了李渊内心世界的任督二脉，李家居然借着窦氏的这句吉言，设宴以示庆贺。

其实窦氏在这里不过是偷换了一个概念，这个解释实在过于牵强。为了这样一句牵强之语，全家摆宴相庆，未免显得过于夸张。李渊的兴奋点到底是在哪里呢？无非是窦氏的一句话，暗合了李渊胸中藏着的一颗澎湃的政治野心，又加上"李氏当为天子"的预言尽人皆知。他们不敢公开庆贺，只能"私相贺焉"。他们内心深处最隐秘的心思是什么？是帝国权力即将易手于己，自己将成为一个新王朝的帝王吗？

大业九年（613年），已经四十三岁的李渊转任卫尉少卿，是一名专门掌管京师军事器械的从四品官员。同时他还兼任一项重要的军事任务，那就是在隋炀帝二次远征高丽的战争中承担向东北前线（今辽宁省）运送军需的监督官员。

对于一个四十三岁、人生已经开始走下坡路的男人来说，李渊所获封的不过是从四品官级。也就是说李渊在隋王朝的两代帝王心目中，虽然获得了一定程度的信任，但始终没有得到高官显位的实际权力。

隋文帝杨坚将护身之责交予李渊之手，而隋炀帝杨广则将战争所需军资交到李渊手里。李渊能够在帝国谋取到实际利益，无非取决于两点，一是先人所赋予的豪门世族的血统，另外就是与杨氏皇族的母系血亲关系。

杨玄感起兵，在李渊内心掀起了不小的波澜。这时候，李渊已经被杨广调任弘化郡（今甘肃省合水）担任留守。他非常佩服杨玄感的勇气，同时也为他的命运所忧虑。其妻兄窦抗力劝其起兵，说："杨玄感已经抢先一步了！李氏名应图谶，应该趁势举义，这是天意啊。"

李渊没有同意，他在听到杨玄感起兵的消息时，内心也颇不平静。隋炀帝委派李渊镇守弘化郡，并兼管关右诸军事。其目的只有一个，那就是保卫通往京师的战略要道。

随着时局的进一步动荡，地方叛乱所引发的社会效应，波及面越来越广。大量的地主阶级知识分子也涌进了叛乱者的队伍，他们在其中往往扮演着重要的角色。瓦岗军中的魏征、祖君彦，窦建德军中的杜伏威、李子通，以及江南农民军中的李百药等，都是各地叛乱者的代表人物。

不仅世俗权力阶层中的人趋之若鹜，就连一些不甘于青灯黄卷的僧侣也参与到叛乱中来，其中有扶风沙门向海明，自称"弥勒出世"的唐县宋子贤等。除此之外，反隋队伍还出现了少数民族的身影，而且势力同样不容小觑，如秦陇地区的屠各胡人起义，江南地区的俚、僚诸族人民起义，等等。

众多的阶级、阶层和少数民族卷入这场时代的洪流，使得一个王朝呈

非常史非常人

现出末世狂舞的盛大图景，中华帝国也因此呈现出复杂多变的政治乱象。

杨广登基后，为了规避关中集团对帝国官家集团的权力伤害，围绕封爵勋官制度推行了一系列政治改革，势在打破北周宇文泰以来实施的"关中本位政策"。杨广意图通过限制、削弱关陇集团的强大势力和影响，以整饬吏政，加强中央集权，扩大统治的社会基础。

杨广是个急性子，还没有等到方案修订成熟，他推行的改革就已经破门而出。

既然是改革，就必然会触及既得利益者的权益。关中本位政策，是史学家陈寅恪提出的一个概念。西魏王朝的建立者宇文泰根据当时的社会环境所做的政治调整，他为了将自己建立的西魏与鲜卑化的东魏和继承汉、魏、晋的梁朝区别开来，以鲜卑旧部落为基础，建立了贵族性质的府兵制。同时将府兵将领的郡望与姓氏做了修改，让他们与关中地区的豪门大姓相结合，使之在地方具有一定的号召力。

以府兵制为基础，一个足以与东魏、梁朝相抗衡的强有力的关陇集团建立了。

宇文泰更改府兵将士的郡望与姓氏，是要使他所带来的山东人与关内人混而为一，使汉人与鲜卑人混而为一，组成一支籍隶关中、职业为军人、组织为部落式的强大军队，以与东魏、梁朝争夺天下霸权。如此一来，就在关中地区形成一个强大的地方利益集团——关陇集团，这是一个具有统治地位的权力集团。

如果只是修改郡望与姓氏，并不足以使关中集团巩固并持续下去。那些府兵将领都有赐田与乡兵，他们既是府兵将领，又是关中豪族。将领与关陇豪族混而为一，使这个集团在关中地区深深扎根于这块土地。

宇文泰利用"关中本位政策"，将关陇胡汉民族中的精英人物都笼络到

148

自己的权力集团中，以创霸业；隋文帝继续推行这一政策，其皇室及佐命功臣大都是西魏以来关陇集团中人物，所谓八大柱国就是其中的代表人物。

历史事实证明，那些居住在帝国边界，经常遭受武装攻击和生命威胁的民众，要比那些住在内陆安全地区的民众，更具备开疆拓土的勇气和能力。秦汉以来，关中地区历来是华夷混杂之地，从人才角度来说，这些地方更利于产生良将。经历魏晋北朝的长期整合，这个地区已经具备了一统天下的新兴锐气，经过隋朝的发展，这个地区的人才结构更趋向合理。

王朝虽然频繁更迭，这一地区的社会局面却能初告安谧，这对于精英人物的成长是会有一定影响的。尤其是隋文帝灭陈之后，中华帝国形成了一个统一的局面。太行山东和长江中下游原来齐陈故地的人物，陆续西来，卜地定居，为后来唐初人物的风生水起，奠立了基础 。这样，这里不仅有攻城略地的良将，还有具备了运筹帷幄的谋士，可以说是帝国人才的选拔基地。更何况，这里还是全国最为富庶的地区之一。

杨广想要打破"关中本位"政策，可是选择的时机过于超前。这时候的隋王朝已经走到火烧油烹的境地，如果这时候动摇"关中本位"这一国本，无异于打破了帝国权力集团的利益分配格局。这也是为什么杨玄感这边一摇旗，那边就会有豪门子弟跟着四方响应。

再看江淮到岭南一带的南方地区，这些地方原来都是南朝的统治地区，有众多支持南朝的豪强地主。隋朝建立之后，这些势力大都成为隋朝的异己力量。所以，后来在南方地区爆发了大规模武装反抗隋朝的叛乱。隋文帝虽然平定了这次大暴动，但是采取的是镇压和妥协结合的方式。很多叛乱头领后来成了州郡的刺史、县令，所以这股强大的势力并没有被根除，一旦天下有变，这些潜在的力量会立即起兵反隋。

还有黄河中下游地区，也就是今天的河南、山东一带地主起兵的数量也很多。中原地区的政治形态向来复杂。隋炀帝征讨高丽，所征用的马匹和耗费的钱物，大部分出自中原地区。史料记载，中原富人因此破家者十之有九。

由此，统治阶级内部的三股势力成为三把火，其中以李渊、杨玄感为代表的隋朝高官显贵，以萧铣、沈法兴为代表的南朝残余势力，以梁师都、刘武周为代表的地方大族豪强，群起反隋，锋镝鼎沸。

按照史家所言，割据叛乱为"土崩"，农民起义为"瓦解"。杨广的政权在这时候不仅失去了天下民心，而且失去了赖以生存的地主阶级的支持。

李渊经常会盯着帝国的军事版图，陷入长久的沉思。一个王朝的大厦，要积累多少辛苦才能完成它的奠基；一个行将崩溃的大厦，却不知道哪一阵风就会将它掀翻在地。李渊实在无法理解，杨广怎会如此挥霍先人留下的这份基业。

作为皇亲，他的内心既有着深深地忧虑，也有着莫名的冲动和迷茫。

他的忧虑来自于帝国的巨轮将会载自己与李氏家族的命运于何处？他那莫名的冲动和迷茫，使他隐隐感觉到，有一种叫作使命的东西在前方召唤着他，他不应该与这样一个时代失之交臂。这是一个最坏的时代，又何尝不是一个最好的时代。

大业九年（公元613年）初，李渊从地方太守的任上被调回朝中担任卫尉少卿。其时正逢杨广发动第二次高丽战争，李渊赶赴怀远镇负责督运粮草军需。没过多久就爆发了杨玄感叛乱，李渊又被紧急调回弘化（今甘肃庆阳市）担任留守，并主持潼关以西十三郡的军事。

从大业中期开始，李渊已经成为隋炀帝杨广最为倚重的心腹重臣之一。话又说回来，这时候帝国已走到无人可用的境地。正因为无人可用，表面上还算忠心的李渊才能不断地获得从地方到中央的各个重要职位。正是在这个过程中，李渊的政治和军事能力得到了深入的历练与极大的提升。

李渊行事并不张扬，始终以一名旁观者的姿态注视着天下时局的动向。他只是冷冷观望，以不变应万变。不是不变，只是时机未到，不可妄动。尽管能够得到重用，隋炀帝对他这个表弟还是心存防范之意。当然杨广的警觉，并不是专门针对李渊一个人，他将这种不信任通过时局传感器让帝国权力阶层的每一个人都能够感受得到。

有一次杨广在行宫传诏李渊前去觐见，李渊托病不去。当时李渊的一个外甥女王氏是杨广的嫔妃，杨广就问她："你舅舅为何迟迟不来？"王氏回答说李渊病得厉害。杨广似是而非地说了一句："会不会病死啊？！"

后来这句话就传到了李渊的耳中，李渊大为惊恐。他比一般人都要了解自己的这个皇帝表兄。对于李渊来说，能够在隋帝国的权力场上摸爬滚打这么多年，官场的生存智慧自然是少不了的。从那以后，李渊就像是变了一个人，终日沉迷酒色，大肆贪污受贿，而且他将这种堕落腐化的行径做得大张旗鼓，生怕别人不知道他是一个烂泥扶不上墙的末代贵族。在外人看来，李渊从一个精明强干的朝廷重臣堕落为一个酒色财气的地方庸官。

当这个消息通过朝廷的情报网传递到杨广的耳朵里，杨广发出了一声悠长的叹息，就好像他一直在等待着李渊的这次华丽转型，这个消息让他悬着的一颗心放了下来。一直以来，杨广就特别讨厌那些在他面前卖弄手段和炫耀能力的官员。李渊这种"腐败官员"，正合他的心意。一个不求上进的官员，就不会有吞并帝国的野心。

当然李渊的恐慌也不是毫无来由的，对于喜怒无常的杨广来说，决定官员的生死只是他一念之间的事。在《隋唐嘉话》上记有这样一句话："炀帝善属文，而不欲人出其右。"也就是说，隋炀帝的文章写得很好，可是他又不希望有人能够超越他。对付这样一个嫉妒心和疑心并重的表兄，李渊还是有办法的。

当时的司隶大夫薛道衡，因为诗写得比杨广好，杨广就逼他自杀，并说："更能作'空梁落燕泥'否？"杨广也写过一首《燕歌行》的诗，估计他认为自己的作品，拿不出手。

当时文人学士喜欢扎堆在一起，类似于文化沙龙，他们在一起写诗唱歌，不过有一半以上只能算是平庸之作。还有一件事，著作郎王胄临刑时，杨广还故意诵王胄诗中的警句，说："从今以后你还能写出'庭草无人随意绿'这样的佳句吗？"这完全是一个变态文人的丑恶嘴脸，令人感到恶心。

大业十二年（公元 616 年）年底，李渊被擢升为太原（郡治在晋阳，今山西太原市）留守。太原这个地方，是个相当妖孽的地方，自古为河东——山西地区的中心。历史上无论上古时代政治中心在中原，还是中古秦汉时期西移关中，以至晚近以来北徙京蓟，它始终处于中央肩背或者说是肘腋位置。

就在李渊赴任太原之前，杨广已经离开东都洛阳，第三次驾幸江都。他畏于北方农民起义的发展，不敢北还，隋朝已经失去对中国北方的控制。

隋炀帝自知帝国已经走到穷途末路，他经常会无端地发出感叹。一天夜里，他和萧后一面赏月，一面饮酒，转头对萧后说："现在很多人都反对我，就算我丢了天下，也不失为长城公（陈后主降隋后封长城公），你也不失为沈后（陈后主皇后沈氏）。不用管那么多，且暂管眼前行乐吧！"

萧皇后看着眼前的男人，也只有徒留一声叹息在风中。很多时候，我们往往会忽略杨广还有另外一个身份——诗人。诗人的情绪容易让人琢磨不定，热情过头或者忧虑到底，都容易走极端路线。萧皇后是梁明帝萧巋的女儿，被隋炀帝杨广强行纳为后妃。此女才学出众，会八音七艺，深得杨广的宠幸。

后来隋将宇文化及杀死杨广，将萧后掳为己有，然后将其带在身边。随后河北霸主窦建德在一场战争中杀死宇文化及，萧后又成了窦建德的宠妾。这件事让突厥处罗可汗知道后，派特使向窦建德强要萧后，然后将其盛大迎娶，成为胡人父子两代相继受用的爱妃。

贞观四年，唐太宗大破突厥，萧氏被收回长安，为李渊所幸，后又被李世民继之。一个妖娆多情的女子，就这样沦为七世纪中国历史舞台上那些权力英雄们手中的玩物。作为乱世斗争的牺牲品，女人的命运就像是一面镜子，往往能够照见那些男性权力者卑污的人性。

有一次，杨广拿起镜子，孤芳自赏了半天，然后回头对萧后说："这么好的头颅，谁来砍它呢？"萧皇后听得大惊，问他为什么会说出这番话来。杨广苦笑道："贵贱苦乐，循环相寻，有什么可伤心的？"这完全是遭受到心灵创伤的诗人吟出的一句透着苦味的诗行。

能够将人生的无常看得如此透彻，在杨广如痴如魔的政治行为背后有着太多的无奈与无助。杨广身上那种恃才傲物、好大喜功的一贯秉性成了他人生的致命伤，使他在逆境中的坚韧性和抗挫折能力几乎为零。所有这一切共同驱使他最终走上了失败和灭亡的道路，而他在时局面前所流露出的悲观情绪，像病毒一样传染给帝国权力系统里的每一个人。这种病毒一样的情绪，最终埋葬了整个帝国。

趁着隋炀帝"巡游扬、越，委弃京都"之际，瓦岗军攻下荥阳诸县，并于次年二月攻取洛口仓。洛口仓是隋杨王朝最大的粮仓，从江南经大运河运来的粮食基本上都囤积于此。在这种危机四伏的情况下，杨广已经无力控制局面。

李渊这时候已经被杨广安置于太原，其主要任务是清剿周边地区的叛乱，并让他与马邑（今山西朔县）太守王仁恭共同防御突厥。李渊万分感慨地对次子李世民说："唐固吾国，太原即其地焉。而今我等能得此地，绝对是上天的恩宠和赐予。与而不取，祸将斯及！"也就是说，唐朝是李家的国，那么太原就是国土。如今我们能够得到这样一块地方，是上天给予的恩赐。如果不领情，那么就可能会有大祸临头。

如果隋王朝的基业没有摇晃到将要倾覆的程度，李渊是绝对不会迈出起兵的那一步。

试想，一个七岁时就当上唐国公，天上掉馅饼似的捞到世袭爵位的人，一个有着名门望族血统和盘根错节的权力关系的人，这种与生俱来的荣耀是许多不世出的名臣大将拼死拼活一辈子也得不到的。李渊七岁时就拥有了一切。一个拥有权力资源和社会利益的人，你能指望他生来就与皇帝叫板，没事就和官府对抗吗？这显然是不切合实际的。

如果天下太平、国本稳固，李渊的人生轨迹不会有任何偏差，他的子孙也会像他一样在某个人生阶段进入帝国的官僚序列。哪怕他的儿子李建成、李世民再没有能力，也能够轻而易举地在当时的政治或者经济领域攫取到优越的地位。

早在李渊任太原留守的前四五年时间，各地造反的农民军刚刚有了气色。那时候，杨广正在一门心思忙他的工程，攻伐高丽，无暇他顾。也许是嗅到了帝国的空气里飘荡着不一样的气息，这时候的李渊有了取隋而代之的想法。

大业十三年六月初五，在经历了一连串惊险和曲折之后，以李渊为首的关陇军事集团终于在太原正式起兵。隋亡唐兴的历史大幕也就此拉开。

在命运的一次又一次打击下，杨广性格中的负面因素暴露得越来越多。

大业十二年元旦，大隋朝堂上已经见不到一个外国使臣了。这与大业五年诸国使臣云集洛阳的场面形成强烈对比。甚至各地的官员来得都很少，原因是各地农民起义阻隔，许多大臣们没法赶到首都。这是杨广过的最冷冷清清的一个年。

这时候的他也无心再去接见那些外国藩王，他总觉得那蓝莹莹的眼睛里写满了嘲讽。一直以来，他都在用力用势证明自己的英明伟大，可现实却让他狼狈不堪。他在这个表演的舞台上就像是一个小丑，而不像是一个天王巨星。

眼看着自己竭尽全力辛苦建立起的雄伟大业像个豆腐渣工程一样稀里哗啦地倒下，他的心气也随之散了。为了开凿那些曲曲弯弯的河流，为了打造那些庞大的地标性建筑，为了征服不听话的高丽，先皇留下的百年吃喝不愁的财富像流水一样哗哗流淌。

事实上，虽然东征高丽失败，但是杨广的命运还远远没有到灭国的边缘。农民军的战斗力相当有限，虽然号称四十八家之多，但他们一直没能联合起来，甚至都没有能力出省作战。如果杨广潜下心来，痛定思痛，励精图治，力挽狂澜，他还是有能力在政治高层闪展腾挪。只要能防止贵族们纷纷起兵，维持住帝国政治的平衡，隋军还是有能力消灭各地农民起义的烈火。这样，虽然大业已去，但是他毕竟还能安享富贵尊荣，在历史上以平庸之主收局。然而他却没心思去做这些了。

他原本是一个极其心高气傲的人。他的自我期待是一个将要绘出世界上最完美图画的绝世艺术家。因此，当这幅图画失败了，他怎么还有兴趣在它上面修修补补，把老鹰改画成一只乌鸦，以求卖几个钱花花度此一生？

艺术家的性格决定了他将走极端。不做最好，就做最坏，他唯一忍受不了的是平庸。他，一个原本打造传世金碗的大匠，此时不屑于去做为金口奔忙的锔碗工。做不了千古一帝，他也没有心情去做一个辛苦维持的平庸帝王。

因此，在眼看天下分裂，自己在皇帝排行榜上不可能有名次之后，杨广索性破罐破摔。命运已经不是原先许诺给他的命运，前途也已经不再是预想的前途，他对上天从感激变成了抱怨。他像一个没有要到糖吃的小孩子一样躺在地上，不想起来。

在大业十一年雁门被围之后，我们看到他与以前判若两人。连续的打击使他那贵公子娇嫩的神经受到了不可避免的伤害。从大业八年以后，杨广"每夜眠，恒惊悸，云有贼，令数妇摇抚，乃得眠"。他对治国有点心不在焉。大业十一年前，他每天上朝，每日都在处理公务。大业十一年后，他开始三天打鱼、两天晒网了。虽然天下越来越乱，他自己也危在旦夕，他却鼓不起勇气去为自己的生存而奋斗。他对政治越来越松懈，越来越放任。甚至，对自己的生命，他也有点三心二意，不那么周密地去考虑。

不知道什么时候，那个原本不喜欢饮酒的皇帝领略了美酒的好处。他下诏命各地官员贡献本地名酒，自己一一品尝，定出高下。他醉酒的次数越来越多，有一次在长乐宫独饮大醉后赋了一首五言诗，诗文今已失传，只留下最后两句：徒有归飞心，无复因风力。

杨广已经不再是那个双肩担起大业、只手擎起乾坤的杨广了。"气可鼓，不可泄"，心气已消的他只能无奈地自我放弃，投身于无边无际的放任自流中。他什么都不想，什么都不做，只听任生理欲望张开血盆大口吞噬自己、填充自己、遮蔽自己。既然命运是由上天控制，既然上天说给就给，说不给就不给，那么一切就由上天来做决定吧！他其实是在向上天撒娇。在冥冥中，他还期望上天那神秘的力量什么时候能再光顾他，把他推出失意的泥淖。

　　眼看着皇帝越来越颓废，政治越来越混乱，昔日贵族们也摩拳擦掌，准备大干一场。从雁门之围后，北方草原上的马匹价格一路飙长，以唐国公李渊为代表的各地贵族纷纷招兵买马。大业十三年，他们感觉时机已经成熟，隋鹰扬郎将梁师都、马邑富豪刘武周、金城富豪校尉薛举、唐国公李渊、武威富豪李轨、萧梁子孙萧铣、江都通守王世充等手握重权的大臣不约而同，纷纷起兵，割据一方，众多世家大族也加入其中。

　　在听闻昔日贵族也纷纷起来造反，杨广的意志完全崩溃了。一直到死，杨广都认为他的真正敌人不是那些农民军。那些农民军不过是贵族们政治游戏的前奏和引子，真正的政治军事方向，最终还是得由那些贵族来掌控。事实也证明了他的判断。隋末三支实力最雄的农民军都难以和这些贵族军阀相抗衡，一旦交锋即土崩瓦解，最终还是贵族们得到了传国宝鼎。

　　杨广深知大势已去，不过他还不想死，他决定南逃。毕竟他即位前曾经在江南经营了十年，别处烽火四起，这里还算安静。既然做不了千古一帝，索性就在秀丽的江南风光中了此一生吧！在国家一片混乱、大势岌岌可危之时，他却调集十郡数万兵力，在江苏常州一带为他建造宫苑，周围十二里，内为十六离宫，虽然这里比洛阳宫苑规模要小，但"奇丽过之"。

　　到过江南之后，杨广一头钻进离宫之内，万事不管，整天饮酒为乐。他把他的过人的聪明用来发明各种新奇的玩法上，其中最有名的一种玩法是广派宫人四处去抓萤火虫，得到数斛之多，装于布袋之中，夜里外出游玩时一齐放出，"光遍岩谷"，十分瑰丽。他命官员大量为他进奉民间美女，分为百房，每天由一房做主人，饮酒赋诗，以为笑乐。在天下水深火热之际，别人都是强颜欢笑，只有皇帝似乎真的乐在其中。诗酒会中，他做了数组颇为清新雅致的小词，其中最有名的一首如下：求归去不得，真成遭个春。

鸟声争劝酒，梅花笑杀人。

在生命最后阶段的杨广内心其实是十分矛盾的。一方面，这个残缺的、不完美的、与自己的期望已经大相径庭的生命让他不再珍视；另一方面，他体内的欲望却依然强盛，他的感觉依然敏锐，他对生活中每一点滴的甜美都依依不舍。那个励精图治者变成了及时享乐主义者，他把自己剩下的生命目标定位为体验快乐。他经常"在苑中林亭间盛陈酒馔，敕燕王倓与钜、晶及高祖嫔御为一席，僧、尼、道士、女官为一席，皇帝与诸宠姬为一席，略相连接，下朝之后即从之宴饮，更相劝侑，酒酣肴乱，靡所不至，以是为常。杨氏妇女之美者，往往进御。晶出入宫掖，不限门禁，至于妃嫔、公主皆有丑声，帝亦不之罪也"。

不饮酒时，他常穿起短衣短裤，策杖步游，遍历台馆，细斟细酌每一处景致，直到天尽黑才止，"汲汲顾景，惟恐不足"。他知道，命运留给他体验这个世界的时间已经不多了。

那把在长安时候就一直放在案头的名贵铜镜他带到了南方。他有时依然会揽起它。虽然已经五十岁了，可是他头发依然乌黑，眼睛仍然明亮，与众人相比，仍然是那么出众！很显然，这个与众不同的生命依然会以与众不同的形式抵达终点。他对着镜子，自言自语道："好头颈，谁当斫之！"

虽然时刻准备着死，但说实话，当自己手下的卫兵闯进寝殿时，杨广还是感觉有点吃惊。

他的禁卫部队实在是等不下去了，他们不得不叛变。来到江南后，大臣们屡次试图劝谏杨广振作起来，就像前些年那样励精图治。那样他们还有可能重新控制住局势，大臣们的前途和命运还有可能重写。他们相信杨广有这个能力，也相信天下大势还有可为。

他们弄不明白皇帝为什么如此颓唐。他们百般劝解，皇帝无动于衷，仍然沿着自己的方式，以加速度向灭亡滑落。皇帝对生命不感兴趣，他们可不想做殉葬品。在彻底灰心了之后，他们终于痛下决心，除掉这个成为累赘的皇帝，自救图存。

大业十四年三月十四日，全副武装的卫队闯进宫中，把杨广从床上拉起来。他们牵来一匹战马，令杨广骑上，把他押去朝堂。

睡眼惺忪的杨广听到这个消息并没有显得紧张。他看着那匹战马，问道："这是谁骑的马？马鞍子太破了，我怎能乘坐，给我换一副新的！"

昔日的侍卫给他找出了宫中最华丽的一只马鞍换上，他才上马。在朝堂之上，叛军召进刽子手。看着刽子手手中的刀，杨广喝道："无知小人！诸侯之血入地，尚要大旱三年，斩天子之首，你们知道会有什么后果吗？天子自有天子的死法，拿毒酒来！"

昔日的部下乐于执行天子最后的命令，他们四处去寻找毒酒。但是不巧，找遍宫中，也没有找到。人们只好给了他一根白绫。

一个短暂的王朝就此拉下了帷幕。一个曾经有着万丈雄心却又操之过急的帝王再也不可能有所作为了。他的理想王国是自己一手打磨的双刃剑，他企图用它来征服天下却最终阉割了他的万丈雄心。

以前在一本杂志上看见过一首现代诗——《杨广本纪》，里面有这样一段："诗人注定不会成为最称职的帝王／即便有了鞠躬尽瘁的心情／诗人就是诗人／要不个性懦弱的文人／或者热血沸腾的疯子。"综观杨广的一生，为他做了诗的结论。

李世民：玄武门的血腥突围

在家天下世袭王政体下，王族内的亲情局势政情。兄弟的权力之争，也同样牵连着帝国的政情，不同政治势力之间的矛盾，甚至发展到兵刃相见的地步，不可谓是政治危机的爆发。

武德九年（626年）六月初四，对于寻常百姓来说，这一天是最为普通不过的一天。可是对于轰然而至的大时代来说，它又是扭转时局命运的一天。在这一天里，秦王李世民悍然发动宫廷政变，诛杀其长兄李建成、四弟李元吉及其家属数百人。

1. 名分是杀人利器

唐高祖李渊在建立唐政权不久就立长子李建成为太子，本来这么做是为了稳定天下人心。可是谁也无法料到，最后却演变成为兄弟之间自相残杀的导火索。

李渊的皇后窦氏生了李建成、李世民、李玄霸、李元吉四个儿子。李玄霸十六岁那年早卒。李渊太原起兵的时候，李建成二十九岁，李世民二十岁，李元吉十五岁。十五岁太小，所以年龄最小的李元吉并没有获得"军事秀"的资格。李渊只是派李建成、李世民同取西河；接着入关，又以李建成为陇西公左领军大都督，统左三统军等，李世民为敦煌公右领军大都督，统右三统军等，李元吉为太原郡守，留镇晋阳根据地。

李建成在唐朝建立之初的时候，相对于他的弟弟李世民来说，还是具备一定优势的。

这种优势主要是因为他的嗣长子身份，当然与他在开国前后一段时间里，与李世民不相上下的功绩也不无关系。在统一天下的战争中，李建成的声望和权势固然有所提高，个人能力和人才集团方面也有所增强。如果让我们拿李建成的成长速度，与李世民火箭式的蹿升速度相比，显然李世民的力道来得更加猛烈一些。

等到攻占长安之后，李渊又派李建成为左元帅、李世民为右元帅夺取东都。但是等到李渊正式称帝、李建成为皇太子后，军事统帅的职权就交到了李世民的手里，作为战场上常客，客观上给李世民扩张实力创造了条件。

如果李世民是一把好钢，那么炼成这把好钢的就是帝国创业的这个大熔炉。李世民在帝国权力集团中的上佳表现，除了个人能力之外，也和帝国建立初期的分工不同有关。不同的分工有着不同的表现，也让李世民和他的哥哥李建成在世人面前所展示的能力各有侧重。

定都长安之后，秦王李世民作为一名武将依然常年征战在外，而作为皇位继承人的李建成则被留在了李渊的身边，帮助打理朝政，安顿后方。这种分工本来是无可厚非的，皇家有个传统，君主的嫡子一般是法定的太子，当了太子就得经常留在君主身边，遇有关系重大的军事行动，任命外姓将领不放心时，往往派太子以外的儿子充当统帅。有时战争处于胶着状态，为了鼓舞士气，早日结束战争，好战的皇帝往往会采取一种极端战术——御驾亲征。皇帝宁愿自己出去打仗，也要把留守京师的任务交给太子，很少派太子出征。所谓"君之嗣嫡，不可以帅师"，已成为惯例。

还有很重要的一点，那就是李建成多谋难断的性格特质也决定了这种权力分工具有一定的合理性。李建成更适合做一个军事参谋，而不是做一个挑大梁的统帅。而李世民的综合能力显然要更加全面一些，文治武功都很有一套。

　　坐镇长安的李建成，在当时的情况下，除了帮助李渊稳固所统辖地区的统治外，还有一个重要任务就是为帝国尽量挖掘人才，发展国民经济，为在外征战的军队提供强大的物质保证和智力支持。

　　虽然这时候坐镇朝廷的是李渊，但是身为太子的李建成，在其中起到了重要作用。

　　李渊对李建成的工作与能力还是比较满意和放心的，这从他在天下尚未统一、政权尚未稳固的形势下，多次离开都城外出巡游的记载就可以看出来。如果他不信任李建成，又怎会一而再、再而三地将帝国的领导权交出去。在李渊看来，李建成完全可以成为一个合格的守成之君。如果天时、地利、人和，他成长为一个明君圣主的可能性也是有的。凭借着嫡长子的身份，以及担任太子期间所积累的人气，李建成的太子之位还算是牢固。

　　如果不出什么意外的话，等到李渊将来驾崩以后，李建成将会成为帝国的新主人，唐王朝的第二任皇帝。

　　李渊是个家庭观念很强的人，大唐帝国的创建过程基本上是一部李氏家族的创业史，他的江山完全是依靠儿子、女婿、朋友和李氏宗亲一手打下来的。李建成和李元吉是他最信任的皇子，而李世民则是他在军事上最大的一张王牌。

　　三个儿子、两大集团（太子集团和秦王集团）之间的争斗，是名副其实的王牌对王牌。

　　李世民本就不是甘居人下的皇子，他的内心深处有着极为强大的政治抱负，或者说是野心。当然他也有这个资格，因为他具备实现抱负的能力。在长年征战杀伐的过程中，李世民的个人实力得到了全方位的升级。李渊将其封为"天策上将"，位居任何王公大臣之上。

武德年间，李世民的权力之路其实走得并不稳定。很多时候，官级上的沉浮与他的军功大小有着直接的联系。伴随着他在战场上的表现，他的权力指数有一个曲线发展的过程。

武德三年一月，李世民河东兵败，太尉一职被撤。

武德四年，唐高祖亲征王世充班师回朝，李世民担任司徒，齐王李元吉为司空。李世民并没有恢复太尉一职，而他的天策上将或许比其他十二军将领大一点，但绝对没有达到权力金字塔的最顶端。与李世民的其他官衔比较，天策上将也根本算不上最大。此时李世民的主官衔是司徒，天策军将领只是兼任。

武德八年，李世民征讨突厥失利，司徒一职再次被撤。由齐王顶了司徒，高祖皇帝身边的权臣裴寂顶了齐王李元吉腾出来的司空。如此一来，李世民不但混到了齐王李元吉的下面，而且连裴寂都比不上。

其实对于李世民来说，权力的大小与他所获取的官衔已经无法成正比。皇次子的身份，战场上的生力军，秦王的头衔，他的影响力横跨军政两界。

李渊还赋予李世民一项特权，命他开府洛阳。对于其他人来说，这已经是非一般的政治待遇了。同时李渊还为这项特权赋予了更张狂的注脚，那就是特批李世民拥有自己设炉制钱的特权，用现在的话说就是可以自己有发行钞票的权力。这项权力还是挺实惠的，完全是按照诸侯国的待遇安排的。

如果说李世民还有什么不满意的，那就是李建成的太子之位成了他心中难以打开的结。

皇位继承人，在这里就成了一张看上去很美的名片，中看不中用。在传统中国，每一个人从生下来那一天起，身上都贴着一个无形的标签，这个标签就叫作"名分"。司马光说："臣闻天子之职莫大于礼，礼莫大于分，分莫大于名。"

追求名分，成了中国人生存世界里的第一要务。用那个在流血的仕途上摸爬滚打了半生的秦相李斯的寓言来表述，生在粮仓里的硕鼠注定会一辈子吃白米，而生在厕所里的老鼠注定一生吃肮脏之物。那么有了名分，却不遵守名分，是一件很危险的事。如果我们生存的这个世界有若干个格子构成，每个人都拥有自己的格子，那么这个格子就是我们的名分。走出格子，无视格子的存在，都会让我们陷入危险的边界，它关乎整个社会稳定。

定名分，才能天下大治；名分不定，必将天下大乱。对于皇家来说，权力的继承也应该"各安其分"。由于对竞争的恐惧达到了一种变态的程度，他们宁可要嫡长制的草，也不要自由竞争的苗。如果哪位皇帝或者皇子胆敢挑战"立嫡以长"的原则，不但在当时要受到大臣们的强烈反对，在死后也会成为人们全力攻击的靶子。

对于李世民而言，战争不仅让他获得军功，也让他在这个过程中收获了大量忠心耿耿的文武人才，正是这些人构成了日后的秦王班底。李世民手里掌握着一个约有文武官员五十人左右的集团听命于他，其中很多人还是来自于原来被他消灭的敌人营垒。

多年在外征战的人生经历，让李世民从一个不到二十岁的少年迅速成长为一个成熟的军事统帅。李世民兄弟三人，早年所受的教育侧重武术，尤其骑射。作为一个能征惯战的军事将领，李世民的品格形成于他多年的艰苦卓绝的战争生涯。

这种依靠军功迅速成长起来的李世民，其地位和权势蕴藏着更多的铁血成分。他依靠枪杆子打出来的硬实力上如日中天，同时在威望、个人能力和人才集团这样的软实力上也是无人能够与之匹敌。李世民这时候还设立了文学馆，其中有十八学士是他的国事顾问。文学馆的创办也在提醒太子李建成，自己的秦王集团正在走向正规化发展之路，下一步的指向已经非常明确。

无论是硬实力还是软实力，身为太子的李建成还是感受到了来自对方的气场压力。

对于李建成来说，他能够与这个强势的弟弟相抗衡的，就只有自己的太子之位，以及由此所带来的超出一般皇子的权势和地位。

但是太子之位真的就让他得到一张免死金牌和一把指哪砍哪的尚方宝剑吗？这一点显然是不确定的。只要太子一天没有升级为皇帝，那么一切皆有可能；就算是升级为皇帝，李世民手里还握着军权，威胁依然存在。

让兄弟二人相互生疑到最终走向相互残杀，还需要一个助推力量。这个力量来自于他们的父皇李渊。李渊对李世民、李建成、李元吉三个皇子是相当宽容的，这种宽容甚至到了一种放纵的地步。李渊对于子女的态度，和他从小失去父母之爱有着很大的关系。自己越缺失的东西，往往会加倍补偿到子女的身上。这也是为什么，那些白手起家，从小经历过诸多苦难的创业者们，有朝一日发达了，他们通常会用金钱和物质满足子女的一切要求，哪怕要求是无理的。

李渊也是如此，由此出现了这样一种不正常的现象，"太子、二王出入上台，皆乘马、携弓刀杂物，相遇如家人礼。"也就是说，这几个儿子可以放肆到骑马挎刀出入宫廷的地步，甚至太子和秦王、齐王三兄弟的命令，竟然与他这个皇帝老子的诏敕具有同样的行政效力。

如此上下不分，让下面的官员们往往很难做。尤其是三个人同时发出指令的时候，他们不知道到底应该听谁的。最后只好按照时间先后，谁的命令先到，就听谁的。此时李渊的皇权，在一些方面与李世民的王权相比，都不具备绝对的优势，更不要说和李建成的太子权力相比。太子应有的超出普通皇子之上的权势和地位，就因为李渊的一味放纵而消失于无形。

在这样的形势下，李建成完全失去了与李世民进行正面对抗的客观实力。虽然说，李建成手里还拥有东宫卫队的武装特权。可是李渊也将同样的权力赋予了李建成的两个弟弟秦王李世民和齐王李元吉。如此一来，李建成本该享受的太子特权，因为李渊的态度而消弭了质的差距，只剩下量的区别。

如此一来，李建成感觉到了自己的太子之位已经受到来自其他力量威胁。李渊如此纵容皇子们在天子脚下拥有私人武装，这就等于在他的帝国权力中枢埋下了一枚重磅炸弹。一旦兄弟反目，那就不是拳脚相加的一对一单挑了，而是动摇国本的武装暴动。

李渊任人唯亲的毛病过于严重，是因为李世民的战斗力太强。可以不夸张地说，李唐的半壁江山都是李世民一手打下来的。与李世民荡气回肠的铁血生涯相比，李建成在后面所做的保障供给类的工作就显得黯然失色多了。正当李世民在前线享受鲜花掌声的时候，李建成正埋头于一大堆政务难以脱身。

武德三年至四年（620—621年），李世民先后啃掉了洛阳的王世充、河北的窦建德两块硬骨头，迅速扭转了天下群雄纷争的局面。放眼天下，已经没有任何势力能够阻挡李唐统一的脚步。而与此相对应的是，放眼帝国的权力格局，也没有谁能够阻挡李世民迅速上位的现实。

李世民的声势威望、官爵权势也达到了巅峰。身为皇子，李世民的起点本来就很高，因此往上提升的空间已经不大，李渊在此战后用一个"天策上将"的名号来对李世民进行封赏。天策上将职位在亲王、三公之上，仅次于名义上的文官之首三师（即太师、太傅、太保）；天策府则是武官官府之首，在十四卫府之上；天策上将可以自己招募人才作为天策府中官员，即所谓的"许自置官属"。

这时候的李世民就是帝国天空的那轮红日，耀眼的光芒甚至盖过了李渊的风头，更不用说太子李建成。更为可怕的是李世民丝毫没有放缓脚步的意思。他随后又一鼓作气，先后拿下刘黑闼（窦建德的残余部队）、山东的杜伏威。

在世人眼中，李世民所驾驭的帝国车轮眼看就要将地方军阀的割据势力统统碾碎于铁骑之下，整个帝国都为之倾倒，李渊起初还在为上天赐给自己这么一个有能力的儿子感到欣慰，可是随着李世民战功的不断升级，他给予这个皇子的赏赐也达到了巅峰。

这时候，太子李建成就算是个愚钝之人，也能感受到来自秦王权力集团的巨大威胁。

整个帝国都在为前方的李世民热血沸腾，当然作为聚光灯下的秦王也没有辜负观众的期望，将自己的表演一再推向高潮。没到最后摊牌的时刻，也就谈不上输赢。

尽管如此，李世民在这场帝国权力之争中，并无胜算把握，主要原因是他的对手也是强大的。强强碰撞，通常是电光火石之间解决战斗。先不说政治上的显赫地位，太子作为帝国未来的权力接班人，不是谁想动就能动得了的。更何况李建成在军事上也并非一个无能之辈，在太原起兵后，他和李世民一样，以左领大都督的身份分领一支兵马，西克长安，功劳并不逊于其弟。

在统一战争中，李建成的功劳也是可圈可点。尤其是对突厥支持下的刘黑闼的一仗，在李世民两次击败刘军、刘黑闼又卷土重来之时，李建成听从谋臣魏征的建议，向高祖请命，领军将刘黑闼扫平。李建成在这里固然有捡便宜的嫌疑，但是功劳却是实实在在的。

李渊称帝后，李建成以皇太子身份留驻长安，这样，他就不可能有李世民那么多的机会参与帝国的军事行动，在军队中的影响力也就比不上李世民。尽管如此，在他所统辖的军队中还有冯玄、薛万彻这样的一流猛将。此外，李建成的军事才华还体现在培植地方军事力量方面。出征刘黑闼期间，他在河北一带结交当地豪杰，使这一地区成为自己的势力范围。直到李世民夺取皇位后，这一地区仍存在着反李世民的地方势力，由此可见李建成在当地的影响有多深远。

另外太子李建成的最佳拍档是齐王李元吉，此人作为玄武门之变中的重要角色，历史镜头留给他的始终是一张侧面，不见正脸。

李元吉身上的确存在着不少缺点，但不可否认的是他也算是帝国的一员猛将。他喜好舞枪弄棒，常认为自己是天下无敌，经常把自己府上的那些奴仆、宾客、婢女、侍妾们聚集在一起，让他们身披甲胄，真刀真枪地来一场军事演习。一场演习下来，这些下人死伤无数，就连李元吉本人也曾经在这种民兵武装演习中被误伤过。然而，他并不以为意，依然对这种刺激的血腥游戏乐此不疲。

李元吉痴迷于打猎，他的捕兽工具能够装满三十车。他的人生格言是：宁愿三天不吃饭，也不能一天不打猎。这是一个好勇斗狠的人。他能够从打猎时鹰飞狗逐、纵马疾驰中获得强者的人生体验。他时常带着亲信组团出去游逛狩猎，践踏农家的田园和庄稼，放纵左右亲信掠夺百姓的财产。

自由而放荡的狩猎生活，让李元吉无法抑制内心对于权力的欲望。按照现代心理学分析，一个喜欢狩猎的男人，并不是一个安分之人，血液里与生俱来渗透着冒险基因。

可是在权力的世界里，李元吉始终觉得自己的人生不够尽兴。李元吉排行老四，喜欢冒险的他，始终活在两个哥哥阴影之下。

李渊太原起兵后一直让李建成、李世民共同充当统帅，直到正式称帝。那时候李元吉年龄尚幼，在父兄刚开始打江山的时候，他经常留守太原。武德二年（619年），并州被刘武周攻陷时，李元吉只有十七岁，失败的责任不应该有一个不成熟的少年承担。

武德元年（618年），李元吉做了一出应景的好戏给李渊看。李元吉对外宣称，他在太原发现了一块天然奇石。奇怪的不是石头，而是上面刻有"李渊万吉"的字样。

这的确算不得什么新发现，每当天意难决的时候，总是会有人炮制出这种低级趣味的游戏，而且大有市场，屡试不爽。当然这是一块普通的手工刻石，李元吉却用它做一篇天降祥瑞的文章。这篇为李渊登基所做的应景文章，哄得李渊老怀欣畅。

唐高祖认为这是上天对自己的肯定，他命令李元吉在太原特地建立了一个亭子，说明这块石头的不凡来历和天授意义。由此可见，李元吉并不是一个四肢勤快、大脑简单的三号皇子，至少他懂得如何把一块破石头炒作成政治试金石。在帝国官场上混，能够熟练地驾驭这一切就足够了。

李元吉非但不是一个头脑简单、光有肌肉的猎人，而且还是政治敏感度极高的人。他在军事方面的才华虽然不及他的两个哥哥那么光彩照人，却也可圈可点。

李世民和窦建德决战时，留李元吉与屈突通围王世充于东都，王世充出兵拒战，被李元吉设伏击破，斩首八百级，生擒其大将，而这时候的李元吉也仅仅只有十九岁，放在今天才刚刚走进大学校园，应该算是帝国的一名早熟型军事人才。

在李元吉看来，权力不过就是一场定好规则的游戏，而游戏的玩法有千百种，他要找到最适合自己的那一款。李渊能够如此慎重地对待他的这块小石头，那么他就有可能制造出更大的政治陨石。

他不相信命运，如果相信命运，他就会安于做他的齐王，前面有大哥李建成这位太子，有民望甚高的二哥秦王李世民，就算争得头破血流也轮不上他来当这个皇帝。可是他偏偏不是一个安生的人，他将自己的权力之路分为两个阶段：首先是帮助大哥李建成收拾二哥李世民，然后再回头取代大哥当皇帝。而当务之急是实现第一阶段目标——除掉李世民。

李元吉之所以选择联合太子李建成共同对抗秦王李世民的策略，是因为在李元吉看来，三兄弟之间，真正的人气王是李世民。如果他和李建成不联手就无法消灭李世民。至少在他看来，等到除掉秦王，再取代李建成是相对容易的事。

李元吉之所以会如此考虑，还有一些客观因素在里面。一是李建成地位正统，联合李建成就是联合正统派，可以获得名正言顺的话语权。二是李渊在起兵之前经常带领李世民在外面做官，而李元吉一直是跟着大哥李建成生活，情感甚笃。三是李元吉与李世民地位相似，只有兼并，无法做到真正的联合。还有一个小事件在李元吉与李世民之间留下阴影，这就是秦王集团旗下的猛将尉迟恭与李元吉的比武事件。在这次比武中，尉迟敬德连续三次将李元吉击败，使其蒙受羞辱。所以在皇位争夺战一触即发的时刻，李元吉选择了太子李建成作为自己的战略盟友。

对于四弟李元吉，李建成始终是心存一份感激，毕竟李元吉的作用是其他任何人都不能取代的。从帝国权力斗争的战略高度来说，兄弟三人，他与李元吉的联合是二对一，这不仅仅是一个数量优势，更是一个战略优势。因为在权力斗争进入白热化的时候，二比一的优势往往会决定最后的输赢。从具体的战术上说，作为皇子的李元吉能够起到的作用，是其他任何人都不能代替的。

李元吉可以从第三者的立场出发，以皇子的身份在斗争中起到推波助澜的作用。就算是在皇帝面前说对方的坏话，同样的内容，李元吉说出去的分量达到的效果，往往会超过李建成本人。因为在李建成和李世民之间，李元吉拥有一种客观的资格。

李建成虽然在军事活动中不是李世民的对手，但是他在政治上的实力则大大超过李世民。在辅助其父处理政务、稳固后方、支援前线方面，李建成的作用不容小觑。他"性宽简"，因而很得人心，在他周围也聚集了一批贤臣名士，如封德彝、魏征等人。这些人后来为李世民所用，成为"贞观名臣"。

齐王李元吉手里也拥有一支相当数量的军队，李建成将其拉入自己的营垒，使他在关中多了一个可靠的帮手。同时他又将镇守幽州的庐陵王李瑗也拉了过来，作为自己的外援。

李建成在京师地区的权力优势是李世民远所不及的，更为重要的一点，李建成作为嫡长子的地位是最大的优势。封建社会的所谓正统，是以宗法观念维系的"立嫡以长，礼之正道"，这是不可违背的。李建成以嫡长子的身份被立为太子，是名正言顺的皇位继承人，这就决定了一大批皇亲国戚必将集结在他的周围，他们虽然是一个守旧的集团，是一些既得利益者，但还是有较强实力的。

最为关键的是，在两个人的斗争过程中，高祖皇帝李渊始终站在李建成这一边，没有动摇过。

一手好牌，连李建成自己也无法预料到，最后一场戏，竟然会输得如此惨烈。而此时，他感受到的只是来自于秦王集团的威胁，只要自己手里还捏着太子这张真正的王牌，那就等于获得了皇帝的支持。在几个皇子中，李渊对李世民的态度由一开始的偏爱，到后来随着李世民功劳越来越大，又添了几分忌惮。虽然在综合能力上，他对李世民是高看一眼的，但是他并没有改立太子的意图和勇气。

随着帝国战争接近尾声，李世民的影响力这时候已经达到了"功盖天下，中外归心"的程度。可是一旦战争终止，李世民这张铁血王牌，在李渊的手中也就慢慢淡去了颜色。随之而来的是这场太子争夺战的形势也急转直下，李世民由当初的全面进攻进入防守反击阶段。

李世民在帝国权力结构中的强势突围，在一定程度上也是对李渊皇权的冲击。李渊在李建成、李世民这对兄弟的冲突中，只会是前者的联盟，不会是后者的帮手。这主要是由李建成的太子身份决定，作为太子的李建成在很大程度上是皇帝的肉喇叭和传声筒，是皇帝缺位时皇权的形象代言人。随着李世民的步步紧逼，李渊不会坐视不理，他成了太子集团的坚定盟友。

除了皇帝的力挺，四皇子李元吉（三皇子李玄霸早死）也卷入到了这场皇权内部的纷争，当然他也是站在太子李建成这一边。如果没有外因使然，对于这样一道二选一的选择题，大部分人都会站在太子这一边。权力分配也是论斤计两的，不过计较的是权力比重。

李世民终究是帝国的功臣而不是权臣，他虽然在声望和才能上超出了不少成功篡位者，但若论权势，尤其在帝国的中央权力格局中，相对太子李建成，他并无太多的加分因素。在手握皇权的李渊面前，他更是处于绝对的劣势。

在这场太子之位的争夺中，李世民虽然在表面上一度取得领先，人气指数爆棚，但事实上从来没能对李建成的太子之位构成致命的威胁。

就在李建成已经感受到来自秦王集团的压迫式威胁的时候，精于权术的李渊是不可能毫无察觉的。当战争证明了李世民是帝国利器的时候，李渊却一反当初让李建成坐镇长安、李世民外出征讨的做法。他居然同意了李建成的要求，让他代替李世民前去征讨卷土重来的刘黑闼。

结合当时的形势，李渊肯定有他自己的一番利益考量，那就是借此巩固李建成的太子之位，压一压李世民"功高盖主"的嚣张气焰。或者说，李渊此时已经对秦王集团势力有所忌惮。

当时有两件事，可以看出李渊对待李世民的态度。一件是尹德妃事件。尹德妃的父亲尹阿鼠骄横跋扈，秦王府的官员杜如晦经过他的府前，他的几名家童把杜如晦拽下马，打断了他的一根手指。尹阿鼠害怕李世民就跑到李渊面前恶人先告状，让他的女儿尹德妃在皇帝吹枕头风，说杜如晦仗着秦王的势力欺侮他的家人。李渊就责备李世民："连我的妃嫔家都受你身边的人欺凌，更何况是那些无职无权的小老百姓。"第二件事是张婕妤事件。李世民在担任陕东道行台时，李渊诏示他有权处理辖区内一切事务。就在这期间，李世民将辖区内一块田地赐给作战有功的淮安王李神通，巧合的是皇帝的爱妃张婕妤也在为父亲求取这块田地。李渊就下诏将这块田地赐给张婕妤之父，但是李神通表示秦王李世民赐给他田地在先，不肯交出来，这下惹恼了张婕妤。一天夜里张婕妤陪侍，她乘机向李渊进谗言，说皇帝赏给她父亲的土地，被秦王夺去给了李神通。

李渊大怒，第二天他就召见李世民，斥责说："我的手诏不管事，你的指令下面州县就能执行，这成何体统？

两个女人引发的事件并不是大事件，可是李渊在这两件事上所表现出来的态度却是显而易见的。李渊对李世民的做法流露过强烈的不满，他曾对大臣裴寂说过这样一句话："此儿典兵既久，在外专制，为读书汉所教，非复我昔日子也。"因为功高盖主，李世民正在慢慢失去唐高祖的信任。李世民在帝国权力集团中的势力扩张，不但让太子有了强烈的危机感，也让身为皇帝的李渊感受到了扑面而来的压力。

2. 谁在破坏游戏规则

在这样的情势下，任何一方的违规操作，都有可能会给对方带来一次绝地反击的机会。

武德七年（624年）六月，李渊离开长安前往仁智宫消暑避夏。这次出行，李世民与李元吉同行，而太子李建成则留守长安城。

就在这时候，李世民得到了自己安插在东宫的内线报告：太子李建成和庆州都督杨文干书信往来甚密，太子让杨文干从庆州为自己挑选一批素质高、体能好的骁勇做东宫的卫士，同时太子李建成还准备派郎将尔朱焕和校尉桥公山送一批盔甲给杨文干，以武装这批骁勇。

当时的庆州都督杨文干，早年曾经担任过东宫禁卫的职务。后来，李建成为了加强自己在地方的军事力量，便向李渊保荐杨文干为庆州都督。杨文干在庆州厉兵秣马，大肆为李建成培养私人势力，成为继罗艺和李瑗之后，李建成在地方上的又一绝对强援。

嗅觉灵敏的李世民感到，这是一个彻底扳倒太子集团的绝佳时机。太子养兵传递出的信号就是意图谋反，只要这个罪名坐实，李建成就绝无翻身的可能。李世民收买了尔朱焕和桥公山，授意他们向唐高祖李渊揭发太子的忤逆之举。得到好处的尔朱焕和桥公山直奔仁智宫，在李渊面前就告了李建成一状。

让太子的人去揭发太子，这显然是权力斗争中的无间道。

李渊得到消息后很是震惊，就派人前去召太子前来仁智宫问话。李建成一开始不敢前往，他没有料到对手出招会如此迅捷和狠辣，最后他还是听从幕僚的建议，轻装前往仁智宫向皇帝请罪。李建成这么做是明智之举，如果他因为胆怯而自乱分寸，那么就正好中了对手的圈套。

与此同时，李渊又派人前去召杨文干前来，杨文干在慌乱之中起兵造反。

只要有仗可以打，李渊第一个想到的人就是李世民，李世民俨然成了帝国的消防队员，只要火情紧急，就会呼啸而来消灾灭火。李渊认为杨文干事件既然牵连到了太子李建成，响应的人恐怕不在少数，毕竟太子的号召力不可等闲视之。

也许是事关紧急，李渊在情急之下居然向前往平乱的李世民开出了一张空头支票："等到平叛回来后，我就立你为太子，将现任太子李建成降格为蜀王。"如果这句话不是李世民在后来修史中添加的神来之笔，那只能说明李渊是个在政治上极不成熟的人。

作为皇帝的李渊显然是不可能随便做出这样的承诺，更何况经历过战争风浪的李渊也不至于如此慌乱。李世民出发后，李元吉和嫔妃们不停地跑来给李建成说情，就连皇帝最信任的大臣也有人来为太子开脱。由此可见，李建成这个太子当的还算得人心。

李渊本来就没有动李建成的念头，很快就妥协了，他让太子李建成继续镇守长安。这么大的事，就这样轻轻地一笔带过，由此可见，李建成的太子地位在皇帝李渊这里是没有问题的。

既然太子是没有问题的，那么有问题的就有可能是太子的对立面——秦王李世民。

李渊只是推测李世民是这件事的幕后主谋，但是缺乏相关的证据。一方面为了向官员们做出解释（太子私自运送铠甲给地方军官是违法行为），另一方面也是为了向李世民发出警告。李渊最后将此事定性为兄弟不和，并归罪于东宫中允王珪、东宫左卫率韦挺和天策府兵曹参军杜淹，将三个人流放了事。

李世民尽管对这个处理结果很不满意，但是也无能为力。为了能够将自己从这件事中抽身而出，他并没有就处理结果做出任何异议，只是在私下里派人给天策府兵曹参军杜淹送去了三百两黄金作为慰问金。

李渊一直希望李世民安心能够做一个普通的皇子，不要对太子之位再抱有任何非分之想。他无意剥夺李世民政治上的地位，更无意取其性命。可是很多时候，人往往是被事件拖着往前走，人只是大势所趋的一粒棋子。

在这件事情的处理上，我们也可以见识到李渊的政治策略。

在李世民出兵平乱的同时，李渊便改变了自己最初的想法：废太子，立李世民。

他将整件事情进行了冷处理，既没有处分李建成，也没有废立太子。因为他从这次事件中，既看到了由于历史的原因而形成了李世民威震宇内、天下归心的现实，也看到了李建成虽然位尊，但却是处于非常弱小与毫无作为的境地。他知道这就是矛盾的焦点所在。

李渊很清楚，只要在朝堂之外另辟战场，太子李建成根本就无力与李世民抗衡。造成这种局面的最根本原因，是在开创大唐的历史过程中所形成的，不是任何人能够轻易改变的。

李建成之所以会自乱方寸，跳出来做出狂逆悖理的举动，是因为他耐不住内心的躁动不安。李渊之所以会将这件事大事化小、小事化了，是因为他了解自己的孩子：老二是不会轻易臣服于老大的，当然作为老大的李建成被立为太子多年，也是不会臣服于老二李世民的，否则，他早就已经自动让出太子的位置。

他在处理杨文干事件时，最初的想法是废太子，将其贬往蜀地。可是当李世民这边一出兵，杨文干就闻风而定。李渊推翻了自己不成熟的想法。如果把李建成封到蜀地，给了他地盘与力量，那么只有一个结果，前任太子立马就会在剑南招兵买马、积草屯粮，树起反旗与之对抗，一场伐蜀平叛的局部战争是逃避不了的。以李世民的能力，虽然伐蜀平叛不是一件难事，但是对于天下苍生社稷来说，则是一场深重的灾难。

李渊在对此事进行冷处理的同时，也在为帝国的权力归属和命运走向做着艰难的抉择。唐高祖虽然表面上显得好像若无其事，其实他时刻都在苦苦寻找解决这一重大危机的良策。

就在杨文干事件发生后不久，紧接着又发生一件奇怪的事情：有官员上书说突厥屡次犯境是因为长安过于繁华，物质诱惑力太大所引发的。这个官员突发奇想，建议李渊一把火将长安城烧毁，然后再择另外一个地方建都。

在这件事上，李世民是持反对意见的，他劝谏："北方少数民族为祸中原的情况自古就有。陛下凭着圣明英武，创建新王朝，安定中夏，拥有百万精兵，所向无敌，怎么能因有胡人搅扰边境，便连忙迁都来躲避他们，使举国臣民感到羞辱，让后世之人讥笑呢？那霍去病不过是汉朝的一员将领，尚且决心消灭匈奴，儿臣愧居藩王之位。希望陛下给我几年时间，让我把绳索套在颉利（突厥首领）的脖子上，将他逮到宫阙之下。如果到时候不成功，再迁都也为时不晚。"

李建成的态度和他的父皇是保持一致的，为了与李世民唱反调，也为了讨好李渊。他直接反驳李世民："当年樊哙打算率领十万兵马在匈奴人中间纵横驰骋，结果失败了。你的话该不会是和樊哙的相似吧！"

李世民当然不肯示弱，他说："面对的情况各有区别，用兵的方法也不相同。樊哙有什么值得称道的呢？不超过十年，我肯定能够将漠北地区平定下来。"

虽然李渊最后没有选择迁都，但是兄弟二人针锋相对的斗争没有一刻消停过。

任何事件都有可能成为他们相互攻击的导火线，而朝堂内外，官员们也在冷静地观战，为自己在帝国权力结构中找到下一站栖身之所。

比如说，那些本来不应该与政治发生关系的嫔妃们在这场兄弟权斗中早早就选择了站队。以妇人之见，她们义无反顾地将自己的选票投给了太子李建成。在她们看来，太子是帝国的法定继承人，是受到皇帝庇护的接班人，胜算比李世民更大。

还有就是，李建成知道在皇帝耳边吹枕头风的厉害，平时就注意与这些嫔妃搞好关系，不断施以恩惠。正所谓李建成"内结妃御以自固"，李世民却"参请妃媛，素所不行"。即使是谎言，说上千遍也就成了真理，更何况面对的是自己心爱的女人。

截然相反的两种态度，让那些身居后宫的嫔妃并没有经过多少思想斗争，就将手中的赞成票投向了太子。李建成与皇帝的嫔妃们联合起来，诬陷李世民。

如果李建成在李渊面前直接说李世民的坏话，李渊不一定会相信，甚至有可能会产生怀疑，对他这个太子有看法。可是发动那些平时围绕在皇帝身边的人一起泼脏水，尤其是让那些嫔妃们吹枕头风，由不得李渊不相信。

李建成和李世民的权力斗法，如同两个小孩在玩跷跷板，此消彼长。

刚性的平衡状态往往会破坏游戏规则，让权力博弈成为帝国制度内的一道暗伤。既然太子李建成的口碑越来越好，那么李世民的信誉度也就呈递减态势。

接下来发生的胡马事件，再次验证帝国权力斗争中谎言吃人的严峻事实。唐高祖李渊在京城南面设场围猎，太子李建成、秦王李世民和齐王李元吉随同前往。李渊命令三个儿子骑马射猎，角逐胜负。李建成有一匹胡马，膘肥体壮，尤其喜欢尥蹶子。他就将这匹胡马交给李世民说："此马跑得很快，能够越过几丈宽的涧水。二弟善于骑马，就骑它试一试吧。"

李世民骑着这匹胡马追逐野鹿，结果真就尥起后蹶。李世民的身手还是敏捷，跃身而起，跳到数步以外方才站稳。等到胡马站起来以后，李世民再次跃身上马。如此三番四次，李世民就起了疑心。

他对当时的宰相宇文士及说："太子打算借助这匹胡马来加害于我，但是人的生死自有命运决定，就凭此等伎俩怎能伤害到我？"

李建成听到这句话后，乘机教唆后宫那几个力挺自己的嫔妃在皇帝面前吹风："秦王想当皇帝，他说，上天授命于他，就是要让他去做天下的主宰，怎么会白白死去呢！"

李渊非常愤怒，只有自己这个皇帝是天命所系，你一个皇子怎敢口口声声称天命。

他当着李建成和李元吉的面，将李世民狠狠地训斥了一通："谁是天子，上天自然会授命于他，不是人的智力所能够谋求的。你谋求帝位之心怎能如此急切？"

李世民吓得摘去王冠，伏地叩头如捣蒜，请求将自己移交司法部门，以证实自己没有说过这种悖逆之言。对于李世民来说，如果说在此之前，他还能寄望于李建成能够放自己一马，那么在杨文干事变、迁都事件、胡马事件之后，他就再也不敢抱有这种奢望了。任何一个疏忽，都有可能将自己置于死地。兄弟三人在这条权力斗争的路上走得越来越远，不分出胜负是无法收场的。

3. 权力的控制与反控制

无论作为父亲，还是一国之君，李渊都不希望兄弟相残、父子斗法的悲剧发生，毕竟隋朝殷鉴不远。可是在社会外部环境的裹挟之下，人有时候根本无力扭转时局。

他试图让李建成和李世民两兄弟能够握手言和，以缓和诸子之间日益紧张的权力关系，并通过某些微弱而不成功的努力弥补他们之间的裂痕，可是效果微乎其微。

李世民集团势力的膨胀，不仅引起了李渊的高度警觉，也增加了他对自己选定的接班人命运的担心。偏偏在这个时候，曾经出任过隋万年县法曹的孙伏伽给李渊上了一道奏疏。在这道奏疏中，他写道："臣历窥往古，下观近代，至于子孙不孝、兄弟离间，莫不为左右之乱也。愿陛下妙选贤才，以为皇太子僚友，如此即克隆磐石，永固维城矣。"孙伏伽的奏文再次震撼了李渊那原本就已经十分脆弱的神经。

李渊知道，皇位继承对于任何时代都是一道难解的题，到了他这里也有着同样的一番纠结，并没有因为他是新君，历史的老大难问题就会轻易地绕过去。

作为一国之君和父亲，李渊始终无法找到一条妥善处理帝国接班人的最佳方案。他的所有努力看上去更像是有心无力的敷衍，他陷入了宫廷内和朝堂上精心策划的尔虞我诈的交叉火网之中而无法自拔，一方总在设法攻击另一方。

在这种互相攻击中，李渊对李建成和李世民的态度也是摇摆不定的。李渊对他们的态度，很多时候取决于他们各自成功地利用他的程度。事情到了这个地步，就算李世民与李建成其中一方能够摈弃前嫌，放下自己的雄心壮志，也无法做到船过水无痕。在皇权斗争这条路上根本就没有第三条路可走，或者选择死亡之路，或者选择执掌帝国权柄，成为新的权力继任者。在权力面前，没有人能够做到坦然处之，何况还是皇权。

秦王集团和太子集团很快就展开了权力控制与反控制的博弈，这种行动由中央的权力核心地带向地方权力空间延伸扩散，像是带毒病菌弥漫于帝国的躯体。

在帝国的权力核心地带，李世民本来就处于劣势，现在就更加岌岌可危。在这种处境之下，他只能选择自保。自保又谈何容易，剑已经亮出来了，收起来就等于束手就擒。在这种局面下，他所能够做的就是不断加强自己府邸卫队的实力，同时收买东宫的官吏，安插内线，以便随时能够掌握李建成、李元吉的行动方向。

另一方面，他需要来自帝国权力集团的支持，尤其是那些能够得到皇帝信任、真正有实权的官员。他希望自己的支持者们能够对李渊施加影响，阻止李建成、李元吉直接对自己下手。

当然他也考虑到了不得不在中央发难的可能，这是一条终南捷径，同样也是加速度死亡的捷径。尽管如此，有捷径，就有人甘冒这个风险，李世民也不例外。他需要采取一些应急准备，以备不时之需，其中当然包括将玄武门这一关键所在置于自己权力控制之下。

李世民的优势不在中央，而是在地方，洛阳是他的权力核心地带。李世民一直崇尚山东世家大族的风尚，尤其是在隋末农民战争中，山东集团的强势崛起让他不敢小视。李世民、李建成都意识到山东集团在他们斗争中的重要作用，于是极力争取山东集团的支持。李建成借讨伐刘黑闼之机在山东大大扩充自己的势力，笼络了许多山东豪杰。李世民将山东视为自己能否夺取政权的关键，尤其在洛阳地区开辟了自己军事根据地。

作为一名军事统帅，李世民经常离开长安。正因为如此，他在长安城内和宫廷内部的势力受到了很大的影响。秦王集团势力在洛阳，如果李建成能够将李世民困于长安，切断洛阳的援助，那么身在长安的李世民犹如带着镣铐起舞，根本无法与太子李建成抗衡。

正因为如此，洛阳对于李世民来说，有着更为重要的意义。

李世民不但安排了心腹温大雅在那里坐镇，经营地方势力。同时他还秘密派遣张亮率领一千多忠于他的将士前往该处，加强那里的军事实力，同时"多出金帛，恣其所用"，结纳山东豪杰，使其成为自己的武装根据地和大本营，以便在情况有变时能够有资本与其对抗。

相比中央，太子集团对地方的重视程度要小很多，这与他们的基础太过薄弱有关，更与他们决心在中央内部解决李世民的策略有关。在中央的较量之中，太子集团无疑是占据上风的，其中更重要的是将李世民困在了长安。随着时间的推移，李渊在这件事的暧昧态度助长了他们气焰。

李渊对皇子之间的明争暗斗并非一无所知，但他却没有采取有效的措施来进行防范和制止。他的这种态度，与他毕竟是一个父亲不无关系，手心手背都是肉。他不愿意动李世民，是因为日益严重的突厥外患需要军事人才。在强大的军事威胁下，他不得不在一定程度上保证李世民的权力（兵权）。

不管李渊的出发点是什么，他的这种态度都造成了这样的结果：一方面是让李建成和李元吉无所顾忌，将李世民的空间逼迫的日益狭窄；另一方面则是让李世民觉得自己还没有被逼到绝境，使他有了在绝境下铤而走险的打算，也相应做出了一些调整和安排。

武德六年（623年）以后，李世民与李建成从暗中较劲变为撕破脸皮、公开敌对。导致形势急剧变化的是李世民状告杨文干聚兵事连太子，这件事使双方矛盾公开化并且逐步升级。

李渊本意希望李世民能够知难而退，放弃夺嫡之念，然后自行收敛以避祸。可是对于李世民而言，放弃就意味着灭亡，夺嫡之路至此已经走到连当事人也无法控制的地步。从李渊的态度中，李世民知道要想通过合法途径改立太子来实现自己的抱负是不可能的。他决意冒天下之大不韪，做最后的生死博弈。从后来反复修改史料就可以看出李世民是个对名声、人望极为看重之人，他在做最后的决定之前，肯定有过长时间的思想斗争。

李建成是法定储君，武力夺嫡是谋反大罪。即便能够侥幸得手，还是要千秋万世钉在历史的耻辱柱上。一着不慎换来满盘皆输，等待着他的就会是灭顶之灾。

武德九年（626年）年初，突厥人入侵边境。太子李建成提议，由齐王李元吉前往边境抗御突厥。李元吉在这里提出了一个附加条件：秦王手下兵强马壮，善于攻守，自己希望能够带上李世民手下最优秀的将军们和精锐士兵赶赴前线。

李元吉这么做，是明摆着要借此机会削弱秦王集团的势力。李世民和他的文武将官识破了这场意图明显的局，那些忠心耿耿的将官当然不愿意就这样被分离后各个击破。其中尤以尉迟恭、程知节、段志玄等主要将领的反应最为强烈。

李元吉抓住把柄，先是诬陷马军总管程知节，逼着唐高祖将其外放为康州刺史；接着又用金银丝帛贿赂右二护军段志玄，段志玄也不肯从命。

李建成和李元吉又用这种非常规手段去厚赂秦王集团的其他关键性人物，希望他们能够在关键时刻倒戈相向。高祖李渊对此似乎也是睁一只眼闭一只眼，对于他来说，几个王子之间的斗法和博弈，可以帮助他实现帝国权力的均衡。

李渊在这个事件并不是毫无作为，他一直在积极寻找解决问题的最佳方案。他想让李世民前往东都洛阳，要他在那里建天子旌旗，并打算将太行山以东的版图，全部划归李世民治下。但是他很快又推翻了自己的这种想法，将已经拟好的诏令撕毁。

恰好在此时，李元吉向李渊汇报了一个重要情况：秦王和他的部下听说要到洛阳去，表现得极为高兴。李元吉在这里并不是谎报，李世民和他的部下们都不愿意在京城长安受李建成与李元吉之流的羁绊，他们宁愿到东都洛阳，那里才是他们可以自己做主的地盘。

李渊很快就推翻自己的想法，如果秦王势力进入洛阳，将会使帝国陷入划疆而治的分裂局面。一个国家将由此东西两半，带来的直接后果就是，让帝国陷入一场超大规模的东西之间的内战。从这里我们可以清楚地看到李渊在家与国之间的痛苦抉择，他在起兵时期的英明果决此时突然失灵，左右不是。没有人能够体会得到一个君王和一个父亲此时的内心世界，所有人只能看到他的毫无作为，正是李渊的"无为"，才使得这场惊天动地的政治危机以玄武门之变的方式彻底解决。对于一场如此重大的政治危机，这种解决方式所付出的代价，虽然对于这个家庭来说是巨大的，而且也是不可避免的，但对于一个帝国和刚刚饱经战乱的人民来说，它的伤害值又是最小的。

谁又能说，在诸多的选择中，无为而治又何尝不是政治权术的最高境界？李世民已经感受到了来自太子集团的逼人杀气，他知道，决战玄武门的时刻已经悄然逼近。

4. 博弈：怀揣天命者的游戏

武德九年（626年）六月一日，太白金星于白天划过长空。按照《旧唐书·天文志》的说法，金星白昼划过长空预兆着会发生政权更迭之类的大事件。

古人很了不起，很善于在天象上做文章，他们会很轻易地就把一个事件和一个人的命运同自然现象联系起来。六月三日，金星再次于白天划过长空。太史令傅奕向李渊呈送密奏，称"太白见秦分，秦王当有天下"。李渊将这份密奏又转交给李世民，这让李世民惶恐不安。唐高祖这么做，是因为信任李世民吗？显然不是。

有史家认为"金星白昼经秦地"一事，是李世民在成功上位后修改史册，为自己捏造出来的美丽传说。

不管是捏造还是事实，但是有一点可以肯定，李世民一战功成的原因有很多，最为关键的一点是"靠人不靠天"。李世民在这场博弈中，之所以能够笑到最后，是因为他适时地把握了时局，走好了最为关键的几步棋。

第一步：集团化操作。

作为秦王集团的带头大哥，李世民拥有一个人才济济的心腹集团，其身边聚拢的这些人都是他在长期烽火岁月里结交下的患难之交，在这一点上李建成是远远不及的。尽管在太原起兵之前，李建成被李渊派到河东也是分管招揽人才这方面工作，但效果并不明显。

经过战火的淬炼和岁月的砥砺，李世民已经不是当初那个十八岁的少年，而是一柄出鞘的利剑；李建成也不是那个沉稳的大哥，是一个等待接班的太子。

时间让他们发生了质的改变，李世民已经有了取而代之的实力和野心。不过，能吸纳人才只是成功的一个方面。如果仅仅是为了将各方人才集中到身边，享受权力带来的快感，而不是很好地用其所长，让这些人忠心于己、为己所用，那么即使拥有再多的人才也无法实现权力值的最大化。

李世民在聚集人才之余，还能使这些人才全心全力地为己效忠，这是一种高明的人才笼络手段。战略要想开花结果，战术要想被贯彻执行，都离不开优秀的人才。我们再反过来看太子集团，虽然当时李建成手下也有魏征、王圭这些有实力的谋臣，但是王圭在"杨文干事件"中被谪。至于那个后来成为一代名臣的魏征，在李建成手下好像只做了两件有迹可查的事：一是劝李建成参与对刘黑闼的第二次战争，以固东宫势力，李建成采纳了这个建议，并且干得还算漂亮；二是劝李建成及早诛杀李世民，李建成犹豫的时间过久，以至于丧失了最佳的出击时间。

太子集团中可称道的谋士只有魏征、王圭、韦挺三人，武将只有薛万彻等寥寥数人。这种战斗力与秦王集团根本就不是一个档次上的，秦王府中谋士有名者十八人以上，猛将更是不胜枚举。从史书记载来看，李建成有要事商量，总是与李元吉在一起私下商讨，不见有什么心腹自始至终参与其中。李世民身边至少有杜如晦、房玄龄、长孙无忌三人始终环绕在侧。他与这三人都能够开诚布公地讨论，集四人智慧与之对抗。

第二步：得玄武门者，得天下。

玄武门位于太极宫北边，而太极宫是皇帝及皇族居住和处理朝政的地方，是初唐时期政治活动的中心。因此玄武门是皇宫与外界联系的咽喉要地，玄武门的得失事关宫城安全和皇帝的安危。

为确保宫城的安全，玄武门城门建造得非常结实、沉重，不会轻易被打开，攻打城门若没有内应则很难成功。在这里需要提出的是玄武门是禁军宿卫的重地，因此驻守玄武门的禁军就成为发动政变者争取的对象。

既然玄武门是维系宫城安全的重要咽喉之地，皇帝定不会轻易将守卫北门这一重要职责随便授给他人，所以守卫北门的将领多为皇帝亲信。玄武门宿卫将士的选拔要求非常严格，皇帝还制定有一套相当完备的安全保卫制度，违制开门则需要皇帝手谕，否则，失职将士都会受到严重的惩罚，甚至被判死刑。

李世民能控制玄武门，这是他取胜的重要的原因之一。玄武门在唐代多次政变中均处于关键地位，谁能控制它，谁就容易在军事上处于优势地位，进而取得最后的胜利，因此乃兵家必争之地。在唐代政变中，涉及玄武门事件的有三次之多，只是李世民这一次最具有戏剧性，也最为血腥、最为著名。

对于谙熟兵法和战术的李世民来说，他早就意识到了这一点。他收买禁军将领，安插心腹亲信，用了两年多时间用心经营这个地方。也就是说，玄武门之变虽是一天解决战斗，可是整个事件的布局绝非一时之间的心血来潮，每一个置身于局内的人都在其中步步为营。

李世民发动玄武门事变，其导火线是李建成、李元吉设下"昆明池政变"的计划泄露，并为他所知，以及李渊转交傅奕的密奏有暗示逼他自杀之心。李世民当初布置玄武门，就是为了不时之需，是最后一步夺命的险棋。不到最后关头，估计他也不想动用这一招。以李世民秦王府的一千人来对抗东宫几万人，无异于以卵击石，发动政变成功的概率实在是微乎其微。

作为一个正常人，李世民如果不是无路可走，是不会冒如此大风险的。

道德的抱负会压垮权力的快感，虽然有人从玄武门之变得出李世民是"具有雄才伟略而根本蔑视公认道德的政治家"的观点，但是这种说法有待商榷。

一个无视道德的君王，怎么会在权力到手后，想着法子去干预史官的著撰，将自己最不光彩的一页作道德上的美化。

只是在那个生死存亡取决于一念之差的时刻，无论是李建成还是李世民，他们都无暇去顾及道德的问题。在"杨文干事件"之后，双方或许都已经意识到欲以不流血手段击败对方是不可能的。箭已在弦上，躲是躲不开的。我们在这里再纠缠于谁是主谋、谁是受害者已经没有丝毫意义，形势逼人急。

在这里有一个人不得不提，那就是驻守玄武门的将领常何。也就是这个常何在这次事件中发挥了重要作用，在玄武门之变中李建成和李元吉经玄武门一同入朝，玄武门突然关闭，使二人的手下无法进入救援，李世民顺利杀死了李建成和李元吉。

有人推测，常何是李世民在玄武门布下的一颗夺命棋子。之所以做出这一推测，是依据常何与李世民之间的渊源。

武德二年（619年），李世民派其手下大将刘弘基把常何招揽过来。在对王世充之战中，常何还被任何为左右骁骑，由于其作战英勇而深受李世民的赏识。常何与李建成之间建立关系，应该是发生在李建成领兵与刘黑闼的二次作战期间，当时常何随同李建成平定河北，李建成应该在那时对他有所拉拢。

武德七年（624年），李世民将常何调入长安，赏赐他金刀子一枚、黄金三十挺，委派他在玄武门做统领。由此可见，李世民一直视常何为自己的心腹之人，并在政变前两年将其调到玄武门任职。

如果真是这样的话，那就只能说明李建成过于托大和轻敌。他压根没有想到，也不会想到李世民会以如此弱势兵力，在京城内发动政变；同时也说明了他并没有认识到玄武门的战略地位，对李世民在那里安插亲信长达两年时间竟然都疏于留意。

其实没有到刺刀见红的最后关头，李世民是不愿轻易走这一步棋的。但是到了事件前夕，血腥已经扑面而来。不是你先出手，就是等对方先出手干掉你。在这种局面下，形势逼人是主因，道德考虑成了次要的。

这种形势逼人，最初的成因却也在于李世民个人不甘屈居于李建成之下的欲望所致。

其实对于李世民而言，当时所面临的也并不只有发动政变一条道路可以选择，不过任何一条道路都有可能将他带向死亡之路。当时可供选择的至少还有一条，那就是他还可以潜逃出长安，到洛阳召集支持力量来与太子集团周旋。

李建成等人事实上也几乎都认定李世民会选择后一条路，所以没有防备到他会选择发动政变。料敌不准，错失先机，这才造成了李建成最后的全面溃败。李世民应该想到这一个选择的，因为后一条路，至少在表面上看来，较之发动政变所冒的风险要小得多。

可是李世民偏偏反其道而行之，富贵险中求。估计李建成也同样以为李世民会采取比较保守的态势，当然李世民在此之前没有料到自己会这么主动，因为他真的没有太大的把握。

李世民考虑的是什么？在李建成没有防备的情况下，李世民就算能够逃出京城，一路上关卡重重，也未必能够成功脱险。而发动政变，只要在一开始就击杀李建成，控制住李渊，即使兵力极度悬殊，还是有希望取得最后的胜利。当权力博弈走到刺刀见红的地步，风险值也大大提高。这就像是赌徒下注，当输无可输的时候，只有置之死地而后生。

第三步：人才争夺战。太子集团要剪除的第一个对象是秦王府车骑将军张亮。武德九年（626年），两大集团的权力斗争已经进入白热化。李世民已经在寻找退路。尽管第一战场的胜负尚未分出，可他还是未雨绸缪，积极开辟第二战场。洛阳是他的根据地，如果京城第一战场全面溃败，那么出京据守此地也算有个退路。

李世民命令行台工部尚书温大雅镇守洛阳，同时命令张亮率左右侍卫王保等一千余人同去，暗中交结当地英雄豪杰，等待事态发展。

李世民让张亮带去大量金银绸缎，任其使用。什么时候开展工作都需要经济做后盾。

洛阳是李世民于武德四年（621年）攻打下来的，李世民在洛阳战役中连续火并王世充和窦建德两大集团。打下洛阳后，他禁止士兵骚扰抢劫百姓，获得民心；没收府库金银绢帛，赏给将士，获得军心。一手抓民心，一手抓军心，李世民在洛阳建立起很好的群众基础。

张亮按照李世民的指示在洛阳广泛结交英雄豪杰，活动开展得也很成功。张亮的活动被太子集团觉察到了，李元吉向唐高祖告状说张亮结交不法之徒意图谋反，于是张亮遭到囚禁。最后因为没有掌握证据，又将其释放，仍然让他回洛阳任职。

太子集团要剪除的第二个对象是秦王府左二副护军尉迟恭，此人是李世民左膀右臂。

太子集团想的第一招是利诱。李建成、李元吉秘密送给尉迟恭一车金银珠宝，并写信表示："盼望有幸得到您老人家的照顾，用这一点菲薄的礼物，增进我们贫贱时相识的友情。"尉迟恭就比李建成大四岁。李建成就自降辈分，可见他对尉迟恭这个人的重视程度。

尉迟敬德严词拒绝，说："我出身贫贱。秦王对我有再生之恩，现今我又名列王府，只有杀身以报。对于太子殿下，我却没有一点功劳，所以不敢接受重赏。如果和殿下秘密交往，就是贪图富贵，对主人不忠。对这种人，殿下要他有什么用呢？"

既然活得尉迟恭拉不过来，那就要个死的吧！太子集团想的第二招是暗杀。李元吉派刺客于夜间袭杀尉迟恭，尉迟恭事先得到消息，命家人把大门到卧室的所有门户，全部打开，自己静静地躺在床上等待刺客上门。刺客几次来到庭院，都不敢进入卧室。

太子集团想的第三招是陷害。李元吉向唐高祖报告说尉迟恭犯了罪，李渊这时在帝位的继承上已经完全倾向于李建成，李元吉的报告一到，李渊就下令逮捕尉迟敬德，关押在监狱中调查审理，打算处死。李世民竭力营救，才留下一命释放。

太子集团要剪除的第三个、第四个对象是秦王府左一马军总管程知节和右二护军段志玄。李元吉对程知节进行诬陷，李渊于是命令程知节出任康州刺史。程知节坚决不去，并对李世民说："大王的四肢和臂膀都被剪除，身躯还能活多久？我愿意冒死刑的危险，留在京城保护大王，请早定大计。"李元吉又故技重施对段志玄进行利诱，送给他金银绸帛，又被段志玄拒绝。君子爱财，取之有道，也不知道李世民从哪里找到这么多坦荡荡的君子。

太子集团要剪除的第五个、第六个对象是秦王府的智囊房玄龄和杜如晦。

李建成对李元吉说："秦王府的智囊，使人畏惧的是房玄龄、杜如晦二人。"于是两个人又编造了理由，忽悠得李渊非常生气，并让李世民赶快将两个人赶出秦王府。

太子和齐王奇招怪招频频出招，让秦王府的那些人不胜其烦，很是担心。这时留在秦王府的心腹谋士只有长孙无忌、京城卫戍总司令部总务官高士廉、卫军第十四军车骑将军侯君集以及尉迟敬德。进攻是最好的自卫，这些人日夜不停地劝说李世民,该出手时就出手。

李世民仍在犹豫,虽然他为这一天到来已经做了很多准备。但是要他下定决心诛杀自己的亲兄弟,还是有点于心不忍。另外还有一些领兵将领的态度还不明确,还需进一步了解。别到时候,反过来捅他一刀子。

李世民向灵州军区总司令李靖和行军总管李绩询问自己遭受兄弟如此逼迫该怎么办?

这两人都是帝国能征善战的杰出将领。李世民这样问其实是试探他们的态度,看他们到底上支持自己还是保持中立,或是反对自己。结果两人都表示了中立的态度,这让李世民很放心。

正在李世民犹豫不决的时候,突厥入侵,李建成推荐李元吉代替李世民,率领各军北上抵抗。李元吉要求调用尉迟敬德、程知节、段志玄和秦王府右三统军秦叔宝等一同出征,并要求挑选秦王府精锐部队编入战斗序列。

在临出征之前,李元吉来到李建成的府中,流着泪说突厥的骑兵骁勇善战,他真的很担心万一自己战死沙场,将来太子一个人无法对付李世民,只怕会遭其毒手。

一番连哄带骗,李建成果然恐惧起来,生怕会出现这样的局面,便顺着李元吉的话提出来,请他务必设法干掉李世民再走。

二人秘密商定在初五大军出发那天埋伏壮士于昆明池的饯行宴会上,刺杀李世民。

李建成和李元吉没有想到,他们的密谋很快就传到了李世民耳中,这个传递消息的人就是李建成多年的近侍东宫率更丞王晊。从李渊登基之日起,东宫、秦府和齐府的权力争斗已经持续了九年时间。兄弟三方都用上了间谍战,你中有我,我中有你。

王晊就是杜如晦下了很大功夫安插在东宫里的一双眼睛。他在东宫书房外断断续续偷听完两人的这场对话后，马上找个借口溜出东宫，用约定好的方式向秦府送去了这一至关重要的情报。

"太子告诉齐王说：'老四，现在，你已兼并老二的精兵猛将，手握数万之众，我准备和老二为你摆酒饯行，你在席上准备勇士将他扑杀，然后告诉父皇，就说老二得急病而死，父皇不会不信。我自会游说皇上把大权移交给我。至于尉迟敬德、程知节等人，既然落入你手，最好全部坑杀，谁敢不服？'"

李建成的手够狠的，不过在这种胜负未决的政治斗争中，是讲不得一点仁慈的，尤其是争夺皇位的斗争，更是六亲不认。这个道理，李世民和李建成也都懂。王晊的秘密报告可以说是这场政变的直接导火索。

李建成失败的最主要原因不是李世民太强，而是他的优势意识太强，危机感太弱，对政治斗争的残酷性认识不足，太掉以轻心了。

李建成作为太子有太多的优势地位了。他身为长子，继承皇位是名正言顺的，而且又得到李渊的全力支持，所以朝中大臣、后宫妃嫔大多认定他必胜无疑，纷纷排排队站到他的一边。

他同时手握京师重兵，只要将李世民困住在长安，他就不必担心李世民能动用军队来对付他。正因为他拥有这样绝对的优势，所以他过分自信，以致看不到对方的优点，也看不到自己可能有的弱点。

他曾得意地对李元吉说："（秦王）留之长安，则一匹夫耳，取之易矣。"

但他却恰恰是死在李世民的匹夫之勇下，被一箭射杀。

因为看不到对方的优点，所以李建成对李世民事先在玄武门安插亲信的举动毫不在意达两年之久。对玄武门这样一个战略要地，李建成竟认识不到它的重要性，说明他比之李世民是太缺乏军事头脑了。

又因为看不到自己的弱点，李建成对于自己的行动一再泄密的危险情况竟从不曾予以改进，将来连江山都是自己的，何况一玄武门乎？在"杨文干事件"中，李世民因成功收买他的下属来诬陷他，几乎令他丢了太子之位。

这样的经历不可谓不惨痛，但李建成竟未能吸取教训，手下人还是一而再、再而三地被李世民收买过去，等于是在自己家里被人安装了窃听器，以致一切尽在掌控中，被李世民早占先机。

而李建成仅仅将李世民视为一介匹夫，如此估计不足、轻视侮蔑，不败才怪。

不光李建成认为李世民必败无疑，有一件事可以证明，作为一支即将跌停的股票，李世民的市场价值在当时被很多人看走眼，生怕被不小心套牢。当时李世民曾向李靖和李绩请求施以援手，但二人都婉拒了。

他们二人在武德年间并没有掌握多少实际权力，更没有进入帝国权力核心层。这时候李世民向二人暗示他要夺权，若他成功将意味着政治上会有变革。

一般而言，在现行政治下的失意者往往都会对即将到来的变革采取欢迎和支持的态度，有时甚至会盲目到不及考虑这变革是否真的能为他们带来更好的地位就投身其中。

因为变革必将导致权力的重新分配，所以失意者大多是"穷则思变"。而既得利益者却恐惧和抵制变革，同样有时会盲目到不去考虑变革是否真的会剥夺他们现有的利益，而投入到扼杀大军中。

从这个意义上说，很有战略眼光的李靖和李绩二人并没有选择支持李世民，应该说不是正常的反应。

唯一可以解释的是，他们二人与其他人一样，根本不相信李世民能够成功，若去支持他，只会得罪太子，招致杀身之祸。哪怕李世民是多一点点取胜之机，他二人都会考虑支持他的。原因除上述所说的失意者欢迎变革外，还因为他们必须考虑到李世民一旦取胜，他们会因事前不愿施援而受怨恨、遭到打击。这样他们非但不能从变革中得到好处，反而要遭殃。他们绝不可能在事前预见到后来李世民能不计前嫌，重用他们。

连李靖、李绩这样的大智大慧者尚且不能预见到李世民会成功，可见李世民发动政变的成功的概率实在是微乎其微，此举之冒险性是何等之大。

5. 撕开一道盛世的血口

武德九年（公元 626 年）的六月一日，太白金星于白天划过长空，天文志上有此星象的记录。按照《旧唐书·天文志》的说法，金星白昼划过长空是预兆着会发生政权更迭。有人向李渊呈送密奏，称"太白见秦分，秦王当有天下"。李渊将这份密奏转交给李世民，其用意是暗示要他自杀来澄清嫌疑。

李渊拿出傅奕的密奏给李世民看，这不是向他传递一个君权神授的天意，而是像拿到了李世民意图谋反的罪证，当面出示是为了要治他的罪。后来唐太宗也曾对傅奕说及此事，"汝前所奏，几累于我"，我们可以想象李世民当时的处境已经相当狼狈。

而在此之前，李建成推荐李元吉代替李世民北征抗击突厥入侵，得到了高祖皇帝的同意。虽然没有成行，但是李元吉却借机将李世民的猛将尉迟敬德、程知节、段志玄、秦叔宝等调入北征的军队，秦王府的卫队也列入调动之列。

六月三日，李世民进宫向李渊报告："太子、齐王淫乱后宫，且屡次欲除儿臣而后快，似为建德、世充报仇，儿臣死后没脸去见窦建德和王世充。"李世民在这里完全是无凭无据控告李建成，这样做既不明智，也不成体统，更不近情理。

不管这份奏章的真实性有多少，但是有一点可以肯定，那就是它的确起到了引蛇出洞的效果。当时李世民很有可能写过一份奏章呈报李渊，内容也一定是涉及李建成和李元吉的某些要害问题，而且是极具杀伤力。不然李建成也不会坚持入宫与其对质，他担心自己如果不去就有可能会被坐实李世民对他的诬告，处境会更加被动。

李建成正是从张婕妤处得知奏章内容，这才决定入宫与李世民当面对质。如果这份奏章不存在，那么李建成就不会入宫，后面的事也就不复存在，历史就有可能会重新改写。

话又说回来，张婕妤、尹德妃二人即使亲近李建成，也只是为将来的后宫权力生活寻找一个靠山，没有必要和他发生奸情，这样做风险性更大。否则李世民早就拿出来向李渊告密以打击李建成了。李建成交好张婕妤、尹德妃二人，只有一个目的，那就是掌握李渊的思想动态，掌控宫内斗争形势。

这份奏章的后半部分提到魂归地府，无面目见王世充、窦建德云云，应该是真实的。

李世民在这里是在暗示李渊不要忘记他平定四海的丰功伟绩，这么做是为了激起李渊的不忍之心。其实为了社稷平稳，李渊的确也动过牺牲李世民之心，但是这种决心常常有动摇的迹象。

在此之前，李渊听从李元吉的建议削去李世民的王号，可是有人劝上几句又让他改变了主意。李世民对于李建成一定愿意入宫与他对质是极有把握的，否则的话，这样一份奏章起到的作用只能是"打草惊蛇"，而不是"引蛇出洞"。

李建成没有做过多地考虑，最终选择走上一条自绝之路。而齐王李元吉长期追随李世民在外作战，亲眼看见他如何设谋定策、破敌攻城。相比李建成，他更熟悉李世民的思维方式。

李元吉虽然心生疑惑，劝李建成称病不要贸然入宫。可惜的是他并未坚持己见，最后也是陪着自己的政治盟友自陷绝地。

在玄武门事变前夜，李世民召集秦王府的将领谋士召开了一次动员会和分析会，会上，众人纷纷劝李世民先发制人。

李世民还有些犹豫不决，众人就问他："大王以舜为何如？"

李世民曰："圣人也。"

手下将官说，假如舜帝在疏通水井的时候没有躲过父亲与弟弟在上面填土的毒手，便化为井中的泥土了；假如他在涂饰粮仓的时候没有逃过父亲和弟弟在下面放火的毒手，便化为粮仓上的灰烬了，怎么还能够让自己恩泽遍及天下，法度流传后世呢！所以，舜帝在遭到父亲用小棒笞打的时候便忍受了，而在遭到大棍笞打的时候便逃走了，这大概是因为舜帝心里所想的是大事。

这是在警醒李世民不要再犹豫不决，耽误了大事。李世民又命人算卦以卜吉凶，恰好秦王府的幕僚张公谨从外面走进来，见到此景，一把夺过占卜的龟壳扔在了地上。他说："占卜是为了决定疑难之事的，现在事情并无疑难，还占卜什么呢！如果占卜的结果是不吉利的，难道就能够停止行动吗？"

李世民到了这个时候还在摇摆犹疑，有人质疑其真实性，认为这是李世民的御人之道。就像是在用温火煮沸一锅热水，等到群情汹涌，才下令出击。其实并不然，如果我们将事件的前后因果联系起来，就会理解李世民此时的犹疑不决有他的合理性。

就算决定动手，但是李世民无法预料结局，犹疑是因为他心中还存有顾虑。在他做这个决定之前，他首先想到的是找谋臣房玄龄、杜如晦商量一个万全之策。

房玄龄、杜如晦是秦王府的高参，后来被李渊逐出秦王府。尉迟恭找到二人，说明来意，两位竟然吓得不敢奉命。李世民闻讯大怒，解下佩刀交给尉迟恭说："斩其首持来。"房、杜二人跟随李世民多年，只因一次不从，竟面临斩首。这里透着一个权力者的冷血和形势逼人紧的无奈，因为每个参与者心里都清楚，此次行动所带来的结果意味着什么。

对于房、杜二人来说，只有无条件地加入这场宫廷政变，没有其他的选择。在权力者掀起的政治风浪中，个人的力量是十分渺小的，而团体的利益才是主导力量。对敌手的打击一旦开始，便再无退路可言。

六月初四清晨，天刚蒙蒙亮，长安城还没有完全苏醒过来。此时的玄武门，弥漫着一股阴森森的恐怖气氛。

与此同时，李世民已率领尉迟敬德、长孙无忌、侯君集等人，于六月初四凌晨埋伏于玄武门内。黎明时分，李建成和李元吉进入玄武门，走到临湖殿，发现殿边有马影闪动，心知不妥，急忙拨转马头，回奔东宫。李世民从后面呼叫二人停下，李元吉回身张弓连射三箭，但是在心慌意乱之下三次都没能将弓拉满，以致三箭都没有射到李世民马前就已经力衰而落。

李世民勒停坐骑，稳稳当当地对准李建成一箭射出，当场将之射杀。

六月初四这一天午后，当秦王府的两队飞骑奉命冲进东宫和齐王府的时候，李唐皇族的这些金枝玉叶顿时发出了绝望而恐惧的哭嚎。那十个年轻和年幼的亲王还未及从丧父的巨大哀痛中摆脱出来，死神便已伸出冰冷的白爪轻而易举地攫住了他们。

在泛黄的史册里，他们也就是那么一小串毫无特征的符号、两三行容易让人忽略的文字而已。李建成的五个儿子是安陆王李承道、河东王李承德、武安王李承训、汝南王李承明、钜鹿王李承义，李元吉的五个儿子是梁郡王李承业、渔阳王李承鸾、普安王李承奖、江夏王李承裕、义阳王李承度。

这就是他们留在历史上的全部信息。

虽然他们的年龄不详，可我们知道，李建成死时三十八岁，李元吉死时二十四岁，所以，他们的儿子能有多大也就可想而知。最大的估计也不过弱冠之年，最小的很可能仅仅在蹒跚学步。

除了拥有一个共同的祭日之外，我们不知道他们在各自短暂的一生中都曾经做过什么；不知道他们有着怎样的性情和嗜好，又有着怎样的欢乐和忧伤；不知道他们心里曾有过什么难忘的记忆，也不知道他们对未来怀有怎样美丽的梦想。

在这样一个血与火的时刻，大唐帝国的皇帝李渊在哪里？当东宫和齐王府的上空不约而同地爆发出一片惨烈的哀号时，李渊听见了吗？当这群昨天还环绕在膝前的孙子衣冠不整、满面泪痕地被拉到刑场上的时候，李渊看见了吗？

我们可以想象，即便李渊把自己藏在深宫最深的某个角落，即便他用力捂上自己的耳朵，再紧紧闭上自己的眼睛，十个孙子血光飞溅、人头落地的那一幕还是会执着地浮现在他眼前，而声声凄厉的惨叫同样会毫不留情地钻进他的耳中，落进他早已不堪负荷的垂老的心灵。

李渊自知身处危境，虽然心疼也不敢说什么，生怕那把血淋淋的屠刀在下一秒钟就架到自己的脖子上。根据李渊在玄武门之变中以及此后的种种表现来看，这时候的他已经完全处于权力真空期。面对突如其来的时局变化，他连挣扎一下的勇气都丧失殆尽，更不要说，一个皇帝应有的尊严和权力。

就算李世民这时候还没有做出"弑君弑父"的不伦举动，可是李渊已经感觉到了刀锋所向，不然的话，他也不会是一副听天由命、任人宰割的模样。

事变后第三天（六月初七），李世民被立为皇太子。

从玄武门到贞观，从一个地方出发，抵达一个时代的巅峰，从历史的地标抵达时间的深处。对于中华帝国奉行了几千年的伦理道德而言，玄武门外这场因夺嫡引发的兄弟相残事件未免过于血腥与反传统。可是对于一个帝国而言，这样的胜利未免又来得及时。

当我们抛去兄弟情、父子恩这些情感因素的关键词，单纯从适者生存的权力法则来看，这又是一场冷冰冰的胜王败寇的游戏。李世民以他无与伦比的智慧、胆识和魄力扭转困顿的时局，清除了权力之路上的绊脚石。历史也将证明，李世民通过铁血手段所取得的权力，将在成就他一代圣君明主的名号的同时，让他的精神也套上了沉重的枷锁。

李世民以高明的政治手腕和安抚人心的宽大政策，消除了暴力夺权后的血腥弥漫，更为重要的是他没有将一个帝国从血腥带向更血腥，从和平带向分裂。他登上了为之九死一生而不悔的权力巅峰。对于一个习惯征战杀伐的将军来说，没有对手是寂寞的，可对手是自己身边的亲人又是残酷的。

在这场生死博弈之后，帝国的天空将会迎来新一轮红日。虽然说，日光之下，早已没有什么新事，可对于日光之下的人来说，毫无新意的追逐也是他们心中不息的火焰。

新一轮红日是如此恢宏而绚烂，以至于玄武门前那些殷红的血渍很快就被它的万丈光芒所遮掩。时间虽然可以愈合肉体上的伤口，可时间带不走一个人内心的不安。武德九年六月初四注定将成为李世民生命中一道永远无法痊愈的伤口，也注定要成为帝国记忆中一处永远无法消解的隐痛。李世民用后半生的殚精竭虑为自己和历史竖起了一块光照千秋的丰碑，可那块丰碑的基座永远是洗不去的染血的红。

有人说，那不像是一座丰碑，更像是一座埋葬时间的坟墓。

里面埋葬的不仅有李建成和李元吉，也不仅仅是他们那十个年少和年幼的儿子，同时也埋葬着另一个李世民的灵魂，而武德九年的那场血腥记忆终将成为唐太宗一生无法摆脱的梦魇。

武则天：铁幕下的帝国幻景

中华帝国从散乱的格局走向大一统，法家扮演了极其重要的角色。虽然在大部分时候，官家会披上一张儒家"仁者"的皮，可是在治国的核心机制中，法家才是根本。

从商鞅变法到秦始皇统一中国，可以说法家治国给封建帝国政权的稳定提供了重要的保障。虽然汉武帝时期董仲舒提出"罢黜百家，独尊儒术"后儒家成为主流，但是在每个时代的帝王眼中，他们依然把法家当作一种必要的治理工具。

法家一直在帝国的权力体系中发挥着重要作用，也由此确定了封建帝国的管理秩序和运行规则。酷吏作为法家治国的产物，以畸形和残忍的手段梳理着帝国的管理秩序，为那些权力当家人扫清执政路上的障碍，他们可谓是帝国法律的忠诚使者，也是权力的清道夫。如果酷吏的作为搞得人人自危，民怨沸腾，作为执政者，他们会牺牲酷吏，以安慰天下人心。

1. 酷吏的狂欢派对

弘道元年 (683 年) 十二月初四，唐高宗李治驾崩，临终遗诏太子李显柩前即位，"军国大事有不决者，兼取天后进止"。高宗的遗诏，无疑是留给武则天的一把"尚方宝剑"，成为她日后临朝的法宝。

武则天在帝国编制了一张无所不在的情报网,这张网由下至上。武则天深知,如果在帝国权力上层强行树立自己的帝王合法性,显然是不足取的。中华帝国的君权理论发展到李唐王朝,已经形成天命与民意两大核心体系。

就算强势如武则天,在权力的世界里可以做到蔑视传统,自我作古,却不能不顾忌到天下汹汹的舆论,不能不了解民意究竟是为何。她的上位之路分两步走:一是强化皇权,在全国范围内树立起自己的权威;二是要大造社会舆论,在整个帝国掀起一场接一场的造神运动,宣扬自己才是真正的天命所归,君权神授,让整个社会调整心态,逐步接受女主正位的现实。

从李治驾崩后武则天尽揽大权开始,直至她正式登基为帝,这段铺垫过程,武则天足足用了六年时间。六年时间,是一个互相磨合和适应的过程。权力有时候如同婚姻,实施权力的人和受制权力的人,两者之间同样需要一个彼此适应的过程,不可能一蹴而就。翻阅史册,上下几千年,我们见识了太多拿着鸡毛当令箭的权力者,根基还没有扎稳就开始做起皇帝梦。六十岁的武则天还愿意花去六年的时间来成全自己的王者之路,我们不能不对她的沉着冷静和非凡耐心感到惊讶。诚如马基雅维利在他的《君主论》中所说:"君主既然必须懂得善于运用野兽的方法,他就应当同时效法狐狸与狮子。由于狮子不能够防止自己落入陷阱,而狐狸则不能够抵御豺狼。因此,君主必须是一头狐狸以便认识陷阱,同时又必须是一头狮子,以便使豺狼惊骇。"

武则天在通向权力之巅的道路上,需要来自民间力量的舆论支持。对于武则天而言,只要能够得到天下人的认可,她就算大功告成。在这样一种背景下,武则天自然会大肆鼓励民间上言,帝国也由此拉开匦检制度的序幕。

匦检制度并不是武则天首创的，在《封氏闻见记》中记载："汉时赵广汉为颍川太守，设缿筒，言事者投书其中，匦亦缿筒之流也。梁武帝诏于肺石、谤木之旁各置一函，横议者投谤木函，求达者投肺石函，即今之匦也。"

当然和梁武帝的做法相比，无论是其规模、技术含量，还是影响力，武则天都要大大超越前者。提议设置铜匦的人是侍御史鱼承晔的儿子鱼保家。按照他的设计，铜匦分为四格，用来收受天下表章，一旦投入其中便无法收回，除非用铁器强行将箱子撬开。四格的开口正对着东西南北四个方向，并援引五行学说，配以四季涂上不同的颜色：东方为青色，是为延恩匦，"怀才抱器，希于闻达者投之"，也就是说，如果你觉得自己有才干被埋没了，可以投匦自荐；南方为红色，是为招谏匦，"匡政补过，裨于政理者投之"，也就是说接受人们对于朝政和时事的谏言；西方为白色，是为申冤匦，"怀冤受屈，无辜受刑者投之"，也就是受理冤案申诉；北方为黑色，是为通玄匦，"进献赋颂，涉于玄象者投之"，意思是有想表达对女皇爱戴之情，进赋献颂者。

密匦类似于我们今天的检举箱。对于中国人来说，检举箱并不是稀罕的玩意。我们今天很多政府机构和事业单位的门前都会放置那么一个箱子，鼓励人们检举揭发腐败分子的腐败之举。在社会关系处于紧张混乱时期，检举箱更是被赋予了某种神秘的特质。

在大多数时候，我们虽然见不到有人往里面投信，但是有这么一个物件摆放在那里，里面就永远不会空无一物。除非在一种情况下，里面才是空的，那就是封口处被人为地封死。既然是告密，那么箱子里的密信多半是在夜半无人之际投进去的。箱子摆得堂而皇之，可接近他的人却要把这种官府鼓励的行为做得偷偷摸摸，见不得光。

　　武则天偶尔会在朝堂上用眼神的余光扫向密匦，这个敞着阴险怀抱的古怪玩意，肚子里塞满了官员、商人、文士、地主以及农民的密件。告密就像是权力系统内部在玩一场扫雷游戏，不知道哪一天哪一个雷会爆，会殃及哪些人，每个身处权力经纬里的人都在拿命赌明天。

　　他们上朝前，就像与家人进行一场生离死别，写好的遗书随时铺展在案上，要交代后事每天都要说上一遍。看着官员们脸上惶恐的表情，武则天不免为自己这一伟大发明而得意。心怀恶念之人，借着告密大肆攻击与自己有过节的人；那些无意卷入其中的官员，本着进攻是最好的防守，为了自保也拿起告密的武器。

　　为了各自的利益，偌大的朝堂变成了一座权力者的狂欢派对，整个帝国也因此陷入亢奋状态。人生不能没有自己的舞台，否则便会生活在别人的阴影之下。

　　为了保证这一制度的公正性，武则天还为推行这项制度设立了多名匦使，以谏议系统的官员谏议大夫、补阙、拾遗一人充当知匦使，以监察系统的官员御史中丞、侍御史一人为理匦使。所有投放其中的诉状，都要在天黑之前由知匦使送达。紧要事情即刻处理，剩下的转呈中书省和理匦使处置，然后再根据轻重缓急上报武则天。如此一来，帝国的谏议制度，就在原有的"廷议"和"上封"之外，又多了一项投匦。

　　有人将铜匦的功能简单视之为告密，这未免将帝国的检举制度过于简单化。所以，在具体的操作过程中，就会慢慢偏离设立这项制度的初衷。如果检举制度是建立在国本稳固、社会关系缓和的政治生态基础上，那么发动群众参政议政，就有政治民主化的倾向在里面。不过可惜的是，这项制度设立于以周代唐的前夕。对于武则天而言，这是权力博弈最为关键的时期，权力的运行都要朝着有利于自己的方向发展。

戏剧性的是，这项制度的第一个牺牲者是铜匦的设计者和铸造者鱼保家。铜匦摆放于朝堂上时间不久，一封人民来信便塞进了通玄匦。这封密信直指铸造者鱼保家曾经为徐敬业叛军制作兵器。鱼保家因此遭到诛杀，血祭铜匦。说是人民来信，其实和底层民众并无多大关系，很多时候还是官场内部权力斗争的衍生物。发动官员揭发官员，发动官员诬陷官员。对于官员来说，可怕的不是制度本身，而是保障制度得以贯彻执行的严酷手段。

　　事情变得一发不可收拾，告密的函件如风卷落叶纷至沓来。连武则天也没有料想到，这项制度的效果会如此明显。于是她接连颁布鼓励告密的诏令，这无异于打开了帝国的告密之门。按照最初的设立要求，还有青、红、白其他三色，代表着不同的意思。可是在具体的实施过程中，其他三色统统化为阴森肃杀的黑色。

　　此项检举制度完全成为揭发别人隐私或短处的"告密"行为，这种为人类所不齿的行为，几千年来如同瘟疫虐行于中华大地，摧残和折磨着无数人的精神与肉体。中华帝国也由此成为捕风捉影或者无中生有者的快乐天堂，那些摄魂夺魄的告密行为如同缠绕中华文明的一个个梦魇。其直接后果就是导致社会道德体系的崩溃和人性的沦丧，社会的长治久安也随之化为泡影。

　　时间的齿轮辗过二十世纪的门槛，皇权专制已成昨天黄花。谁曾想，告密之风依然阴魂不散，仍弥漫于神州处处。在过往的历史浩劫中，告密依然是人与人之间互相斗争的杀伤性武器。我们分析那些告密者的真正动机，无外乎有以下四种情形：一是认为被告者的行为大逆不道，因而大义灭亲；二是被告者的言行可能导致连坐，为保护自身做出的选择；三是与被告者有私怨，借机报复；四是完全是利欲熏心。

206

第一种情形相对来说良性化，其他三种情形都让人为之心冷胆寒。当然第一种情形也有可能是告密者从己方利益出发所做出的选择。一百多年前的一个深夜，当手握清廷重兵的袁世凯经过一番思想斗争，跑到天津荣禄的住处，进行了一次隐秘的投机活动——告发维新派。这次盛大的告密活动直接改写了中国的近代史：戊戌变法失败，六君子被杀，袁世凯擢升并飞黄腾达，并逐步走上复辟道路。

极权制度是制造告密者的肥沃土壤，统治者希望社会单元里的每一个人都是告密者，而每一个人又都处于被告发的状态。唯有如此，才有利于帝国权力集团的监控，作为执政者才能有效打击异端，及时剪除异己分子，以巩固其政权。

中国历史并不缺乏才智过人、果敢深沉的女政治家，尽管数量有限，她们还是在历史上留下了属于自己的印记。比如西汉时期的开国皇后吕后，北魏的文明太后冯氏，清初的太皇太后孝庄。她们对于权力的热衷，以及所使用的政治手段都是可圈可点。与武则天相比，她们都没有实现皇帝梦，成为统治男人世界的一代女主。她们一生都是以后妃的身份干预政治，却始终没有踏出通往权力顶峰的最后一步。

武则天能够完成权力的终极梦想，除了由唐王朝开放包容的时代性所决定，还与权力者的心性有着很大的关系。何为"心性"？用专业的心理学术语来讲就是"情商"，也就是一个人在情绪、情感、意志、受挫折等诸多方面所表现出来的特质。心理学家认为，情商水平的高低对一个人能否取得成功有着更为直接的影响。对于武则天而言，当时的政治、人物、社会的包容态度在很大程度上左右着她的人生道路。

在人生的某些关键点上，一个人的精神小宇宙的爆发能量往往会决定成败与否。

同样是遭遇情感危机，吕后会为了刘邦的用情不专而心生怨恨，武则天则利用李治的性格弱点和愧疚心理，谋求政治上的更高地位；同样是作为幕后的参政者，北魏文明太后会通过怀柔政策，以消除皇帝对自己擅权专政的怀疑，而武则天则采取高压政策，让名义上的皇帝成为自己手中的傀儡，让这些傀儡失去与自己对抗的能力；同样是面对亲情与权力的冲突，孝庄太皇太后一直举棋不定，试图在家庭关系与政治利益的平衡木上保持稳定，而武则天则毫无顾忌，让天平倒向政治的一面。

　　只要有利于自己，丈夫、儿子、女儿、其他亲人都可以被武则天作为一张牌无情地打出去。

　　早年的成长经历往往会练就一个人的心性。她的父亲武士镬是唐高祖李渊的宠臣。父亲的早逝，让武则天的后童年时代的生活一直处于寄人篱下的状态，她要忍受着来自同父异母兄弟的歧视与无礼。女孩子本就脆弱而敏感，童年生活的阴影对她造成了极大的影响。生活带来的磨难让武则天变得更为早熟和更有城府，能权变，能忍耻，同时也造就了她的攻击型人格和暴力倾向，内心世界有着强大的支配欲和控制欲。

　　心理学研究表明，这种人往往会忽视别人的感受，只在乎别人在自己面前是不是真的屈从和臣服。两次入宫的经历将武则天的个性磨砺得更加成熟，甚至可以说造成了她性格上的某种扭曲。不管遭遇什么苦难，她都能保持一种坚定的姿态，不但不会遇到问题绕着走，反而会迎着困难而上。没有困难就是制造困难，她也要做一个与天斗、与地斗、与人斗的强者。

　　按照武则天发布的诏令，凡是告密者，各级官员都要一路绿灯放行，旅途之上一律按照五品官员的待遇供其饮食，夜宿驿亭官舍，每餐都要有七菜一羹，不问身份尊卑都可以进宫谒见武则天。如果地方官吏故意制造困难阻挠告密者，将会受到严惩。告密者的积极性之所以这么高，是因为前方有着巨大的利益诱惑在等待着他们。如果谁的密奏能够得到武则天的肯定，便可以擢升为官。即使所告发的内容经过查证属于无中生有，或者纯属诬告，也可以逃避法律的制裁。按照大唐律令凡是诬告者须反坐，也就是按照告发他人的罪名给予追究，可是到了武则天这里就成了一张废纸。这让无数在正常的官僚选拔制度下没有资格进入官场的人获得了新生。整个社会陷入人性颠覆期，一切秩序都被颠倒，一切不可能在这里也成了可能。

武则天并不是随便说着玩的，她以帝王之尊天天在朝堂上亲自接见那些来自全国各地的告密者，他们中间有农夫、樵人甚至死囚。帝国官员都有些无法适应武则天的角色转变，这还是那个常常在他们面前天颜震怒的强权女人吗？在面对告密者的时候，武则天表现出极大的耐心，眉眼过处无不流露出女性的温柔、母性的光辉。

就算查无实据或者不符合武则天的心意，告密者也不会空手而回，朝廷会给予一定的金钱赏赐作为辛苦费。对于那些告密者来说，这无疑是一项有赚不赔的好买卖，百万庶民因此陷入一种史无前例的亢奋和狂乱之中，告密的黑色旋风随即席卷了整个帝国天空。

清人张鉴《浅近录》里记载：在武则天掀起告密之风期间，江淮地区旱灾严重，朝廷下令，举国上下要勒紧裤腰带过日子，禁止屠宰牲畜。当时有个叫张德的官员添了一个男丁，他在私下里偷偷杀了一头羊招待同事和朋友，以示庆贺。其实这本不是什么要紧的大事。可是在张德宴请的人里有一个同僚叫杜肃，他认为这是一次升官发财的机会。于是在酒足饭饱之后，就写了一封检举信将张德告发了。

第二天上朝，武则天当着杜肃和满朝文武的面质问张德："你从哪里弄到羊肉招待客人的？"张德吓得魂飞天外，不待他回答。武则天又话锋一转："我禁止屠宰牲畜，也不知到底是对是错。但是你以后请客要看准对象。"说完拿出杜肃的告发信展示给大家，言下之意，就算大家以后请客，也不能请杜肃这样连朋友都出卖的人。

告密行为滋生蔓延需要几个客观条件：一是对告密人本身具有的利益诱惑；二是告密行为的无后果特质，也就是说不论追查的结果如何，告密者本人不承担任何法律责任；三是不透明的暗箱操作模式，对当朝有怨言而无法明奏，只能私下谤讥市朝，四是严酷的手段。不主动告发的人常常会成为受害者，而那些主动出击的人却成了最大的利益者。在这种情况下，置身于权力圈中的人都会做出利益取舍。不求损人，但求自保。人人都想厘清自己，与所谓的异己分子划清界限。很多人都是抱着这样一种态度，也正是在这种心理的驱使下，告密才会成为最热门、最可鄙的一种行为方式。

如果说告密是渗透进中华文明的一种转基因文化，那么将这种基因渗入社会肌体的就是帝国的执政者们。如果说中国人是以"礼义廉耻"的四维来修身齐家治国平天下，那么告密者所实施的告密行为无异是破坏传统文化和人性根源的杀伤性武器。在权力者的保驾护航之下，告密者们狠狠地将礼义廉耻踩在自己脚下，如同一个人撕下面皮露出动物的本性。他们追逐利益就如同蚊蝇趋腥，道德不再是一个人生存的法宝，善良也成了造就个人命运悲剧的根源。利益，赤裸裸地摆在那些想入非非者的面前，像碧蓝的天空诱惑着振翅的鸟儿。只要有利益可以捞取，一切都不是问题。

那些藏匿于人性深处的欲望火种，很快就燃烧为吞没世道良知的燎原之火。那些靠出卖他人换得自己百倍身价的告密者，庆幸自己抓住了这个时代的救命稻草，做出了一个正确无比的选择。虽然他们在此前也曾经痛恨过社会的不公、官场的腐败、权力的倾轧。可是当利益向他们招手的时候，他们还是义无反顾地投向利益的温暖怀抱。

神都洛阳就像是笼罩上一张巨型的大网，其中的每一个人都成了网中随时待捕的鱼儿。

光宅元年（684年）五月，嗣皇帝（中宗）李显被废为庐陵王。只做了一个多月皇帝的李显，就这样被他的母亲赶下了乾元殿，幽禁到别殿，同年四月又被流放房州。他的皇后韦氏也同时被废，韦氏族人均流配岭南。发生政变的第二天，武则天宣布，立她的第四子豫王李旦为新的皇帝，史称睿宗。武则天开始临朝称制，经过一年的调节和休整，六十岁的老妇人开始向帝位发起了猛烈地冲击。

她无须再躲在帷帘之后发号施令，已经没有人能够制约她的野心。

武则天明白自己插手皇权必然会引起天下人的不满，有可能会将帝国内部潜伏的不安定因素再次激活，引发一系列的连锁反应。武则天又是一阵紧锣密鼓的安排，打压并施，稳定政治局面。

这一天，有京畿飞骑（皇帝骑从）十余人在酒肆里聚餐饮酒。酒过三巡，其中有一人话语间提及皇帝废立之事，言语中流露出不满和不恭。大概意思就是说，侍奉新皇帝还不如侍奉废掉的中宗所得奖赏多。谁也不曾留意，此时有人悄然离场。还没有等到酒席散去，官兵已经他们堵在了酒馆里。所有人都被抓了起来，发牢骚的人被斩，其他的人以知情不报而被绞杀，告密的人则被提拔为五品官。《资治通鉴》记："告密之端由此兴矣。"

垂拱元年（685年）三月，这是一个明媚的春天。武则天向天下官民打开了那扇告密之门，数以万计的告密者就像是迁徙的候鸟从帝国的四面八方飞至神都洛阳。他们像是春天的信使朝四色铜箱里投进他们内容芜杂、带着不同目的的密信。

他们的表情凝重而愉悦，凝重是因为这是一件很严肃的事，愉悦是因为他们感谢武则天赐予底层草根上达天听的机会。

他们不远万里而来，坚信所有的诉状和谏言都会按照帝国的法律程序递交到武则天的手中。在武则天接到密信的那一刻，所有的冤屈都会一朝得雪。掌管铜箱钥匙的监察官员每天都会在固定的时间开启铜箱，用布袋将密信装好并密封，并于第一时间送达宫中。他们在清理密信的过程中，发现每次都是黑色通玄箱中的投书居多。

有人据此推断，朝堂外或者说是体制外的世界并不像这个明媚的季节，充满了温暖、光明和正义，而是布满了冤屈、阴谋和仇恨。一夜之间，神都洛阳的大街小巷都塞满了风尘仆仆的告密者。帝国官吏们忙得焦头烂额，疲于应付，他们在心里不由得对年逾六十的武则天充沛的精力佩服不已。六十岁的老太太，放在今天已经是退休的年纪，可他们的太后好似打了鸡血。

在此之前，还从来没有这样大规模的君王与庶民的直接对话。时隔七百年后的大明王朝，朱元璋有过之而无不及。所不同的是朱元璋发动底层民众压制官僚，而武则天更多的是发动官僚斗官僚，是权力集团内部的博弈。在朱元璋颁布的《大诰》里，有这样一条规定："今后布政司、府、州、县在职的吏员，赋闲的吏员，以及城市、乡村中那些老奸巨猾的顽民，若胆敢操纵词讼、教唆犯罪、陷害他人、勾结官府、危害州里，允许当地的贤良方正、豪杰之士将这些人抓起来，绑送京城。如有人胆敢中途邀截，则枭首示众！各处关津、渡口，也不得阻挡。"

表面上看去，帝国的子民们在这里遵守的是朝廷颁布的正式章程，其实不然，因为无论是朱元璋还是武则天，他们在这里走的都是非正式章程的路线，与天条律法没有多大的关系。中国历史的生存法则，在很大程度上就是官僚与皇权的博弈。官僚需要不断壮大自己的实力来维持自己的实际权力份额，而君王也常常需要借助权力来限制官僚集团的扩张。在这种情况下，谁能够将第三方拉拢到自己的权力范畴，谁的胜算就会大一些。

对于农民出身的朱元璋来说，第三方就是帝国的农民。

对于武则天来说，第三方就是那些不反对自己的中间派和民间人士。春秋以降，在专制制度下，中国人的道德神经已经被挫辱得接近于麻木，忠义之类的精神气质完全被眼前的利益所遮蔽。也正因为如此，武则天才确信，只要给以利益诱惑，这部分人就会成为自己的支持者。

帝国通过法制和惯例为老百姓提供了"鸣冤叫屈""哭诉""陈情""请愿"等一系列途径或方式，以满足他们在受到损害时的救济需求，保障他们的正当权益，防止官吏豪强过分危害他们。但是在各种权益救济途径中，"告御状"是最不现实的一种选择。为什么说这是最不现实的一条路径？原因有三：

第一，有"越级上访"的嫌疑。历朝历代都把"告御状"视为权益救济的最后途径，大部分情况下，朝廷会禁止那些没有经过地方审理，直接呈递到中央各级衙门处理的案件"告御状"。

第二，有"逃脱审查"的嫌疑。一般都要经过一定的接待官员或衙门的审查甄别程序才能有选择地上达天听，并非如我们想象得那样，底层民众直接向皇帝陈诉或递交状子。

第三，即使告御状者能够一路闯关来到天子脚下，皇帝出面的可能性几乎为零。对于皇帝来说，民间百分之九十九的案例，皇帝是不会亲自坐堂问理或书面审理的，而是由受理机关的臣僚们先行审理并提出处理意见后交皇帝斟酌决定。

也就是这么一件不可能完成的任务，在武则天和朱元璋手里就变成了现实。

官员们根本无法理解武则天面对那些山野村夫的粗言俚语，依然能够做到如沐春风。官员们还记得，有同僚前不久在早朝途中因为没有吃早餐，就在路边摊买了个胡饼边走边吃而被弹劾，以仪容不整有伤国体而被解职。可是眼前这些大老远跑来告密的山野村夫，哪一个不是蓬头垢面？这些人居然能够在太后面前有了说话的资格，他们中间有些人说出来的话完全不符合语言逻辑，絮絮叨叨，捕风捉影者比比皆是。

官员们想了这么多，其实就一点，那就是武则天对于官与民的要求怎么会一个标准？

那些经年累月没有得到提拔的官员，抓住这次机遇，一下子挠到了武则天的痒处，连连获得提拔。其中有目不识丁者，不知道从什么地方弄来厚厚一沓检举信，受到武则天的褒奖，也因此混入仕途。史料记载，当这场席卷帝国的告密狂潮平息下来时，武则天亲自接访的群众达到近万人，这应该创造了一项纪录。

这种宽松的"信访"制度，极大地刺激了人们不正当的权力欲望。以如此方法，既可以将自己的仇人不动声色地除掉，又能够轻而易举获得一官半职，天下哪有这般好买卖？在任何时候，有投机取巧之徒，就有耿直刚毅之辈。在这种君臣道德集体堕落的狂潮中，那些特立独行、忠于人格信念的勇士，并没有屈服于武则天的非主流执政方式。

永昌元年（689年）9月，宰相魏玄同与酷吏周兴结下私怨。所谓私怨，不过是早年的一场误会。周兴在高宗时期曾经做过河阳县令，高宗想要提拔他，朝中有人反对，周兴不知情，到朝堂上等消息。魏玄同见到周兴便说："周明府（县令）可以去矣。"周兴以为魏玄同在背后给自己使坏，便一直记恨于心。

此时，周兴便想搞垮魏玄同。因魏玄同与裴炎关系密切，周兴便诬奏："魏玄同与裴炎为耐久朋（即始终不渝的好朋友）。"又说魏玄同曾说："太后老矣，不若奉嗣君为耐久。"意思是做武则天的官做不了几天，不如做李旦的官长久。当时武则天已年近古稀，此话正好击中其心病，立时震怒，下令将其赐死于家中。监刑御史房济知道魏玄同是被冤枉的，便让他反告周兴为自己争取生存的机会。魏玄同说："人杀鬼杀，亦复何殊，岂能做告密人邪！"于是从容而死。

在死亡面前，魏玄同是一位智者和勇士。或许他认为在武则天时代，即使能够活下来也是生不如死。但是他宁死不肯做告密之人，岂不是为时代和后世立下一面巨大的镜子，烛照了那些卑贱污垢的告密者的灵魂和诱人堕落的魔鬼的真面目。

武则天要实现她的帝王梦，就要取得天下人的信服，当然这种信服带着一种强制与刚性的色彩。她知道，自己只是个女人，不要说天下之主，就是正式权力系统内部的一个普通官员，也是女人无法企及的权力高度。

她并不奢望天下归心，只要那些异己势力不给自己添太大的麻烦就算谢天谢地了。每次面对拜伏于脚下的帝国官员，武则天都有一种难以抑制的冲动，虽然已经是六十岁的老妪，早已过了一个女人的冲动年纪，可是权力这种东西比世间一切灵丹妙药的回春能力都要强悍百倍。她能够从那些官员的表情里读出他们内心的潜台词：太后临朝已经是非常时期的非常之举，更不要说什么女皇帝。尽管此前北朝鲜卑人统治多年，唐初女人的地位较其他王朝有了大幅提升，但是偌大的中华帝国毕竟还是一个男权社会。做女皇，前无古人，后无来者，无论如何都是件冒天下之大不韪的事。

在武则天看来，自己能不能逆转时代潮流，成为男人世界里的那抹红，当务之急就是要剪除异己，让那些不服管教的帝国官员能够真正拜伏于自己的权力台阶下。听说他们中间的一些人，每天上班就像是提着脑袋，即使同僚之间碰面也是垂首无言，连一个眼神都不敢交流。每天要去上班的时候，一些官员就会与家人抱头痛哭，来一场生离死别的仪式，因为他们谁也不知道检举箱里到底有没有告发自己的信。

自古以来，聪明的权力者都会将突破口置于人性的阴暗面。告密不能说是最好的办法，只能说是最有效的办法之一。大家互相怀疑，谁也不信任谁，让密切而庞杂的社会关系处于分崩离析的状态。如此再去整治，就会起到事半功倍的效果。

武则天也许早就已经料到，自己掀起的告密之风将会使得丑陋者更丑陋，施恶者更无忌。在己方与他方的权力关系中，有着四种不同的博弈方式：利人利己，损人利己，损己损人，损己利人。

而在这四种关系中，利人利己是一种双赢格局，是理想化状态；而损己利人是双重不道德行为，既损害了己方的利益，又导致他人损人利己，对人对己都是不道德的；损人利己是非道德行为；而为损人宁愿损己则是极低劣的行径，伤人八百、自毁一千的做法同样是一种扭曲的价值观。

一般情况下，人们会首先选择利己，然后才去考虑是否损人，损人的道德拷问要严谨得多，因此施行者所要负担的心理压力也更大。在形式各异的权力行为中，只要是损人的，就会有人跟风效仿，就算是走到两败俱伤的境地，仍然会有人紧随其后。告密就是如此。

告密行为就像是一场蔓延开来的瘟疫，严酷的政治环境已经限制了人类良知善行的产生。人与人之间为了避免病原菌的感染，人人唯恐避之不及，更不敢轻言包容，而缺少了法律约束的告密行为使得帝国的政治秩序处于失控状态。在这样一种特定的社会环境中，我们可以想象，置身于刚性制度下的人性究竟有着怎样的扭曲。

最初的告密行为也许不带有多么大的功利色彩，反而带有一种纯粹的忠诚意向。但这一行为导致的是，参与同一活动的人成为告密的主动者和被动者所产生的结果截然不同：一方升官发财，另一方轻者流放发落，重者丧命灭族。初次尝到主动告密的甜头和不主动告密的苦头，后来的人们在利益考量面前不约而同地选择了告密。

武则天每天都要花去很长一段时间翻看那些来自不同阶层、不同人群的告密信，并且乐此不疲。那些告密信就像是一条条伸向帝国四面八方的触角，让整个帝国处于严密的监控状态，为武则天实现权力垄断提供了许多有价值的线索，让她不出宫门也可以掌控朝堂内外的政治动向。武则天不会忘记，因为情报不灵，徐敬业集团在背后搞了那么多阴谋诡计，朝廷对此居然一无所知，直到他们集结起十万大军攻城略地时，武则天才仓促应战。武则天同样不会忘记，正是因为有人告密，裴炎兵变的预谋才第一时间就被扼杀于摇篮之中。

告密，对于一个权力独裁者来说，是再好不过得了。

2. 化作青烟的撒旦

随着告密之风裹挟而至的是酷吏的狠辣作风，三木之下，何求不得？如果说告密使得整个帝国的权力阶层陷入一种人人自危的白色恐怖状态，那么酷吏就是开启瓶子后，化作一缕青烟逃脱的撒旦，是真正的魔鬼化身。

中国历史从来就没有真正出现过法制社会，从来都是人治大于法制。正是因为这一点，中国的封建王朝往往带有帝王浓烈的个人色彩。既然告密是一种见不得光的行为，那么酷吏就要将那些捕来的风、捉来的影化为现实中的罪孽。

对于武则天来说，告密与酷吏成为她在特殊时期运用的特殊手段。

古代问案，尤其是这种从密匦派生出来的政治性案件，根本谈不上什么调查取证。宁可错杀一千，不可使一人漏网。只有不断地扩大打击面，才能提高命中率，谁也不能保证捕风捉影不会成为板上钉钉。正是在这种心理驱使下，一旦有人通过告密揭发了你，你想要洗脱罪名就很难了。密匦横行多年之后，虽然那些真正的反叛，或者曾经参与反叛、同情反叛的人也能被检举揭发出来，但是更多的则是被冤枉的人。冤狱带来的结果，就是要让每个人都成为没有思想、没有语言、只能服从的机器人，当权者用既定的程序编码取代他们的主观能动性。

武则天设置密匦制度，就是为了营造这种人人不可信、人人皆自危的恐怖气氛。

对于中国这样一个讲究差序格局的熟人社会，人与人的亲疏远近，是这个社会赖以维系的基石。这种亲疏关系是不以个人意志为转移的，哪怕你是皇帝，也无法打破这种牢不可破的网络格局。如果逆势而行，就有可能遭到强烈地反弹。武则天的密匦制度，名义上是鼓励全民参与。可是对于那些整天扛着锄头土里刨食的农民来说，他们并不关心政治的风向标，他们只关注天气情况，预测庄稼的收成，关心赋税的厚薄。

密匦制度只适用于权力结构的上层，用于权力集团内部的博弈，用于消弭上层的反抗。如果武则天非要强行将这项制度推向社会底层，肯定会引发整个社会的动荡。

无论哪个皇帝都没有这个本事，可以把政权体系立体化，贯彻到社会每个角落，管到每个家庭。人性固然有阴暗的一面，但人性不能一直处于高压状态。如果让一个人长期处于高压态势下，持续而强固的精神压力得不到释放，一个正常人也会被逼疯的。

密匦制度对于武则天来说，有两大用途：一是打压异己分子，二是发现特殊人才。

武则天没有失望，她很快就相中了一些能够为自己所用的特殊人才。索元礼、侯思止、来俊臣和周兴等人从无数的告密者中脱颖而出，成为中国历史上最负盛名的酷吏一派。

如果单纯从酷吏的职业特点来说，武则天的用人之道是值得肯定的。所谓物尽其用、人尽其责，作为酷吏中的大佬级人物，这几个人都有着超拔于常人的特质，这种特质是由冷血、残忍、暴虐等多种成分混合而成。酷吏赖以生存的手段，就是酷刑。

唐中宗李显在他复辟后列出过一张 27 人的酷吏名单：索元礼、周兴、侯思止、来俊臣……这里每一个名字，都背负着数千条人命。他们是武则天权力征途上最忠实高效的鹰犬，只需要主子的一个眼神、一个暗示，他们就会像饿狼疯狗一般扑向目标，对武则天的政敌或潜在政敌实行肉体消灭。

一个人的名和姓，其实对他们来说已经变得不重要了。他们是死神的代称，那森冷阴鸷的黑色之翼鬼魅似得划过帝国的暗夜长空，就连地狱里的阎罗鬼判也会为之战栗。有人说，这是一个最好的年代，同样也是一个最坏的年代。历史在迎接新的权力格局诞生的时候，血雨腥风是最正常不过的事，更何况这一次迎接的是一个女皇的诞生。

人类在残害同类这件事上，将想象力用到了极致。贝卡里亚说："纵观历史，目睹那些自命不凡、冷酷无情的智者所设计和实施的野蛮而无益的酷刑，谁能不触目惊心呢？目睹帮助少数人、欺压多数人的法律有意使或容忍成千上万的人陷于不幸，从而使他们绝望地返回到原始的自然状态，谁能不毛骨悚然呢？目睹某些具有同样感官、因而也具有同样欲望的人在戏弄狂热的群众，他们采用刻意设置的手续和漫长残酷的刑讯，指控不幸的人们犯有不可能的或可怕的愚昧所罗织的犯罪，或者仅仅因为人们忠实于自己的原则，就把他们指为罪犯，谁能不浑身发抖呢？"

文明元年（684年）秋天，帝国迎来了一场叛乱，叛乱者是初唐名臣李绩（徐茂公）的孙子徐敬业。叛乱的原因，按传统史家的说法是"诸武用事，唐宗室人人自危，众心愤惋"，因而为自保而发动。这是一场旨在反对武则天称制的叛乱，这场叛乱因骆宾王的《为徐敬业讨武曌檄》而闻名于史。"伪临朝武氏者，性非和顺，地实寒微。昔充太宗下陈，曾以更衣入侍。泊乎晚节，秽乱春宫。潜隐先帝之私，阴图后庭之嬖。入门见嫉，蛾眉不肯让人；掩袖工谗，狐媚偏能惑主……"

据说武则天在看完檄文后不仅没有震怒，反而惊呼骆宾王的惊世文采。她半真半假地指责帝国官员选拔人才不利，居然错漏如此天才良吏。

徐敬业起兵的原因是多方面的，武氏家族势力增长、朝中的权力格局发生变化只是其中之一。徐敬业借题发挥不过是为了赢得天下民心，如果没有一个正统合法的理由，这场叛乱就是一场祸国殃民的篡逆，谁也不会跟着一个不得人心者闹革命。虽然说闹革命是裤腰带上别着脑袋的事，可人人都想革别人的命，留自己的命坐天下。篡逆则不同，它是先天缺乏正统性和道德原则的事，不符合当时已经深入人心的儒家传统思想和部分士人集团的理想。

叛军的首领之一薛仲璋是当朝宰相裴炎的外甥，许多人因此推断扬州之乱有着更为复杂的背景。不知是不是为了故意试探裴炎，武则天找来裴炎商量平乱之策。裴炎虽然知道背后有人捅自己刀子，可还是反过来劝说武则天要顺应天意民心，及早还政于李氏。

既然裴炎自己往火坑里跳，那些平日结下冤仇的官员也就不客气了。他们据此诬告裴炎，暗通叛军，意有所图。一句话，裴炎想谋反。

对于帝王来说，谋反是高压线，触及必死。

武则天即命御史大夫骞味道、御史鱼承晔审讯裴炎，后者是铜匦的发明者鱼保家的父亲。

虽然很多大臣纷纷上奏营救裴炎，但武则天始终不为所动。行刑前，有人曾劝裴炎，要他向御史大夫们说些好话，或免一死。裴炎慨叹说："宰相下狱，焉有更全之理？"裴炎其实是死在他的原则立场上，作为帝国最高级别的官员，他显然不可能去参与一个局部的地方叛乱。裴炎只是希望能够借助这样一场叛乱，逼迫武则天还政于李氏。他试图通过这样一场叛乱两面取利，可是自身的回旋余地实在太小，直至被杀。

帝国高层刚刚经历一场惊心动魄的权力博弈，只坐了三十六天皇帝的李显就这样被自己的母亲赶下皇位，贬离京城。在这次事件中，裴炎是武则天的忠实拥护者。之所以拥护武则天，只是出于自己的利益考量。起因是李显欲将其岳父韦玄贞提拔进宰相班子，一石激起千层浪，裴炎为了保住自己的权相地位，与武则天结为政治同盟。但是这种合作只是暂时性的，裴炎有着自己的政治底线。他不能眼睁睁看着武则天突破他的底线，取李氏而代之。

这个时期是武则天权力迅速膨胀的时期，没有人可以阻挡她前进的步伐。裴炎以谋反罪遭到诛杀，那些参与营救过或为他说过好话的大臣几乎都受到株连。凤阁侍郎胡元范，被流放到琼州（今海南岛）并死在那里；单于道安抚大使程务挺也被处决；纳言刘齐贤被贬为吉州长史；郭待举由礼部侍郎贬为岳州刺史。

从一系列事件中，武则天敏锐地感觉到：皇帝虽然性情懦弱，但毕竟是成年人，如果自己再以皇帝年幼、太后辅政的名义只手遮天，那些深谙儒家思想的帝国官员是不会坐视不理的。裴炎曾经是武则天最为信任的股肱大臣，武则天万万没料到，到最后连所谓的"自己人"都出卖了自己。

如果说，连自己人都能随时出卖自己，那么谁才是自己的支持者？该不会是那些反对派吧？这个问题一直困扰着武则天，她不能坐等反对派发展壮大以汹涌之势将自己苦心经营多年的局面吞没。

对于中国官家制度而言，权力其实就是一种互相制衡的生存游戏，此消彼长，从来就没有真正的双赢格局。一方要想制服另一方，必须要动用铁的手腕。对于武则天而言，这一铁的手腕就是使用酷吏来制衡反对派。

武则天起用的第一个酷吏是胡人索元礼，此人是武则天的男宠薛怀义的干爹。武则天在生活作风上，并不在意天下流言汹汹。作为一个有着更高政治诉求的人，武则天并不把生活作风有可能会毁掉的名声视为要爱惜的羽毛。正因为如此，在她登上权力巅峰的前后时期，也就是她生命的后半段，除了权力，她将内心的宠爱都给了那些花样美男。

索元礼是由他的干儿子薛怀义推荐入宫，此人性情残暴，冷酷嗜血。据说武则天就非常欣赏他那双深深地陷进眼窝、像狼一样阴冷的眼神。不同于汉人，索元礼有一张洋气十足的脸，高颧骨，高鼻梁，脑袋上顶着卷曲杂乱的头发，尤其是那双眼睛，不看人的时候，感觉像是睡着了；可一旦睁开眼睛，精光暴射发散出缕缕的杀气。

索元礼经手的第一桩案子是鱼保家的案子，这真是一件极具讽刺性和戏剧性的事。鱼保家就是那个发明铜匦的人，如果他能想到自己的发明创造会第一个要了自己的命，他还会选择那么做吗？他的父亲是侍御史鱼承晔，曾经负责主审宰相裴炎的"谋反案"，手段干净利落，因此得到武则天的赏识。

索元礼算是文人出身，他参加过科举考试，举进士及第。而相比之下另一位酷吏侯思止的发迹就多了一些传奇色彩，他本来只是在街头摆摊设点，卖饼为生。街头做小生意的人，接触社会面是最为广泛的。那时候既没有报纸，又没有网络，信息得获取全靠口口相传。在街头混迹的人，他们接触社会的各个层面，南来北往的讯息让他们成为帝国信息量最为发达的一部分人。

告密让天下官民像流水一样汇聚京都，有人落魄而来，富贵而去，比买彩票来得还快。偌大的街市再也摆不下侯思止的一张烧饼炉，他要更大的富贵。一张饼才获利几许，只有权力才是真富贵。他大字不识几个，按照帝国的科举取士制度，他连考试的资格都没有。可是告密不同，只要脸皮厚、心够黑、手段够辣，就足以应付。

当他经过一番筹备，费尽心思见到武则天的那一刻，他知道自己的机会来了。小买卖让侯思止能够从别人的面部表情解读出更多的讯息，他发现武则天并不讨厌他。于是侯思止在说了一些无关痛痒的废话之后，道出了内心的欲望。自己不是为告密而来，是为求官而至，他要做一名御史。

侯思止是个懂得如何营销自己的商人，他在这里化繁为简，主动出击。这种做法引起了武则天的好奇："卿不识字，连公文都看不懂，怎么能够做官呢？"

侯思止的回答也很巧妙："神兽獬豸也不识字，却能够根据自己的直觉和正直的天性辨别出忠奸善恶，谁说不识字、看不懂公文就不能做官了？"这番话在武则天看来，是最合自己心意的就职演说。她不需要那些整天在自己面前拿圣人言论压自己的文官，按照圣人言，女人连家都当不了，更不好说当国了。对于她而言，当下最需要的人才，就是逆潮流而动，供自己所驱使的权力之犬。

武则天怕的并不是李唐宗室对自己权力的威胁，她知道，在自己的权力之路上，礼法传统才是真正的劲敌。中国古代的史学家，对历史的评价始终逃不过儒家思想的框框套套，两千年来，儒家思想成为评价历史功过的一把铁尺。

在中国的权力递延史中，女人与权力始终无法沾边，只能是大时代的模糊背景。古罗马历史学家塔西伦说："女人的缺点还不仅仅在于柔弱和缺乏毅力，如果放松她们的话，她们也会变得残忍、诡计多端和野心勃勃……而且从她们那里发出更加任性和专制的命令……"照他的话说，女人一旦面对权力所表现出来的令人恐惧的面目，并不逊色于那些男人。

武则天在帝国政治格局中的行事作风很容易让那些帝国官员将她与吕后联系起来。刘邦驾崩后，其长子刘盈十七岁登基，从此大权便落到了吕后的手中。

吕后在中国皇权继承的问题上首创"垂帘制"，同时也开创了后世母后独掌皇权的先河。

刘邦去世的时候，吕后曾经封锁消息，四天密不发丧，与其幸臣审食其密谋诛杀帝国将领。后来风声走露了，被人劝阻。放出去的风声让群臣惊恐不已，使得那些如狼似虎的将领们只好屈从于吕后。吕后不仅主谋诛杀大臣，还对刘邦的子孙们痛下杀手。刘邦的八个儿子，其中有四人直接或间接惨死于吕后之手。其中最有影响力的事件是毒死赵王刘如意，砍断刘邦爱妃戚夫人的手足，挖眼熏耳，用药使之变哑，置于厕中，名曰"人彘"。

武则天在巩固自己权力的手段运用上，很多方面与吕后如出一辙。武则天把王皇后和高宗的宠妃萧良娣以类似吕后的凶残手段——剁掉手脚投入酿酒的瓮中，说是"令其骨醉"，最终受尽折磨致死。林语堂对此评价："谋杀既然成为习惯，凶手对谋杀就失去了恐怖……在武则天心里，屠杀就是伟大，就是权威。"吕后不遗余力地迫害刘邦的子孙，除了女性任性的行事风格使然之外，其目的之一就是夺取他们的封地，用以分封她的娘家人，以壮大吕家势力。事实上，吕后也几乎夺得了刘家天下。

等到汉武帝刘彻登基后，为了预防大汉帝国再出现吕后垂帘涉政的历史悲剧。他做出了一项重要决定：子为储君，母当赐死。也就是说一旦确定了皇太子，其生母只有选择死亡。这种极具中国特色的"留犊去母"过于残忍，并没有得到很好地传承。帝国也一再陷入帝王年幼、太后篡权涉政的历史怪圈。

在武则天的权力生存发展过程中，吕后一直是她的精神偶像。不同的是，武则天并没有像吕后那样大肆重用娘家人。在打击异己分子这件事上，武则天一直仰仗的是酷吏那"鬼见愁"似的狠辣手段。

我们都知道"合法伤害权"是帝国官员安身立命的本钱。而这种本钱在酷吏身上得到了最大化的展示，他们把这种参与权力分肥的本钱用到了极致，甚至超出了人类的思维。酷吏的酷，是对于犯法者动辄处以极刑的表现手法。在权力系统秩序井然的官场上，酷吏是一伙擅于投机的人。在皇权遇到麻烦，需要酷吏站出来清除障碍的时候，也正是酷吏迎来美好时代的良机。他们会不断将自己的"合法伤害权"升级换代，将这种伤害能力兑换成"政绩"以获得提拔。而对于政绩的评定又取决于官家集团的利益计算，酷吏总是很容易就浮出了权力的地表，成为一支强劲反弹的潜力股。

榜样的力量是无穷的，在榜样的示范引领下，借着告密的东风，大批酷吏在帝国的权力集团内部风生水起。秋官侍郎周兴以心狠手辣闻名于官僚群体，有着"牛头阿婆"的称谓。他是一个天生的酷吏，在手段的运用上有着丰富的想象力和创新精神。西方著名学者 G·沃拉斯写道："绝对不可能从人性原则推断政治学。"

酷吏给人定罪的艺术可以说达到了炉火纯青的地步，说你有罪就有罪，容不得半点商量。比如当年汉武帝重用的酷吏张汤就创立过一个新的刑名，叫"腹诽罪"。顾名思义，你就是一句话不说，心里有不满也照样能够将你治罪。史书如此评价酷吏张汤："所治即上意所欲罪，予监史深祸者；即上意所欲释，予监史轻平者。"也就是说，皇帝如果想要给哪个犯罪嫌疑人（一般是大臣）加罪，像张汤这样擅于揣度圣意的酷吏就会想尽一切办法去搜罗证言、证物，甚至不惜造假，给那个人套上重罪；相反，皇上要想从轻处分的，酷吏就会采取另一种办法，让手下少用证据，甚至毁灭证据，来达到为罪犯减刑的目的。酷吏的脑袋是扛在皇帝的肩膀上的，他内心的利害计算，是建立在皇帝满不满意的基础上的。

酷吏的酷更多是体现在他们行刑时的手段，那些嗜血的花样手段已经超越了人类的想象极限。比如说周兴，此人绰号"牛头阿婆"。牛头指其手段严酷如地狱的牛头马面勾魂使者，阿婆指其男生女相，外表慈祥和善如老妇。

我们可以想象：长着一副和善面孔的周兴在鲜血淋漓如人间地狱式的刑讯现场，用阴恻恻的语气向犯人生动地描述着自己的新发明，脸部表情配合着老妇人的笑容。这种表与里的巨大反差，给人以强烈的心理冲击。如果再配以周兴创造性发明的各类刑具，以及逼供到底的决心，还真没有几个人能够扛得过去。

周兴最大的功劳就是用他的铁血手段处理了李唐宗室谋反案，因为活干得漂亮，得到武则天的赏识。

中国古代王朝是一家一姓，家国天下。正因为如此，最希望武则天登基改李唐为武周的人，是那些武姓族人。他们想尽办法给武则天改朝换代做舆论宣传，武则天的侄子武承嗣就伪造了一块带有"圣母临人，永昌帝业"字样的宝石，谎称是从洛水打捞出来的，并说这代表着上天降下的祥瑞，派人献给武则天。《周易》上有一句很著名的话，叫"河出图，洛出书，圣人则之"。

这块石头一出来，引起帝国上下的巨大轰动，中国人自古以来就讲究天人感应，"河出图，洛出书"是圣人出现的标志。杜撰出来的祥瑞正好暗合了武则天内心对于帝国权力归属的渴望，她立刻决定将这块石头命名为"天授宝图"，又给自己加了一个尊号，叫作"圣母神皇"，同时宣布要在十二月的时候亲临洛水，举行受图大典，并在明堂里接受百官朝贺。

为了办好这件盛事，她诏令各州的都督刺史以及李唐宗室外戚都在典礼举行之前的十天到洛阳集合。诏令一下，李唐宗室惶恐不已。他们认为，武则天在这个将他们集中到洛阳，目的是为了将他们一网打尽。在这种恐慌情绪的支配下，宗室成员开始彼此联络，密谋造反。接到密信的除了前几代皇帝的儿孙等男性成员，还包括那些早已嫁为人妇的公主。

由于叛徒告密等种种原因，造反被迫提前举行，而且造反者也从整个李唐宗室萎缩成了越王李贞和琅琊王李冲父子俩。这种不成规模的叛乱根本无法对新政权构成威胁，很快就被武则天镇压下去。

在清除李唐宗室的这场大狱里，周兴是最大的功臣。他快捷而有效的断案方式深受武则天的赏识，累迁升为秋官侍郎，在新旧酷吏中独领风骚。由社会底层爬上高位的周兴，以加倍的勤勉和忠心来报答武则天的知遇之恩，真可称之为上体天心、下戮人心。载初元年（689年），武则天听从周兴的奏请，废除所有李唐宗室的皇亲身份，取消了李家宗籍。从权力的外在形式上看，曾经辉煌灿烂的李姓时代就这样成为过去式。其实并不尽然，武周新朝从来就没有被帝国官员真正承认过，在精神依归上，他们还是唐人。就算那些忠心耿耿的官员，他们也只是服从于武则天本人。李唐高祖、太宗、高宗三代帝王统治尚算开明，民心未散，知识分子深受正统观念影响，支持李唐势力的朝臣就更多，对于新生的武周政权极为不利。

根据《旧唐书》所载，以皇族子弟215人为参考，非命而亡的约有113人，其中武则天掌权时被杀的占到60%，加上流放、潜逃的，则占到73%。李唐皇族的女眷与亲友也有数百家遭受屠杀，被杀者皆就地草草掩埋，年幼的则没为官奴，"唐之宗室至是殆尽矣"。

酷吏在残害同类这件事上所表现出来的想象力和创新精神，与科学史上那些伟大发明相比也毫不逊色。中国古代的刑法可谓千奇百怪，手段极其残忍，从名目上来讲就有笞杖、鞭扑、枷项、宫刑、刖刑、割鼻、斩首、腰斩、梳洗、剥皮、烹煮、绞杀、凌迟、车裂等多种名目。这些手段不仅反映了思维的发散性，在具体操作上更体现了执行者的专业水准，光是那些做工精巧的刑具就让人叹为观止，在"术"的层面上达到了惊人的高度。

如果我们把武则天时期的酷吏放在一起举行一场技能大比武，来俊臣是当之无愧的冠军。在索元礼、周兴等人的眼中，酷刑就是简单的暴力行为，是对受刑者的肉体折磨和精神摧残。不过他们的专业水准与来俊臣比，无论手段还是效果都难以企及。

有人曾经这样评价来俊臣：历史上的任何一个坏人，或小说里的恶棍，只要跟来俊臣一比，都会黯然失色，只因任何恶霸如果用放大镜仔细观察，多少都能发现人性的流露。只有来俊臣，他连一丝人性的痕迹都找不到。

一个花样美男，却拥有最毒的蛇蝎心肠。人类真是地球上最为邪恶的动物，动物之间捕杀是为了生存，而人类却用上帝赐予的智慧花样百出的把别人的痛苦加深、延长、定格，来满足意识深处那些阴暗龌龊的畸形心理。

来俊臣与索元礼等人专门打造了十个不同尺寸的大枷，一叫定百脉，二叫喘不得，三叫突地吼，四叫著即承，五叫失魂胆，六叫实同反，七叫反是实，八叫死猪愁，九叫求即死，十叫求破家。这一整套刑具和刑罚方法非常奏效，往往审讯还没有开始，展示刑具的过程就是摧毁犯人精神意志的过程。囚犯入监，不论贵贱，先把枷锁棍棒陈列在地上，把囚犯召来，告诉他："这些就是我们平时使用的工具。"犯人一见，早已魂飞魄散，个个自诬罪重，只求早死。

在来俊臣这里，酷刑得到了全方位的升级改版，完全超越了纯粹的实用性，达到了审美境界。同时，来俊臣还将诬告陷害上升到理论的层面。他的那本经典著作《罗织经》如此总结道："致人于死，莫逾构其反也；诱人以服，非刑之无得焉。刑有术，罚尚变，无所不施，人皆授首矣。"也就是说，刑讯是讲究方法的，刑罚需要因人而异，贵在变化，不必动刑而用言语就可以杀人于无形，那才是真正用刑的极致。

在来俊臣的世界里，酷刑的酷并不仅仅只是体现在鲜血淋漓、皮开肉绽、白骨森然。如果他不能发现其中的乐趣，酷吏就是最让人感到冷血和恶心的一项职业。在来俊臣这些酷吏们看来，那些旁观者对于刑罚的认知，只是停留于引发生理反应和精神恐惧的初级阶段，而那些不同方式的嚎叫在来俊臣听起来，就像是管弦齐奏；而受刑者绽开的皮肉，因痛苦而扭曲的身体比戏台上女演员的身段更让人着迷。

来俊臣有着强大的想象力，那些奇诡绚烂的创意将酷刑艺术推向了一个高峰。

来俊臣的酷刑艺术来源于生活，又高于生活。比如说他看到家仆杀鸡，就发明了"凤凰展翅"，就会联想到把受刑者捆缚在一个十字木架上，手脚张开，然后向各个方向来回大幅度拧转木架，随着两根木头之间角度的不断变化，受刑者的身体各部分或被过分拉伸，或被过分挤压，四肢关节或脱臼，或断裂，或挤碎……

来俊臣理论联系实际，不断钻研出各种新的刑罚，并与人合著《罗织经》一书。曾有学者评价此书："它是人类有史以来第一部制造冤狱的经典；它是酷吏政治中第一部由酷吏所写，赤裸裸的施恶告白；它是文明史上第一部邪恶智慧集大成的诡计全书；它第一次揭示了奸臣为何比忠臣过得更好的奥秘：权谋厚黑。"柏杨先生也曾经说："武周王朝，在历史上出现短短十六年，对人类文化最大的贡献，就是一部《罗织经》。"

为了将自己的发明都打上自己的烙印，来俊臣将那些令人胆寒的酷刑都配了一个形象生动的名字，有的还诗意盎然："仙人献果"，就是让犯人高举重物跪在碎砖瓦上，沉重的压力会让碎片刺入骨肉；"玉女登梯"，就是让人立于高处，然后把他往下拉……

来俊臣一边陶醉于自己天马行空的想象世界，一边享受着犯人的哀号连连。他常常留恋徘徊于刑房，心情愉悦地欣赏着犯人那一副副受尽折磨的表情。

与索元礼、周兴、侯思止等人相比，来俊臣只能算是酷吏中的后起之秀。可是来俊臣后来居上，他的办案效率足以令他的那些老前辈们汗颜。来俊臣"每鞫囚，无问轻重，多以醋灌鼻，禁地牢中，或盛之瓮中，以火环绕炙之，并绝其粮饷，至有抽衣絮以啖之者"。也就是说来俊臣每次审犯人，不管案情轻重，动不动就拿醋灌进犯人的鼻子，关到地牢里。或者更残酷的，把犯人放到大坛子里，外面围上烧红的铁链，并且不让人吃饭，囚犯饿得只好吃自己身上的衣服。囚犯们睡在粪便垃圾中，受尽苦楚，除非到死的那一天，否则永远都逃不出来俊臣制造的人间地狱。每逢上头颁发赦令，来俊臣都要先派遣狱卒杀光所有的重案犯，然后才宣布有赦令。

佛教经典里的地狱之门打开后，进入鬼门关的魂魄，会见识到人类酷刑的精华部分。火床煎爆、烧皮彻骨、钉板刺身、灌热铁汁、铁矛刺肛、铁钩拔舌、挖眼抠心、粪尿浸泡。原来地狱酷刑也不过是人间酷吏们玩剩下的。

对于武则天来说，所有的酷刑只是服务于自己权力的手段。武则天对来俊臣等人极为看重，授以高官厚禄。这大大鼓舞了酷吏们的好勇斗狠精神，一个个就像是打了鸡血的疯狗，一个赛一个地疯狂。京城各处布满了酷吏的眼线。帝国官员往往在上朝时，就会突遭袭击逮捕，继而族灭全家，或生不见人死不见尸。官员们上朝时，都要先与家人诀别："不知还能相见么？"

这一时期内酷吏经办的政治案件，主要有二十多宗，被整肃的主要对象是反对武则天的官僚，包括一大批宰相。他们被整肃的原因各不相同，有的纯属诬陷，有的则因贪赃枉法，有的因为与来俊臣等有私怨，有的则牵连于皇位继承问题。

暴君需要酷吏，而酷吏的出现同样离不开最高权力者的认可。酷吏的出现往往是现实政治斗争的需要，是统治者手中的一种工具，一杆枪。封建帝王需要儒臣用温文尔雅的儒教来驯化平民百姓，也同样需要酷吏用手中的屠刀来稳定龙椅宝座。

所谓时势造英雄，时势也同样造就了酷吏，"非吏敢酷，时诱之为酷"。

从更深层次上讲，酷吏是政治体系中"三大矛盾"的产物，也就是权力集团内部的派别矛盾，官家集团与地方豪强大姓的矛盾，官府与百姓的矛盾的产物。当年汉武帝刘彻重用酷吏张汤的目的就是为了打压地方豪强。

武则天重用酷吏是在垂拱初年（685年），而来俊臣至天授元年（690年）才获得提拔的机会。在几位酷吏大佬中，作为后起之秀的来俊臣天分极高，武则天交到他手里的硬骨头没有啃不下来的。来俊臣是一个死囚，如果不是武则天执政需要，按照帝国律条，他已经成为一个死人。

不甘在狱中等死的来俊臣要求上书告密。或许是他的身份太过特别，来俊臣受到了武则天的破例接见。凭借着花样的美貌、机敏的应答能力和非凡的政治嗅觉，他给武则天留下了极为深刻的印象。武则天大笔一挥，来俊臣就从一个死刑犯华丽转型为帝国的八品官员。在那一刻，除了武则天，没有人会意识到，在今后近十年的时间里，这个眉目之间透着邪恶之美的年轻人，将让整个帝国的人为之战栗。

他的父亲是个赌徒，母亲是赢回来的赌本，这种畸形的家庭组合方式，受伤害最大的是孩子。与生俱来的耻辱感始终包围着来俊臣，如果有一个管道能够排解他对社会和人群的仇恨，埋藏于心底的怒火将会焚毁一切人性良知与道德底线。

他对生命本身就有种极端的仇恨，血液里的暴力因子一旦释放出来，自己的兴奋与满足就建立在别人的痛苦之上。面对那些残酷无度的恶事，他没有丝毫的忏悔与内疚。生命对他而言，本来就是一场接一场的酷刑组合。街头的暴力，家庭的精神摧残，让他感受不到一丝生命的温情。在武则天执政的大时代背景下，外因与内因相互作用，共同打造出这名有如罗刹化身的天下第一酷吏。

在长期底层生活的磨砺中，来俊臣对人的生理和心理的承受极限了如指掌。他可以针对不同犯人的不同情况为他量身打造刑具，并且实施不同的审讯方式和方法。不管犯人是什么体格、血型、精神状态，交到他的手里就等于交到了活阎罗的手里。

他会给你鼻子灌醋、耳朵塞泥，或者干脆熏聋，然后再将你扔进没有一丝光亮的黑牢里，让你搞不清楚是置身于地狱还是人间，剥夺你感知这个世界的所有神经系统，让无边的孤寂和黑暗将你折磨得生不如死。如果你是生性高傲而有洁癖的读书人，他会刻意把你的牢房就寝处铺满屎尿秽物，不给你吃的喝的，饿得人撕破衣服掏里面的棉絮吃。

怎么做伪证，怎么收买证人，来俊臣都有一套行之有效的办法。用他自己的话说，"死之能受，痛之难忍，刑人取其不堪"。也就是说，人可以接受死亡，却不能忍受痛苦，所以有必要选取他们不能忍受的刑罚。他只需要对两个人负责，一个人是武则天，另一个人就是他自己。只要他察觉出武则天对谁不满或者怀疑谁，或者他自己看谁不顺眼，那么这个人便上了他的黑名单，上了黑名单的人几无活命的可能。

按照帝国的制度体系，作为左台御史中丞的来俊臣并没有刑审资格。御史台本来只弹劾官员，不审理案件，但是到了武则天这里，出于不可言明的政治目的，在御史台下专门设立了推事院，成为独立的刑审系统。来俊臣等酷吏直接受控于武则天，而这些酷吏又在全国各地收买了几百个无赖，一旦想诬陷谁，便指使这些无赖去告发，然后各地响应，互相作证，背景不同，身份不同，但口供都一模一样，足以给人定罪。

来俊臣由此成为武则天最信任的宠臣之一，凡有大案例必交给他处理，并专门为他在丽景门内置推事院，号为"新开狱"，由他一个人主宰制狱，入此门内，有死无回，百不全一。武则天疑心病很重，对于谋反案宁信其有不信其无，即使有明显漏洞也不加责怪，任他自由发挥，至于受贿索贿、夺人妻妾这类鸡毛蒜皮的小事，更是睁一只眼闭一只眼。来俊臣现在算是得到了尽展其长的机会了，他的魔鬼天性，也完全暴露了出来。

来俊臣豢养于各地的数百名无赖，原本是用来相互串供诬陷良善，现在这些人又多了一项任务，那就是为来俊臣摇旗呐喊，以放大其在帝国权力集团内的影响力。这些人每次告密之后，都会添上一句："请将此案交给来俊臣审问，必定可以水落石出。"

时间一久，来俊臣就成为人气指数最高的酷吏，只要有大案、要案，武则天第一个想到的人就是他。来俊臣靠着这些花样百出的手段，博得了武则天的信任与好感，也因此青云直上，累迁侍御史，加朝散大夫，又擢拜左台御史中丞。

3. 兔死狗烹的结局

酷吏作为一柄利器，被武则天深深地扎进了帝国权力集团的心脏地带。

武则天利用索元礼、来俊臣、周兴这样的酷吏诛灭异己分子，并借助酷吏之手，推行严酷路线。

在替武则天打击政敌的过程中，由于程序正义的缺失，酷吏捞取政治资本心切，有时也将打击面扩大化，经常殃及平民。酷吏每年要办一千多个案子，大者数百人，小者数十人；远者数千里，近者数百里。犯人如有不服，以掠笞定之。

酷吏成为当国者的身边红人，那些跟着他们混吃喝的酷卒也成为那个时代的职场红人，黑狱风云可屡自泛黄的史册中窥见。可见武则天时期的狱吏之尊，且大多都属于法外之刑；从酷吏到狱卒，没有几个人是按照法律程序在走。然而酷吏的下场，往往像他们的名字一样也很残酷。因为一个非法治社会，没有规则的社会，往往是吞噬所有人的社会。非法执法者怎能保证，他自己有一天不会被另一个非法执法者给法办了呢？

来俊臣这种动辄就见血封喉的做法使权贵们感到威胁，为了求得自保，他们只好联合起来必欲除之而后快。犯了众怒，而又能安居高官者，大都靠的是皇帝的宠信。历朝的皇帝几乎都有这种毛病，官僚集团越反对谁，他就越要宠信，非要跟官员们较这个劲。

但是不要忘记一点，皇帝宠信大臣，就跟宠爱妃子一样，时间一久，

234

难免会生腻。这时候，宠臣倒霉的日子就到了，酷吏也是如此。这些年为武则天鞍前马后积攒了很多怨气，朝堂上很多人瞪着血红的眼睛寻找着机会，一个置他们于死地的机会。

酷吏可以说是寄生在权力结构中的特殊团体，它犹如握在皇帝手中的一柄双刃剑，用好了可以为他实现个人的政治目的披荆斩棘，用不好反为其所累，在这里就涉及一个度的把握。通常情况下，酷吏是在特殊时期当政治斗争出现"白热化"时，皇帝才会亮出的双刃剑。

其实酷吏的酷只是一种被权力利用的手段，皇帝用它，是为了维护官家的专制。对于酷吏来说，看起来他们是权力的受益者而非受害者，受害的往往是那些被扒去权力马甲的官员和无权势的下层百姓，这本来并无多少异议。不过既然酷吏手中握着的是制度赋予的合法伤害权，既然是伤害，那就会有个度的把握，量的计算。就算伤害的是平民百姓，也一样有灰色的界线，一旦突破这个界线，就可能遭到来自平民阶层的反抗，施暴者的利益也反过来受到伤害。这种反伤害权力是平民维护权益边界的手段，是一种平民的愤怒。当酷吏成为大多数人的公敌时，皇权也会将其义无反顾地抛弃，皇帝清除酷吏也就成为其维护专制统治的一种必然。

第一种结局：由于酷吏百无禁忌，忘乎所以地将屠刀伸向权力系统内部，最后沦为权力帮派之争的牺牲品。酷吏们"好杀行威"，使得官员人人自危，这样就威胁到了皇权的统治。皇帝只有将酷吏斩杀，用来安慰官员的心。在官家社会，皇帝不允许任何人危及或可能危及自己的绝对权威。

作为一个外国人，索元礼对中国文化的精通令人吃惊。可以想见，没有对刑罚的精深研究和细微体会，他不可能想得出如此绝妙、如此富于想象力、如此天衣无缝的名字。中国文化同化索元礼这个外国人的速度、效率和深刻程度，实在令人叹为观止。"是时来俊臣、周兴踵而奋，天下谓之'来索'。"索元礼开了先河后，一时间酷吏纷纷涌现，其中和索元礼齐名的是来俊臣，二人被合称为"来索"，即来逮捕的意思。

索元礼最终也没有逃脱命运的裁决，一个外国人对中国文化的理解毕竟与长期浸润儒家思想的人有所不同。武则天对他下手的理由很简单，他收受贿赂。这是一个不能称之为理由的理由，如同酱缸的帝国官场，身在其中又怎能做到出淤泥而不染？

索元礼的垮台很大程度上来自于自身的地位，他是酷吏的带头大哥。周兴、来俊臣、侯思止都拿他作为人生的榜样，在当时新旧势力交锋的转折时期，举报谋反或打击武则天的政治异己，成为当时官场上最快的一条升迁路径。索元礼的快速上位，大大刺激了其他酷吏。

索元礼因为告密受到武则天的召见，被直接提拔为游击将军（五品以下武散官）。女皇还专门交给他一项特殊任务——审诏狱，也就是专门审理由武则天亲自点名的案子，当然这些案子都是事关武则天政权稳固的大案、要案。粗略统计，在当时经索元礼之手判处死刑的官员达数千人之多。

作为一个外国人，他对于中国官场上的利益网并不能梳理清楚。另外还有重要一点，那就是武则天一手打造出来的酷吏只对她一个人负责。酷吏的利益网往往是纵向的，并不能像普通官员那样经纬交错。索元礼得罪的官员太多，包括那些拥护武则天的官员，没有人不憎恨他。

时移势易，皇家养酷吏意在放狗咬自己的政敌，如果看家狗陷入疯狂状态，就可能危及自身安全。皇帝从自身安全考虑，就会将其除去。武则天不会因为一个酷吏而得罪大部分官员，因此武则天亲自下发逮捕令，索元礼坐进了他以前的工作场所——监狱。以前是他审判别人，现在是别人审判他。开始的时候，他不服气，不老实坦白交代，不肯承认自己的罪行，负责审判的官员就高喊：把索先生发明的铁笼拿出来。

索元礼发明的铁笼虽然做工比较粗糙，但确实是审讯效率最高的刑具。在问案的时候，先把犯人的脑袋带上一个小铁笼，然后开始在四周钉入木楔。在这种情形下，犯人如果交代罪行稍微晚点，一不小心就会看见自己脑浆的颜色。

索元礼知道自己这件作品的分量，没等铁笼带上，他就开始抹黑自己，坦白交代了别人希望他亲口承认的那些罪行。于是，他获得了死刑，经武则天核准，被扑杀于狱中。

其实索元礼并不是第一个遭到诛杀的酷吏，第一个另有其人，他就是傅游艺。此人经历也极富传奇色彩，他是酷吏中唯一一个宰相。傅游艺是武周革命过程中最为耀眼的人物，因其劝进有功，短短一年之中，他由一个小小的合宫县九品主簿，一跃而为三品宰相，官服由青而绿、自朱入紫，时人号为"四时仕宦"。

傅游艺曾经诬告李唐宗室，又奏请诛杀岭南流人，因此被列入酷吏名单之中。李唐民心未失，傅游艺的首先变节为李唐旧臣所鄙；诛杀流人又表现得过于残忍，令天下人侧目；他的快速发迹引发了同辈投机分子的嫉妒；而作为酷吏之中唯一入阁拜相掌控中枢的人物，傅游艺成了帝国权力集团中的众矢之的。

如此传奇经历难免冲昏当事人的大脑，作为权力的暴发户，傅游艺在大部分时间里处于一种飘飘然的眩晕状态。他在自己的亲信面前吹牛，昨夜梦见自己登上湛露殿。湛露殿是皇帝召见重要大臣的地方，他就算没有当皇帝的野心，至少说明他对自己的仕途有着更为高远的期盼和追求。他以成功者的姿态，在自己亲信的人面前变得口无遮拦。

此时正是"酷刑有理，诬告无罪"的时期，亲信立即将其告发，说他有反心。武则天当即做出反应，将其下狱。身为酷吏的傅游艺不堪忍受酷刑，就选择了自杀，也算是报应不爽。此时距他神话般的发迹不过一年多时间，真是一枕荣华已历尽，所炊黄粱犹未熟。

第二种结局：因为权力集团的取舍需要，挑唆酷吏之间展开内部斗争，有点狗咬狗的意思。当周兴因为一件并不可能存在的谋反案受到牵连的时候，武则天将他交给了周兴的好友兼下属来俊臣的手里。来俊臣当然明白，武则天还是希望能尽量保住周兴的，可是在来俊臣看来，周兴的飞来横祸只意味着一件事：自己上位的机会来了。

在来俊臣的眼里，这个世界只有利益二字，与情感有关的一切都是不值得留恋的。权力场上只有一级又一级助起登上权力巅峰的阶梯，而不是一个又一个曾经帮助过他的人。他要让天下人都借此见识到他的智慧与手段，新一代的酷吏之王就是他来俊臣。

与索元礼和来俊臣不同，周兴的业务水平不仅仅只限于酷刑，他对帝国刑律的知晓和理解超过了大部分司法官员。早在高宗时期，周兴的才华就曾经引起唐高宗李治的注意。不过在听到他的身份只是一个小吏的时候，皇帝叹息道："可惜你是个小吏，可惜……"言下之意，如果周兴是官，不是吏，就可以为朝廷所重用。

在封建官家体系里，"官"和"吏"之间存在着一道不易逾越的鸿沟，尽管如此，命运还是为周兴敞开了一扇门。当武则天开启的权力新时代扑面而来的时候，周兴很快就找到了自己的人生坐标。他向御座上的老妇人申诉忠诚，尽管武则天看中的只是他的刑讯手段而不是他对律法的理解和阐述。

像他这样一个本来毫无身份可言的小人物，已经错过了一次机会。能有一技之长被帝国新主人看中，他还能做更多的要求吗？只要武则天的一个眼神，一个暗示，他必定像最忠实的猎犬一样立刻扑上去咬断那人的喉咙，然后叼回来向主子邀功请赏。高宗时代曾反对武后监国的宰相郝处俊后人郝象贤，高宗的两个庶出儿子上金、素节，素来与武则天不睦的常安公主……一个个全做了他的刀下亡魂，周兴在仕途之上一路奏凯，累迁至司刑少卿、秋官侍郎。

那个长着"阿婆"脸面人见人欺的小吏终于长出了两只权力的触角，成了人见人畏的"牛头阿婆"；那个当初混迹于权力末端的小小胥吏如今摇身一变，成为帝国的司法高官。如果不是史书明确记载，我们无法相信一个谨小慎微、奉公守法了半辈子的小吏，会成为残狠暴虐的罗刹化身。人的生存弹性是何其大，只要给予充分的舞台和足够的诱惑，任何一个普通人都会爆发出意想不到的邪恶因子。

天授二年（691年）正月，一个奇寒彻骨的冬日。周兴与来俊臣两大酷吏面对面而坐，说了一些感怀人生的话语。来俊臣向自己的上司兼导师周兴请教，到底该用什么样的手段能让那些罪犯乖乖伏法。

周兴告诉他："找一个大缸来，把炭火生得旺旺的，把缸烧得发烫，请人犯进去坐会儿，考考他的忍耐力，看看他能待多久。"

来俊臣叫手下人按周兴所说就地置办，现场试验。等到炭火熊熊，缸已经烧到发烫。来俊臣朝着周兴深深一揖："奉旨查办周兄与丘神勣合伙谋逆一案，烦请周兄入此瓮中。"

没费多少工夫，来俊臣就把谋反一案的证据全部搞定，送达武则天。武则天看在周兴多年来为自己披荆斩棘的份上，没有将其杀掉，而是改判流放岭南。流放对于周兴来说，就意味着让他去死。因为作为一个酷吏，他得罪的人太多了，还都是血债血偿的仇恨。周兴还没有到达流放之地，半道上就被自己的仇家给杀掉了。

　　武则天就像是一个高明的驯兽师，当她要夺取并巩固权力的时候，就毫不犹豫地驱使虎狼去撕咬猎物；当她意识到酷吏政治已经产生了副作用之后，又能不动声色地迫使虎狼自相残杀。一切都在她的掌控之中，一切都服从于她的政治需要。

　　历史经常喜欢和我们玩换汤不换药的游戏，一个周兴倒下去了，一个来俊臣又站了起来，不过是一个恶毒奸险的小人取代了另一个而已，血腥仍在帝国的天空弥漫，残酷的哀号仍在耳畔回响，一切似乎都没有改变。

　　在家天下制度下的中古时代，酷吏也终究难以逃脱兔死狗烹的命运规则。这是一道让人无法解开的权力规则的死结，在那风雷激荡的大时代中，人为刀俎，我为鱼肉。惨死于酷吏刀下的民众如此，就连实施伤害的酷吏又何尝不是。

　　索元礼、周兴、来俊臣这些人只是武则天用来血腥整肃政敌的工具，时过境迁，工具沦为破铜烂铁，也就到了该扔的时候。酷吏们有着强烈的生存意识，他们不断地创新，不断地刷新自己的残酷记录，不断地树立新的打击目标，为的就是避免自己兔死狗烹的命运。

　　周兴虽然落得好下场，可他真的会在生命休止的那一刻流下忏悔的泪水吗？对于周兴来说，这是一道并不纠结的选择题。是做一个挣扎于最底层的小吏，在权力的神经末梢毫无尊严地耗尽生命，还是大权在握、生杀予夺，任你公子王孙、金枝玉叶、名臣良相任他鱼肉，他早已做了选择，手里残杀了成千上万条人命，他就算赔上他一条贱命，那也有赚无赔了。

　　秦朝宰相李斯在受到腰斩的时候，跟他的儿子说过一句名言："牵犬东门，岂可得乎？"这话没了豪气，但增加了几分无奈。如果时光倒流，一切犹未可知，他真就愿意带着儿子去过那种"牵犬东门"的悠闲生活吗？在我看来，这种可能性几乎为零。权力是金不换，权力是银不换。在权力的世界里迷失的人，又有几人能够做到"挥一挥衣袖，不带走一片云彩"。

第三种结局：中国古代的官家制度对普通老百姓的压榨有个度的把握，但是酷吏们在具体操作过程中，往往会一再试探这个底线。这样就容易激起很大的民怨，等到平民的愤怒达到临界点，就有可能出现暴乱。这时候，权力集团为了平息民愤，会将酷吏斩杀以示天下。

有人说皇帝是被官员忽悠的"冤大头"，那么被皇帝拿着当枪使的酷吏又何尝不是被皇帝忽悠的"冤大头"呢？武则天任用酷吏一直是收放自如，绝不是任由这些人肆虐蛮干。

我们来看一看武则天任用过的 27 名酷吏，他们的官途真就如同自己酷吏的名号一样酷吗？我看倒是未必，在这 27 名酷吏中，除傅游艺外，其他如周兴、来俊臣、索元礼等人，武则天并没有授给他们较高的官职，只是把他们当枪使，并没有让他们在自己的权力系统中占据要位。

索、周、来、万是武则天酷吏体系中的"四大金刚"，虽然红到发紫，但最后都没得到好下场，或获罪被杀，或流放途中被仇人所杀。尤其"酷吏之王"来俊臣的死更是让人见识到，酷吏的死也是很残酷的。

来俊臣虽然师承周兴，但却青出于蓝而胜于蓝，如果说周兴是牛头马面，那么来俊臣就是真正的活阎罗转世，真是上体天心，下戮人心，来俊臣这个名字已经成为死神的代名词。在唐室诸王谋反一案中立有大功的高句丽大将泉献诚，官拜左卫大将军。来俊臣向他索贿不成，便诬以谋反，泉献诚不堪酷刑，被逼自杀。消息传开，帝国上下为之震动。

魏王武承嗣为了达到改立皇嗣的目的，让武周朝真正成为武家天下，便与来俊臣联手，掀起一轮又一轮的腥风血雨。后因岑长倩和格辅元两位宰相极力反对而作罢。于是来俊臣出马大兴冤狱，不仅处死了两位宰相，还有数十位朝臣也跟着成了刀下亡魂，成为武周开国以来的第一起大案。

紧接着爆发的"六道使事件"，更是让所有人见识到来俊臣究竟有多残酷，有多么疯狂。在这次事件中，他居然将矛头直指东宫太子李旦，诬其谋反。东宫的太常乐工安金藏护主心切，用刀刺向自己胸膛，剖心明证。这件事震动了朝廷，更惊动了武则天。

　　来俊臣的滥杀无辜已经到了令人发指的程度，帝国律法对他来说形同虚设，人命如草芥，帝国的司法制度濒临崩溃的边缘。终于有人忍耐不住，上书要求整顿酷吏、结束滥刑、重建法制。如果这些奏章是出现在垂拱年间新旧权力集团斗争阶段，武则天也许会扔在一边不予理会，但如今她已君临天下，不会为几个酷吏的生死存亡而损害自己的圣君形象。同时她也为了转移权力集团的内部矛盾，这么多年的严刑峻法让官员们吃尽了苦头，也让帝国的政治关系成了一张绷紧的弦。酷吏既然是权力运行的工具，那么在不同的阶段就应该有不同的使用方法。在争夺权力的时候，酷吏是一把刀；在巩固权力的时候，酷吏也可以为执政者背一背黑锅。

　　在武则天临朝称制的六年多时间里，二十四个作过宰相的人就有十七人被罢相，遭到贬、流、杀。等到武则天称帝时，朝臣中的反武势力就更加微乎其微了。除此之外，武则天还滥杀了一些无辜的臣下，朝臣们人人自危，形成了新的权力危机。正当所有的人把矛盾的焦点集中在酷吏身上时，武则天突然变脸，这一次她将刀锋指向了酷吏。

　　延载元年（694 年），以贪污罪将来俊臣贬谪为同州参军。可是没过两年来俊臣又重新获得起用，擢拜为洛阳令、司仆少卿。这是从四品上的官衔。对于这个她亲手由死囚中提拔出来的美男子，武则天一直是另眼相看。来俊臣与街头普通的流氓不同，成长过程中的屈辱，给了他磨炼和智慧的同时，也给他造成了深深的伤害。

　　一个混迹于社会底层的流氓，因为替武则天卖命而得以进入帝国权力高层。可是他能够感觉得到，帝国官员们看他的眼神里充满了轻蔑与厌恶。那种眼神，陪伴了他四十多年。童年和少年时期，是因为他那混乱不堪的身份以及家庭出身。好不容易抓住机会进入官场，可那种眼神如影随形地跟着自己。这些沉重而锋利的伤痛和屈辱在他的心中日积月累，早已成为浓得化不开的黑色怨毒，随着时间的推移慢慢沉淀。他仇恨那些豪门士族，仇恨那些天生贵胄，甚至仇恨那些过得比自己幸福的每一个人。

来俊臣沉而复起，姿态比从前更加嚣张，但凡有美貌女子，便指使党羽诬告她丈夫谋反，杀其夫而夺之，由此罗织诛杀的士民不可胜计。无论西蕃酋长，还是高门贵族，无不深受其害，然而迫于他的淫威，竟然无人敢言。

来俊臣毫无底线的疯狂激起了所有人的不满，不杀不足以向帝国官员交代，不杀不足以平民愤。奏章由一人之下、万人之上的魏王武承嗣为首，诸武及太平公主联合上奏，揭发来俊臣索贿受贿、欺压良善等多项罪状，自然证据确凿，立刻逮捕下狱。来俊臣这样的酷吏看起来是"法治"的代言人，手中握着的是正式权力，但事实上，他们是打着正式权力的旗号，干着非正式权力的勾当。酷吏的手段看着够威够力，但也不是毫无风险的。由于酷吏诛杀的盗贼及吏民太多，对官家权力造成的破坏性也就越大，这种破坏性带来的反弹或反抗会成为受伤害方反伤害的利器。受伤害方的被伤害程度是有底线的，而酷吏一再打破伤害底线导致个人的生存风险也不断递增。

所有的人在弄死来俊臣这件事上都表现出前所未有的抱团精神，越审罪名越多，开始说他想诬告诸武和太平公主，接着说他还想诬告皇嗣和南北牙禁军谋反，想把这一干人一网打尽，然后利用武则天对他的信任，伺机夺位，自己当皇帝。

神功元年（697年）六月初三，武则天下令将来俊臣斩首弃市。就在鲜血喷溅的那一刻，围观的人墙突然裂开，强烈的情绪无可遏制，人们纷纷推开刑吏，争先恐后地扑向来俊臣的那具无头尸体。来俊臣在世时，曾经制造了多少起冤案，害得多少人家破人亡？愤怒的人们撕扯着来俊臣的四肢，有人甚至连皮带肉地张口就咬，状若疯癫，凄厉如鬼。他们将来俊臣的尸体挖眼剥皮，撕开腹部，五脏六腑全掏了出来。史称"人争剐其肉，须臾尸尽"。传说中的"凌迟"也不过如此。人们憎恨这些暴虐的酷吏，但又没什么好的办法来消除酷吏现象，往往会陷入以暴制暴的恶循环。

虽然武则天早知来俊臣民愤极大，但是大到这种程度，还是远远超出了她的想象。

武则天随后又颁布了一道《暴来俊臣罪状制》，在制书中历数这个昔日宠臣的斑斑罪状，把他骂得狗血喷头，最后还掷地有声地宣布："宜加赤族之诛，以雪苍生之愤！可准法籍没其家。"（《资治通鉴》卷二○六）旗帜鲜明地表达了自己伸张正义、替天行道的立场。

数日后，来俊臣被满门抄斩，家产全部抄没。朝野上下人人拍手称快，互相在道路上庆贺说："从今往后，终于可以一觉睡到天亮了。"

随着来俊臣的身死族灭，一个血雨腥风的酷吏时代终于落下了帷幕。

4. 让位于天意王道

酷吏是武则天一手打造出来的，当她发现负面作用已经累积到了一定程度的时候，自然就要丢卒保帅，以安抚天下民心。所有的酷吏以为只要自己死忠武则天就可以背靠大树好乘凉，却还是免不了兔死狗烹的下场。机关算尽，他们也不过就是一枚权力世界的棋子罢了。

其实酷吏的"酷"只是一种被权力利用的手段，皇帝用它，是为了维护官家的专制。对于酷吏来说，看起来他们是权力的受益者而非受害者，受害的往往是那些被扒去权力马甲的官员和无权势的下层百姓，这本来并无多少异议。不过既然酷吏手中握着的是制度赋予的合法伤害权，既然是伤害，那就会有个度的把握、量的计算。就算伤害的是平民百姓也一样有灰色的界线，一旦突破这个界线，就可能遭遇到来自平民阶层的反抗，施暴者的利益也反过来受到伤害。

这种反伤害权力是平民维护权益边界的手段，是一种平民的愤怒。当酷吏成为大多数人的公敌时，皇权也会将其义无反顾地抛弃，皇帝清除酷吏也就成为其维护专制统治的一种必然。酷吏统治只是武则天开创及巩固政权最重要的手段之一，她能够坐稳江山十余年，绝不仅仅在于善于运用威刑暴力。

就是在帝国执法机构的核心层，武则天依然保留了狄仁杰、徐有功、杜景全等一批执法公正且能力很强的官员。而这些人正是酷吏克星，在帝国的政治体系里，势同水火的两种势力成为武则天均衡权力的砝码。狄仁杰这些帝国良臣所处的位置让酷吏们羡慕得眼里冒血，他们恨不得找机会用酷刑将这些权力正统人士的肉体扭曲变形，让他们体验最为恐怖的精神炼狱。他们想方设法编排罪名，诬陷那些身处显位的帝国良臣。

可是不管他们如何诬陷，武则天始终不为所动，总会出面予以保护。有时为了顾全大局，武则天也会将他们中间的某个人，当众贬官。这不过是做出来的一场秀，因为过不了多长时日，那些被贬之人又会官复原职或者换个位置再升一级。武则天始终把这些优秀大臣倚为股肱，这也是皇权易主，帝国政局依然稳定的重要因素。

从索元礼、周兴起一干迎奉圣意、求取富贵的酷吏全部遭到了清洗。

如果拿酷吏和狄仁杰、徐有功等帝国官员的不同结局做对比，我们很难用支持者或者反对派来解释武则天的做法。对于那些主动献媚的酷吏，武则天的表现显得过于冷酷绝情，甚至有些兔死狗烹的色彩在里面。

对于狄仁杰和徐有功，武则天从内心敬之重之，以至于有些畏之。

在利用酷吏打击反对派和唐宗室贵族的过程中，武则天也多次采取适时遏制酷吏、保护朝中才俊大臣的措施。

光宅元年（684年），受徐敬真（徐敬业的弟弟）案株连的秋官尚书张楚金、凤阁侍郎元万顷、陕西刺史郭正一、洛阳令魏元忠等四人被判处死刑。正要行刑时，武则天认为魏元忠等人是帝国需要的人才，特赦改为流配岭南。特别是魏元忠，他是平叛徐敬业之乱的功臣之一，这次徐敬真将他供出来是为了报复，想借酷吏之手将其除掉。

武则天是个惜才之人，死里逃生的魏元忠先后擢拜凤阁侍郎、同凤阁鸾台平章事、检校并州长史，并最终进入帝国宰相之列。武则天死后，他又在中宗朝得到重用。

武则天最初选择雷霆手段并不是为了打压人才，而是为自己赢得权力生存的空间。开国皇帝在创业过程中，需要大量的人才贮备，尤其需要那些忠诚的死士用刀锋为自己冲锋陷阵。对于武则天来说，她的权力之路与那些开疆拓土的帝王并无二致。她虽然不用将四分五裂的疆土重新缝合，可新旧权力秩序的交替，同样需要忠诚的死士为自己开拓权力地盘。对于武则天来说，那些酷吏就是为她打天下的死士。

等到最高权力尘埃落定，武则天的政治策略也随之做出调整。在开国皇帝与功臣之间，有一条兔死狗烹定律。皇帝和功臣由于权力分肥破坏了权力系统的理性秩序，私人的情感因素被正式权力控制到了最低程度。只有将私人情感因素控制到最低状态，专制权力才能达到最高状态。

武则天与酷吏之间的关系，就好像开国皇帝与他的那些功臣。武则天登基后，已经强烈地意识到，用酷吏肃清官僚贵族反对势力后，帝国必须及时走上一条清明的政治轨道。正因为如此，武则天在遏制酷吏的势力和威势方面果断地收刀。她的理由是："古人以杀止杀，今朕以恩止杀。"

也就是说，过去的君王是以杀戮来结束杀戮，而今天她要以恩来制止杀戮。

当我们试图去理解酷吏的下场，无法忽略这样一个大的历史背景，那就是像武则天这样的非法篡权者与合法继任者之间最大的不同，是获取权力的路径。那些以创业者面目示人的开国皇帝在撕裂和破坏旧的政治格局时，也是非法篡权者。

中国社会存在着两大文化层面，合法继任者是在儒家温文尔雅、充满书卷香气的伦理纲常的上层文化氛围中实现权力交接，虽然中间也有阴谋和手段，但人的尊严与价值是得到充分保障的；而开国皇帝与这不同，他们在创业的过程中，没有上层文化的那种雅致与悠闲，他们为了权力步步为营，在自我保护的危机感的逼迫之下，道德和良心让位于更为现实、更为精明、更为残暴的手段。所以从文化层面上来说，篡权者走的是下层文化路线。这种文化往往伴随着破坏、饥饿、抢夺与血腥，优雅的话题不属于它的话语范围。创业者要动用手里有限的资源，将算盘打到最精，将手段用到极致，才能让每一寸资源都发挥出最大的效益。

等到非法篡权者的权力底座变得牢固之时，他们的身份也随之发生转换，由创业者变身守业者。他们也要在空疏繁碎、悠闲雅致的上层文化的氛围中，将整个国家置于自己的个性、爱憎和狂想之下。酷吏的存在显然不符合武则天这时候的用人标准，残暴与血腥已经逐步让位于天意王道。

岳飞的囚徒困境

在北宋以来重文轻武风尚熏陶下成长起来的那一代文人，有着与生俱来的优越感，他们一直歧视、压制武人。到了南宋初年，情况发生了根本性的逆转，武将不仅敢于站出来与文臣分庭抗礼，而且常侮慢文人。武将在权力、地位和态度上的变化，引起了高宗和整个文臣集团的强烈不满与恐慌。从建炎年间直到绍兴议和，在这十多年间，朝野上下一片收夺兵权、恢复抑武传统的呼声。

1. 性格带来的伤害值

假如岳飞真的能够如他自己所愿，实现"直捣黄龙府"的政治抱负，那么岳飞还会是今天活在我们大部分人心目中的那个悲情英雄吗？历史学家许倬云的推断也许会让人听来觉得刺耳，但刺耳的话往往最接近现实的可能。许倬云的推断是，如果岳飞真的做成了，也可能变成桓温和刘裕。桓温是东晋早期名将，三次北伐，力图收服中原，晚年揽权，试图废皇帝自立，未果而死；东晋晚期名将刘裕对内平战乱，对外两次北伐，最后逼迫东晋皇帝禅让，建国号宋。

没有成为现实的假设只能是一朵想象的浮云。岳飞之所以成为英雄的标杆式人物，不是因为他在现实的功业上取得了大成功，也不是他在可能性上可以取得多大成就。岳飞之所以成为岳飞，或许是因为这种导致其失败、被陷害的人格使他与那个屈辱苟存的大时代迥然有别，在其个人被杀的悲剧和屈辱和议的历史中，彰显了他作为一个悲情英雄的伟大。

绍兴十一年（1141年）冬，在临安府的国家最高监狱里，蒙冤受困于此的岳飞已经多日没有进食。而那些仰慕他的狱卒不忍见英雄落难，偶尔会开解这位曾经叱咤风云的将军。在一次交流中，有一个狱卒对着镣铐缠身的岳飞长叹一声，对他说："我平生一直认为岳飞是个忠臣，所以恭谨服侍，不敢稍有怠慢。如今看来，岳飞不过是逆臣而已。"

这句话让身陷囹圄的岳飞大吃一惊，他不解地问其原因何在。

狱卒说："君臣不可互相猜疑，否则就会容易出乱子。君主一旦怀疑臣子，就会把臣子诛杀；臣子一旦怀疑君主，就会选择背叛。如果臣子被君主怀疑，却没有背叛，最终仍难免被君主继续怀疑而诛杀；如果君主怀疑臣子，却没有诛杀他，臣子也难免继续怀疑君主对自己的信任，而最终选择背叛。如今皇上怀疑你了，所以把你送进监狱里，你怎么可能还会有出去的道理！死是肯定的了。少保你若不死，出狱后，君臣继续彼此猜疑，怎么会不反！既然最终会反，你自然就是逆臣。"

一个小小的狱卒就这样道出了岳飞命运的最后玄机，道理很简单，一旦功高盖主者触动了君王的猜疑心，个人的道德品质在权力的祭坛上也就会变得命运叵测了。"信而见疑，忠而被谤"，就算是精忠报国的英雄也难以逃脱游戏规则的藩篱。此时的岳飞不在沙场点兵、疆场浴血，却被陷害于此，这不是命运的意外，不过是官场上逆向淘汰机制的彰显。历史的轨迹从来就没有跑偏过，你死我活的权力之争不过是台面上的提线木偶戏，归根结底是政见路线之争。

史料里没有交代岳飞对狱卒这句话的具体反应，依照岳飞的性格，他应该是无言以对。

南宋理学大师朱熹在与陈亮谈论怎样成为"真正大英雄"问题时，有着非常精辟的见解。他们的观点是，"真正大英雄者，却从战战兢兢、临深履薄处作将出来，若是气血豪忿，却一点使不着也"。也就是说，一个人如果不懂得谨小慎微，性情过于刚烈，也成不了真正的大英雄。如果岳飞能够有机会拿朱熹的这面镜子照一照自己，他会发现，自己的性格特质恰好缺少"战战兢兢、临深履薄"这一成分。因此，他也就难以进入朱熹所定义的"真正大英雄"的行列。

岳飞的悲剧与其说是一场政治悲剧，倒不如更确切地说是他个人的性格悲剧。建炎元年（1227 年）夏，当时的岳飞还是一个从七品下级军校，他毅然投书朝廷，越职言事。他在奏书中言道："陛下已登大宝，社稷有主，已足伐政之谋。而勤王之师日集，彼方谓我素弱。宜乘其怠击之。黄潜善、汪伯彦辈，不能承圣意恢复，奉皇驾日益南奔。恐不足系中原之望。愿陛下乘敌穴未固，亲率六军北渡，则将士作气，中原可复。"汪、黄系南宋高宗朝初建时左、右宰相。

一个小小的偏将，对朝政一知半解，却敢于指斥宰执，勇气固然可嘉，但这样浮躁、轻脱的性格，却绝非个人之福。结果岳飞被革掉官职、削去军籍。

《三朝北盟会编》里记载了这样一件事，有老百姓到岳飞驻军所在地状告其舅父姚某，或许是因为事情带来的危害性并不大，所以岳飞只是让自己的母亲出面，也就是姚某的姐姐，将舅舅责备一番了事。

可是没过多久发生了一件令世人为之震惊的事。这一天，岳飞与舅父姚某一起骑马出行，就在二人策马并行之际，舅父突然催马超过岳飞，然后回头射了他一箭。虽然只射中了马鞍，却让岳飞虚惊一场。岳飞怒不可遏，挺枪驱马上前将舅父生擒活捉，然后捆绑于墙柱上，令其动弹不得。这时候让所有人感到意外和胆寒的一幕出现了，岳飞取过一把利刃直接插入舅父的胸膛，慢慢地剖开一条裂缝，从胸腔内拽出一颗尚在跳动的血淋淋的心脏。

岳飞用牛耳尖刀一刀一刀地割，直到割成碎末为止。当母亲姚太夫人赶到的时候，姚某胸腔里的温度已经散失殆尽。

姚太夫人浑身发抖，责问岳飞："何遽若此！"

岳飞回答道："若一箭或上或下，飞死矣。今日不杀舅，他日必为舅杀。"

如果这一载入史料的事件是真实存在的，那么岳飞的手段未免酷辣。违反军规，就地正法可以理解，但是剜心剁肉，过于残忍和血腥。不管是谁，当他在历史的演进过程中被推至一个道德高度之后，个人形象总难免从立体退化到平面，从错综复杂的多维退化到高大全的单维，岳飞也不例外。在宏大的叙事背景之下，忠君爱国、民族英雄，这些大而化之的道德符号就像是一块又一块的遮羞布，掩盖了岳飞性格中的许多缺陷。对舅父的残忍，只是岳飞缺乏宽恕的一个较为极端的例子。

英雄从来就不是完人，岳飞亦如此。翻检史料，他在性格方面的缺陷俯拾即是。比如说他的第一任妻子刘氏，也遭遇到了岳飞的不宽恕。刘氏在战乱中长年与岳飞失散，为生存计，不得不两次改嫁。岳飞功成名就之后，韩世忠在自己军中偶然发现了刘氏，此时已经嫁给一个小吏为妻。

韩世忠写信给岳飞，让他"差人来取"刘氏，岳飞没有回音。韩世忠无奈，将此事上报给高宗。岳飞才不得不上奏解释："臣我当日履冰渡河，留下刘氏侍奉老母，没承想她竟两次改嫁，臣我切骨恨之。现已差人送钱五百贯，以助其不足。"（《三朝北盟会编》）

岳飞在这份奏章里撒了一点小谎。《建炎系年要录》的记载，与岳飞本人的申辩略有差异："其妻刘氏与飞母留居相州，及飞母渡河，而刘改适。"刘氏没有主动抛弃了姚太夫人，而是在姚太夫人渡黄河南下之后，在战乱中因为无依无靠而改嫁的。"宁为太平犬，不做乱离人。"刘氏不过是那个时代千千万万走投无路的乱离人中的一个。

时间的流逝与身份的变更，总是很容易让人不自觉地发生一些变化，让人性有了龇牙咧嘴的成分。在刚开始的流亡生涯里，岳飞和他的那些军中将领们建立起了同袍手足般密切的关系。前军统制傅庆就是岳飞看重的一员悍将，岳飞在很多方面也非常倚重于他。或许正因为如此，傅庆在人前表现得恃才傲物，将长官岳飞视为自己平辈而交的朋友。他经常在人前吹嘘说："岳丈所主张此一军者，皆我出战有功之力。"

就连平日手里缺钱花，傅庆也总是会大咧咧地找到岳飞说："岳丈，傅庆没钱使，可觅金若干，钱若干"，岳飞总是会慷慨相赠，全然不以为意。这种失了上下名分的关系，在最初的打拼岁月里可以成为人与人之间的感情黏合剂。但是当岳飞回到体制内，并成为镇守一方的将帅（通、泰镇抚使）之后，情况发生了变化。

《三朝北盟会编》如此记载："及飞为镇抚使，恃法严肃，尤不可犯，而（傅）庆不改其常。飞待之异，庆颇觉之，不喜。"也就是说，这时候的岳飞对傅庆的态度在不知不觉中发生了不友好的改变，傅庆有所察觉，为此很不高兴。

恰逢刘光世派部将王德前往高邮抵挡金军，岳飞也派了傅庆前去支援。傅庆以前曾是刘光世的部下，曾经在军前对王德流露过自己想要再回到刘光世麾下的愿望。张宪探听到这个事情，密告给了岳飞，岳飞则叮嘱张宪不要漏言。

随后，岳飞开始部署处理傅庆的计划。他召集了麾下所有的统制官，让他们比试弓箭的射程。傅庆连射三箭，全超出了 170 步，其他统制官都不过 150 步而已。在赏赐的时候，岳飞却故意把战袍、金带赏赐给了王贵。

《会编》详细记载了接下来发生的事情。

傅庆抗议："当赏有功者！"

岳飞问道："有功者为谁？"

傅庆回答："傅庆在清水亭有功，当赏傅庆！"

岳飞大怒，"叱庆下阶，取战袍焚之，褫毁其金带"，对众人宣布："不斩傅庆，何以示众！"

傅庆的死是一桩冤案。当年岳飞擅自脱离王彦，按军法当斩，因为宗泽将军惜才，留而不杀。而傅庆不过是发了一番想要脱离岳家军而去的牢骚，并没有真的付诸行动，岳飞却容不下这位立下了诸多汗马功劳的猛将，一定要设计将其杀掉。一个缺乏宽容的将领会让身边人缺乏生存的安全感，而这种不安全感是一柄双刃剑。

岳飞杀傅庆的主要原因，缘于当时南宋各军团之间强烈的排外情绪。韩世忠的部队叫作"韩家军"，张俊的部队叫作"张家军"，刘光世的部队叫作"刘家军"，岳飞的部队则是"岳家军"。各路家军之间，用当时宰相赵鼎的话来说，是"相视如仇雠，相防如盗贼"，军队私人化的程度到了极为严重的地步。岳飞在这里设了一个圈套，或许是为了试探傅庆，可是傅庆的表现激怒了他。为了争功，全然不顾大局，再联系傅庆在前面愤然所发的那番跳槽言论，性情刚烈的岳飞又怎能安之若素。

岳飞本来就是行伍出身，史料对其评价是"少负气节，沉厚寡言，性刚直，意所欲言，不避祸福"。在他身上不光有中原人特有的粗犷质朴、刚直倔强的性格，更有行伍者的深沉与韬略。绍兴元年（1131 年），岳飞驻军洪州，一次与时任江西路兵马钤辖的赵秉渊对饮，大醉之后，竟对赵秉渊施以暴力，几乎将其殴击致死。

后来当朝廷准备将赵秉渊调拨给岳飞时，念起往日仇怨的赵秉渊激动地表示，就是将自己就地正法也不做岳飞的下属，朝廷只好将其改调到了刘光世的麾下。岳飞嗜酒辱人的毛病在军中的影响很是恶劣，最后竟传到了高宗的耳朵里。高宗只好下了一道谕旨，告诫他今后不许再酗酒。

岳飞在性格上所表现出的刚烈度，在许多事情上面一次次地显现出来，并伴随他的一生。即使在官场上已混迹多年，也经常能够见到他性格中的那些不和谐因子。最突出的例子是在淮西军督师问题上与宰相张浚发生的激烈冲突，岳飞的刚烈性格暴露无遗。绍兴七年（1137 年），此时的岳飞已升至太尉、武胜定国军节度使兼营田大使，已进入朝廷一品大员之列。

按理说，作为一个心智成熟的帝国官员，他应该谙熟为官之道，能够很好地控制自己的情绪，在明暗交错、朋党倾轧的上层集团学会明哲保身。但恰恰相反，岳飞的性格不仅未改，反而因功高名盛而变得更无忌讳。

这一年四月，镇守淮西的刘光世被高宗赵构免职后，南宋的权力高层本已决定并通知淮西军归岳飞节制。这是岳飞梦寐以求的，他早已做好了以大兵团经略中原的军事计划。就在岳飞准备大干一场的时候，高宗、秦桧、张浚等帝国高层基于对武将的防范心理，很快又出尔反尔，收回成命，并派张浚前来军中假惺惺地征求人选意见。

满腹怨气的岳飞与有高深背景的张浚发生了激烈的冲突，岳飞连驳张浚提出的王德、吕祉、张俊等其他人选，认为这些人都难以胜任。虽然岳飞所表现出的激愤事出有因，但仍使张浚大为恼怒，悻悻然说："浚固知非太尉不可也。"

紧接着岳飞做出了一件令人匪夷所思的举动，他上奏朝廷主动要求解除自己军职，并在高宗皇帝没有应允的情况，擅自离开军队，前往庐山为母亲守墓。有人认为这一事件是岳飞受到高宗虑疑的起始点，所言非虚。宋高宗赵构最看重的是军事将领的忠诚度，最忌惮的是将在外君命有所不受的自由度。这一震惊朝野的举动，再次反映了岳飞刚烈外露的个性，也因此为他四年以后命运走向酝酿了某种始料未及的祸患，这是典型的胆汁质性格类型表现。

事发后，张浚连接上奏高宗，指责岳飞"专在并兵，奏疏求去，意在要君"。在这里张浚把问题强调得十分严重，岳飞这么做的目的是在要挟君王。高宗也十分恼怒，欲借机收回兵权惩罚岳飞，只是在左司谏陈公辅的竭力劝阻下才没有那么做。但这次事件还是引起了宋高宗深深不可逆转的忌疑和忧虑，加之"张浚忌之在前，秦桧忌之在后"，王德、杨沂中、张俊等辈也对岳飞怀恨在心，出于个性所致，树敌太多，岳飞的人生悲剧由此开始潜伏了危机。

同年九月，岳飞接到密报，获悉金人欲废刘豫，另立钦宗之子为宋朝皇帝，企图分裂南宋政权。岳飞对此忧心如焚，不顾参谋官薛弼的再三劝阻，也不顾宋代武将不能参与立储的传统戒规，在谨见时贸然请求高宗早立皇太子以备不测。

高宗听后不悦，答以"握重兵在外，此事非卿所当干也"，加以冷漠拒绝。

本来进言结果应在意料之中，岳飞却表现得倍感颓丧。不可否认，岳飞是战场上可以力挽狂澜、改变战局的一位难得的将领，但是身处复杂严峻的帝国官场，他常常仅凭意气用事，单纯耿直的个性太不谙于世故而处处冒险，使自己处于极度被动的状态，难免为世所难容，甚至招致杀身之祸，这也正是岳飞人生悲剧的一个潜在因素。

2. 来自顶层设计的算计

追究岳飞的真实性格，是我们今天解读岳飞命运最重要的两把钥匙之一。而另一把钥匙则是南宋王朝那场必然要刮起来的风，来自于顶层设计的权力算计。当这两把钥匙合二为一时，也就等于开启了通往绍兴十一年那个冬天的风波亭的大门。

在帝国文武之争的热闹的表象背后，其实是一个关系到政权最核心价值的顶层设计。顶层设计者们必须确保皇帝对将领和军队的绝对领导，就算军队的战斗力薄弱，也没多大关系，关键是必须要绝对服从。皇家军队是保证皇家生存安全的武装，而家军的生存路径则是以服从军队创建者的指令为第一要务，其次才是皇帝的指令。

家军体制的形成，与岳飞没有直接关系。岳家军不是第一支，也不是最后一支。所以要以此论罪，岳飞连最基本的罪过都算不上——虽然朝廷在使用岳家军时，始终抱有一份忌惮，收放皆不自如。北宋初年，为了从根本上解决唐末五代将悍兵骄、藩镇割据的问题，从各方面强化了专制主义中央集权。强化集权的重要措施之一是重文抑武，倡行文治，重用文臣，压抑武将，收夺兵权。重文抑武也就成为两宋三百年厉行不衰的一个基本国策。

宋高宗刚刚即位的那几年时间里，南宋小朝廷风雨飘摇。挥舞着马刀的女真人对南宋政权和宋高宗穷追猛打，高宗君臣一直逃亡于海上，不断向金人乞和。金人并不买账，必欲灭亡南宋、生擒高宗不可。他们根本不把高宗当作谈判对手，认为一个即将亡国的君主，没有谈判的资格。各路家军崛起之时，正是帝国生死存亡之际。在这种情形下，以高宗赵构为首的顶层设计者们不得不给武将一定的权力和地位，让他们为朝廷效命。与此相应的是，北宋以来一直受压抑、受歧视的武将，在南宋初年出现了一个权力增大、地位上升的时期，武将有了对军队的固定指挥权。

北宋时期是"兵不识将、将不知兵"，兵将两分离。这一时期，将领可以固定地控制所统领的军队，甚至被称作"某家军"。在朝廷无力供养、更无力制约军队的时候，若想让一支军队具备凝聚力和战斗力，家军体制自然是不错的选择。自己筹饷，自己练兵，这也是为什么南宋初年所有重量级的军队，如以淮东楚州为大本营的韩世忠军，以池州和庐州为大本营的刘光世军，以建康府为大本营的张俊军，以鄂州为大本营的岳飞军，以及远在四川的吴玠军，最后都不约而同地选择成了"韩家军""刘家军""张家军""岳家军""吴家军"。这背后，有着那个特殊时代的特殊烙印。

从遍地狼烟，到权力场上一连串的洗牌后，南宋的军事版图上只剩下主要的五大家军。与南宋初年相比，这时候南宋的军事力量已经迈上一个大大的台阶。五大家军正式成型之后，对金的防御体系已趋于完整，最起码这时候的南宋君臣再不必担心逃往海上了。中国历史用铁与血的教训，一再证明只有军队私人化才具有非同寻常的战斗力，包括后来明朝的戚家军，晚清时期的湘军、淮军，莫不如此。但军队私人化的弊端也是显而易见的，家军之间严格划分界限，彼此猜忌，联合作战时往往互拖后腿，是很常见的事情，正所谓"相视如仇雠，相防如盗贼"。

岳飞蒙冤而死，满朝文武多不敢言，只有韩世忠当面质问秦桧。当秦桧以"莫须有"三字回答时，他气愤道："'莫须有'三字何以服天下！"

秦桧根本就不需要顾及天下人的想法，因为他有着强大的后盾。

岳飞的罪名是秦桧一手策划出来的，这就是事件的真实背景。然而这里面还有一个更大的背景——那就是宋高宗的一双隐形巨手。依岳飞这时候的身份与影响力，绝不是一般的诬陷可以动摇得了的，更不可能将其陷害至死。如果是一场查无实据的"莫须有"，更不可能成为铁案一件。事实上岳飞的案件的确查无实据，如果没有高宗的默许，岳飞是不可能被杀头的。也就是说，高宗是支持杀岳飞的。

以当时的政治形势，岳飞在抗金的路上已经取得一定的优势。如果按照这种态势发展下去，击败金军并成功接回被掳的北宋皇帝，有可能成为现实。当梦想照进现实的时候，高宗却无法接受这一切。"暖风熏得游人醉，直把杭州作汴州。"偏安一隅的高宗重用岳飞只是为了保护自己，他压根就没有想到，岳飞会走得那么远。迎回二帝，就意味着自己的皇位将受到挑战。权衡之下，高宗可以做出的选择并不多，而其中最为有效和稳妥的办法就是让岳飞停下前进的脚步。

世人只看见秦桧在整件事上的推波助澜，却看不见高宗那只无形的权力之手。别人看不见，但秦桧心里清楚，所以当韩世忠质问的时候，他的回答很简单："莫须有。"这三个字如果单纯地从字面理解，就是"不须有"的意思，也就是说在除掉岳飞这件事上，根本不需要任何理由。

为什么不需要理由？因为这是高宗赵构的意思，秦桧只是遵照圣意在走一走过场而已。

秦桧这样回答韩世忠，其实是挟天子之威，同时又非常含蓄，不露马脚。这等于是告诫韩世忠不要多管闲事，要知道皇帝的意图是最高机密，任何泄露的人都可能会遭受灭顶之灾，因此秦桧在这里也只能暗示对方。

作为朝中两名位高权重的大臣，他们的对话中隐隐约约透漏一些背景也是完全符合当时的语言环境的。当然，这样的暗示也只能在非常隐秘的场合讲，是绝对不能见光的，所以韩世忠余怒未消却也无可奈何。

高宗赵构，是宋徽宗的第九子，人称"九哥"，封康王，传说中"泥马渡康王"的康王。身为九皇子，按照皇权继承人的排序规则，在正常情况下，赵构根本没有当皇帝的可能。又加上宋朝为防"内乱"，抑制皇子宗室。在女真的铁骑横扫中国北方的时候，九皇子赵构只能在宫廷里研习琴棋书画，热衷于声色犬马，与政治保持着若即若离的距离。

北宋末年发生了靖康之变，父亲、兄长（即徽、钦二帝）都被金人掳往北方，赵构突然有了当皇帝的可能，也果然登上了皇帝宝座。他对于徽、钦二帝的心态，自然会相当复杂。在当时，二帝被俘，不仅意味着一个赵家政权的垮台，而且升华为一个民族耻辱的标记。因此，"迎回二圣"的口号，成了当时抗金斗争的重要目标，也是激励抗金斗争的一面旗帜。

高宗表面上不得不打出这面旗帜，但内心却是极其害怕、极不情愿的。后来徽宗死在金国，高宗又怕钦宗回来，威胁自己的帝位。金人深知高宗的心理，不轻易放回钦宗，利用钦宗这张牌来打政治仗，作为万一军事上失利的护身符。

绍兴七年（1137年）秋，金人曾经几次放风要把钦宗及其子扶上皇位，以此逼高宗按金人的条件议和。金人此举显然是切中了高宗的要害，钦宗是皇室正统，万一复位，要比赵构更有号召力。为了防止出现这种局面的出现，宋高宗赵构只能顺从金人。

在经历了北宋末、南宋初的生死流转，赵构始终无法克服内心深处畏金如虎的情愫。他的人生理想就是能够统治东南半壁江山，对于收复北国失地，他并没有做过多地考虑。如果能够苟安一隅，他宁愿作大金国的藩属。但是战争始终是政治的一颗筹码，没有强大的武力和足够的战果，你连求和的资格都不具备。所以，他一方面积极筹划对金妥协议和，另一方面，他并不放弃倚仗武将提高军事实力，以战求和。基于求和心切，他对武将的态度其实是为金朝对南宋的态度所左右的。

绍兴十年（1140年），金国叛盟，大举进攻南宋，结果被岳家军一路追打到开封附近,几乎赔掉老本。反过来,金国连连受挫,也有了自知之明。宋军的胜利,标志着金强宋弱的形势已发生了根本的变化,这一点连向来畏敌如虎的宋高宗赵构也看得清清楚楚。

绍兴十一年(1141 年)初,金国南侵打了两次大仗,一胜一负,两国的战略均势这时候已经形成。就连金国的主战派兀术也有了讲和的意思。一旦敌国的主和派占了上风,一旦敌国真不想打了,准备裁军了,那么本国裁军或曰自毁长城的条件也就成熟了。这时,赵构终于有了选择的余地:他可以恢复传统,改革"家军"体制了。换句话说,国际的暴力均衡确立之后,金国的致命威胁下降之后,内部的异己之患也就相应地升格为帝国的头号大患。

宰相秦桧的养子秦熺留下的一段记载,可以印证上述计算:"主上圣明,察见兵柄之分,无所统一,乃密与桧谋,消尾大之势,以革积岁倒持之患。"可见,"太阿倒持"之患已在皇帝心中郁积多年。正因宋金对立的形势发生了这样的根本转变,赵宋政权偏安江南已经有十足的把握,解除诸大将兵权的时机也已成熟。所以,宋高宗赵构就把他这一心思告诉了秦桧,于是二人对岳飞等实力派将领的下一步去向进行谋划。秦桧为要替其金国主子女真贵族效劳,为要适应兀术"乃始讲和"的策略,更是极力要求议和,害怕岳飞等将领难以控制,想把他们手里的兵权全部收回。因而,宋高宗的主意,正中秦桧的下怀。

岳飞会反叛吗?不一定。那么,岳飞不会反叛吗?也不一定。即使岳飞不想造反,谁也无法保证,他的那些如狼似虎的属下不会造反。当年赵匡胤就未必想反,但他的属下追求富贵,非要拥戴他当这个皇帝不可。走到无路可走,不想反也得反。更何况,岳飞对皇帝的议和政策是有意见的,对高宗有意无意地束缚自己的兵权也很是不满。南宋初期的军事体制缺乏节制手段，主要依赖部下的忠心，岳飞的心中有了不满的影子，这让赵构如何能够安心做他的太平皇帝？

最要紧的是，岳飞拥有反叛的实力。岳家军有十万兵马，占全国总兵力的四分之一。而且，这支军队的战斗力极强，民间声望极高。民间有个说法：撼山易，撼岳家军难。岳飞本人饱览经史，礼贤下士，温和有礼，为人清廉，赏赐一概分给部下。这简直就是活圣人。岳飞死后多年，他的众多部下还聚在一起，联合起来为他申冤，并且哭声震天，场面感人，可见岳家军多么团结。这支军队的口号是：冻死不拆屋，饿死不掳掠。

赵构曾经对岳飞的对手兀术有过一番评价，他说："兀术的金国军队虽然强大，但专以杀戮残忍为能事，不顾人心向背，我知道他不会有什么大作为了。"那么对于岳飞，宋高宗的认识应该更为清醒。如此人心尽收的岳飞实在让他坐卧不安，这样的暴力集团不反则已，一反就会天塌地陷。

此时此地，对高宗赵构来说，选择就变得更加简明：废掉岳飞，或者不废岳飞。令他不安的是，岳飞将采取什么策略是不可测的。

但是历史经验和亲身经历告诉他，历代武将在难以估测的选项填空中，只要胜算较大，他们往往会选选择"反"。不反的还要后悔。

对岳飞来说，可以做出的选择也很简单：服从或者反抗。皇帝和宰相们这时候已经达成共识：整顿出一支完全隶属于皇帝的强大中央军，仍然是目前最亟须完成的政治作业。有鉴于直接摘掉家军领袖的教训，赵鼎采取了更为隐蔽的手段：奖掖家军当中的偏将们，以方便他们从家军中独立出来，进而使整个家军解体。这有点类似于汉武帝当年所推行的"推恩令"：让每个大诸侯国里产生无数个小诸侯国，从而瓦解掉大诸侯国。

大将们中间，老练的张俊早已看透了高宗的心思，并及时采取了应对措施，使朝廷"终不能得其柄"。但一门心思扩军拓疆的岳飞却没能看清这场政治浓雾，而他也从来不去揣摩帝国高层的意图。就在绍兴八年，他还在向高宗请求增兵，结果自然是被拒绝。高宗的意思是，现有的部队，已经到了尾大不掉的程度，自己整合不了他们，也拆分不了他们。所以，与其让各路家军继续增加兵力，还不如另外建立新部队。而这些新部队，自然都要直接服从朝廷的指挥，自己的指挥。

高宗已经对依靠家军们取得战事的胜利失去了信心。他曾这样对心腹谋臣王庶说："今之诸将不能恢复疆宇，他日须朕亲往！"高宗的目标很明确，一定要建立一支完全属于自己的中央军，来取代这些家军。

与整顿家军的工作同时向前推进的，是南宋高层这时候突然加快了与金人的和谈步伐。

绍兴八年（1138年），具体负责整顿家军的枢密副使王庶，已经把这个问题说得再明白不过了："敌之强弱，吾无与也，顾在我者何如耳。"也就是说，和谈不是整顿军队的目的，相反，整顿军队才是和谈的目的。高宗也说过，他对家军诸将早已完全丧失了信心，若要恢复疆宇，"他日须朕亲往"。也就是说，收兵权是目的，和议只是手段。

或许是担心家军将领们接受不了这一现实，高宗和他的最高决策核心层并没有将这一真实意图对外宣布。如果和谈成为现实，来自于金国的军事压力就会大大减小，两国战争也有可能会就此平息，那么家军也就没有扩军和存在的必要。

绍兴八年和绍兴十一年的两次和议，高宗始终都在打感情牌，他不断强调自己是一个守"孝道"的君主。他甚至在公开的国家仪式上痛哭流涕，希望天下臣民能够理解他的良苦用心。他需要和议，需要从冰天雪地的五国城，将自己的生母和其他皇室迎回来。

从绍兴八年到绍兴十一年，南宋的中央决策层发生了许多人事变动，宰相赵鼎也被秦桧所取代。尽管如此，通过与金国和议来实现整顿家军的目的，却始终没有动摇过。宋高宗赵构这时候已经下定了决定，一定要彻底解散家军，一定要建立起一支完全由自己掌控的庞大中央军。而这一点，也是赵构和他的南宋政权不断迈向成熟最为重要的一步。

所以，在此期间，岳飞们在军事上所取得一切胜利，其实都是在挖自己命运的墙脚。他们对金人的军事压力越大，金人就越容易同意和议，等待他们的最终命运也就来得越快。明显的迹象，可以从两次和议的对比中看到。绍兴八年的和议，朝廷中的士大夫们分裂为赞同和反对两大派，彼此对抗；而到了绍兴十一年，却几乎没有士大夫出来反对和议。

3. 各方利益关系的博弈

历史不应该过分强调个人的作用，无论是英雄，还是狗熊，都不应该将其从人群中抽离出来。如果我们把某个历史事件视为一场游戏，那么来自人群的游戏者就不应该是孤立的。既然他来自人群，身上就会背负着错综复杂的人与人之间的关系。岳飞作为当时政治环境中的一员，处于错综复杂的政治关系中，不仅不能把他同他的部将和幕僚分开，也同样不能把他同身边的形形色色的权臣、落井下石的小人分开。尤其身处于官僚体系，如果一个人不懂得用虚伪掩饰的手段去应对复杂局面，就难以取得成功。

对于这场南宋与金的这场战争，宋高宗真是心有千千结。形势危急之时，他担心会重蹈败而亡国的覆辙；等到岳家军长驱直入，他又担心岳飞和各路家军将领功高盖主，将自己这个皇帝取而代之。这种患得患失的心理在很大程度上左右了战局，他的想法始终难以摆脱曾经的亡国之痛给自己造成的伤害和阴影。

当然岳飞也看出了高宗的这点心思，他再三表示，等到北伐成功，自己就主动解甲退隐。岳飞的这种表态让他变得更加不安，在他看来，岳飞绍兴七年自行解职、奏请建储等事，都证明了岳飞是一个有政治野心的人。

绍兴元年以来宋军的多次胜利，无法驱散宋高宗内心的"恐金症"。他对金军的力量始终估计过高，对自己的力量估计过低。以岳飞为首的各路家军节节推进，身为君王的赵构却在深宫坐卧不宁。他在手诏中不断使用"全军为上""占稳自固""必保万全"等词，就是在警告岳飞，不要与完颜兀术（宗弼）大军决战，以和为贵。

不过高宗的忧虑也不是完全没有道理，身为偏安一隅的君王，他在心理上自然会有危机。外患不说，内忧更是让他脆弱的内心有了难以承受之重。那些拥兵自重的武将让他忧心不已，他感觉自己的皇位始终处于一种摇晃的状态。南宋之初，拥兵武将大都"平时飞扬跋扈，不循朝廷法度，所至驱虏，甚于外患"。一些将领拥兵自重，尾大不掉，为了保存实力而拒绝对金作战。在这方面，张俊、刘光世是典型。

建炎四年金兵围攻楚州，高宗下令张俊率兵解围，张俊认为金兵的力量过于强大，拒不出战。高宗只得改派刘光世出兵，但连下五次手令，刘光世也同样是按兵不动，结果是坐视楚州失陷。后来，高宗命刘光世移屯扬州，刘光世不愿离开家小到前线去，仍然拒不奉诏。高宗也无可奈何。

南宋初到绍兴和议短短十四年时间，各地零星不断的小规模兵变不说，大规模兵变就发生了三次：苗刘之变、杜充投敌、淮西兵变。这使得赵构对那些领兵的将领不得不心生疑惧。

绍兴六年（1136 年）九月，伪齐刘豫挥军南下"寇淮西"，高宗命岳飞东下增援。当时正患眼疾的岳飞闻诏即日启行，还没赶到地方，刘麟已闻风而逃。高宗高兴地对宰相赵鼎说："刘麟败北不足喜，诸将知尊朝廷为可喜。" 由此可见，在高宗赵构的心目中，能够克敌制胜并不值得狂喜，对他来说，领军在外的各路将领能够服从命令听指挥才是第一要务。

岳飞在北宋末年投身军旅，建炎三年才算正式亮出他的"岳家军"的旗号。而在这五年时间里，岳飞从名不见经传的普通士兵成长为一名重要的军事将领。在这一期间，他犯下两次大错。先是建炎元年初，他以从七品偏将的身份越职论事遭罢黜，后又率其部擅离王彦。第一件事情还可以说是岳飞直言不讳，爱国心切，第二件却是犯下了军法中的死罪，"背军走者，斩！" 由此可见岳飞的倔强性格和意气用事。

建炎四年（1130 年），岳飞在越州献俘之际得到高宗召见。在此次召见中，岳飞显示了自己的军事远见。这也是高宗第一次见到岳飞，高宗任命岳飞为通、泰镇抚使。在这以后，无论是抗击金军、讨伐游寇，还是镇压起义，岳飞都显示了出类拔萃的军事才能，战绩也远远超出张俊、刘光世等一时的中兴名将。高宗认为："用将须择孤寒忠勇、久经艰难、亲冒矢石者。"

对于岳飞立下的卓越战功，高宗是高度认可的。也正是在以岳飞为首的各路家军的浴血奋战中，南宋才稳住了阵脚，迎来与金国议和的局面。高宗也没有亏待岳飞，在短短几年时间里，他先后对岳飞进行了数次的褒奖和提拔。

绍兴元年，高宗擢升岳飞为神武副军都统制；绍兴三年秋，高宗手书"精忠岳飞"字，制旗以赐之；绍兴四年八月，又擢升岳飞为清远军节度使，后又升为两镇节度使；绍兴七年，高宗又密令岳飞"中兴之事，朕一以委卿，除张俊、韩世忠不受节制外，其余并受卿节制"。

宋高宗赵构完全是按照自己的用人标准，将战功显赫的岳飞调整到重要的军事岗位上。可以说，这一时期是君臣关系最为密切的一个阶段。

绍兴七年二月，南宋朝廷在考虑良久之后，终于决定对家军采取措施。宋高宗移驾建康府。韩世忠此时正率自己的贴身亲兵在建康护驾，但高宗却撇开他，在自己的卧室秘密召见了岳飞，而且是单独召见。在这次卧室交心谈话中，高宗给了岳飞一个天大的许诺："中兴之事，朕一以委卿，除张俊、韩世忠不受节制外，其余并受卿节制。"

高宗在这里向岳飞郑重许诺，要重新整合帝国的军事力量，甚至打算将全国大部分军队的统率权授予岳飞。把刘光世的 5 万多部队，川陕的 6 万多吴家军，以及其他一些小军团，总计达 17 万之多的军队，一并交给岳飞指挥，再加上 10 多万岳家军，归入岳飞指挥的部队，总计达到了近 30 万。而不受岳飞指挥的韩家军和张家军加起来，也不过 10 万左右。

对于君王的恩宠，岳飞是心怀感激的，这也是他能够在战场上浴血奋战的精神动力，当然也是他恃权傲人的资本。高宗居然想要将全国四分之三的军队交给岳飞一个人指挥，有宋数百年，还从来没有过这样的先例。岳飞显然被这巨大的幸福感重重地击中，畅想着岳家军跨过黄河直捣黄龙的盛景。他回去整理了一下思路，两天之后就给宋高宗拿出了一套完整的北伐计划，心情之急迫可见一斑。

岳飞对高宗上书称："陛下录臣微劳，擢自布衣，曾未十年，官至太尉，品秩比三公，恩数视二府，又增重使名，宣抚诸路。臣一介贱微，崇荣超躐，有逾涯分；今又蒙益臣军马，使济恢图。臣实何人，误辱神圣之知如此，敢不昼度夜思，以图报称。"

如果高宗的承诺能够兑现，他几乎是把所谓中兴之事全部押宝在岳飞的身上。一直以来，高宗内心深处对所谓的中兴事业其实是没有多少底气的。虽然战争的形势越来越利好于南宋，但是有着亡国和逃亡经历的赵构，仍然没有走出心理阴影。他不敢，也不愿放开手脚与金人作最后的生死博弈。他只是在求和受阻的情况下，看到各路军队的战绩还算比较好，有了一时的冲动。

无论高宗是出于何种心态，岳飞的兵马实力和权力至少增强了。高宗的认可和支持，也和岳飞多年恢复大业的志愿是相契合的。君臣二人虽有不同的出发点，但他们却有着共同的事业，而君臣关系也在这时候达到了一个高峰。

从经济学理论来看，高宗赵构和岳飞之间是纯粹的雇主与雇员关系，他们可以为了共同的利益，相互扶持走过最为艰难的那一个时期。但是只要迎来柳暗花明，那种由利益联结的关系链就会有崩断的危险。两人的出发点本就不一致的，短暂的妥协不代表永久的和谐，君臣关系始终处于一种博弈状态。岳飞悲剧的终极原因：不知道雇主对雇员的信任永远是有限的，雇员的实力越强大，越不能跟雇主拧脾气；不知道心与心之间至少应该有一米的间隔，即使知心话儿也不能随便说的。

高宗赵构非常清楚一个道理："兵家之事，势合则雄。"或许正因为如此，高宗赵构曾经允诺将帝国四分之三的兵力拨给岳飞。就在他要履行承诺时，忽然想起压制武人的祖宗家法。思虑再三，宋高宗打起了退堂鼓，想要收回成命。

可是对于岳飞来说，他要实现"尽复失地""迎二圣还朝"的人生抱负，最大的阻碍就是兵力不足。能不能接手帝国的军权，关系到自己的政治理想能够实现。高宗的出尔反尔，让岳飞的心情从山顶直接跌入谷底。

极大的愤怒和失望，再加上张俊对此事的处理方式失当，激怒了岳飞。岳飞请求朝廷解除自己兵权，在没得到高宗的批准之下，私自上庐山为母守孝。高宗皇帝屡次降诏让他还朝，岳飞不为所动，后来岳家军的僚属们以死相请，他才"具表待罪"。

但高宗不能容忍自己一向赏识宠信并视为倚柱的臣子用这种方式要挟自己，对岳飞开始有了成见，并暗暗警告他说："卿前日奏陈轻率，朕实不怒卿，若怒卿，则必有行遣，太祖所谓'犯吾法者，惟有剑耳'。"尽管事情起因是由于高宗的出尔反尔，但身处体制之内的岳飞不识政治忌讳，行事过于轻率，导致二人关系之间出现裂缝。

从绍兴七年（1137年）年底一直到岳飞沦为阶下囚，高宗和岳飞在对待金国问题上始终难以达成统一。他们在战与和的问题上因政见不同而矛盾日深。满怀报国热忱却又年轻气盛、意气用事的岳飞在与高宗的相处过程中，根本无意揣摩君王意图，很多时候他连最起码的颜面都不给对方保留。岳飞所看重的，是念念不忘地要求增兵和举兵北伐，都是高宗赵构从心底里所排斥的。岳飞的毫不让步和高宗的一心求和，使他们之间的关系急剧恶化。

绍兴八年（1138年）二月，岳飞又一次向朝廷要求增兵，而高宗给出的回答是："上流地分诚阔远，宁与减地分，不可添兵。"同年，王庶誓师江淮时，岳飞写信给他说："今岁若不举兵，当纳节请闲。"在高宗决意求和已不可改变，而权臣势力又遍布朝堂的情况下，岳飞再次上言："金人不可信，和好不可待，相臣谋国不臧，恐贻后世讥。"

绍兴九年（1139年），和议成，高宗及满朝文武大臣都沉浸于一片祥和喜悦的气氛中。这时候，高宗并没忘记对岳飞进行犒赏，并称和议的签订与岳飞立下的赫赫战功密不可分。尽管高宗如此表态，岳飞也毫不领情。在岳飞看来，宋金和议是对自己铁血生涯的侮辱。他向高宗发出警示："今日之事，可危而不可安，可忧而不可贺；可以训兵饬士，谨备不虞；而不可行赏论功，取笑夷狄。"既然岳飞的主战要求得不到高宗的呼应与支持，他只有以辞去兵权表明自己的态度。赵构对金求和，最担心的就是以岳飞为首的武将们的反对，岳飞这一辞呈，对高宗赵构来说正中下怀，他可以借此机会对岳飞敲响警钟，以儆效尤。

基于现实的考量，高宗没有批准岳飞的请辞兵权，因为他不能保证金朝会遵守和谈条约。为了给自己留条后路，他还是要保留岳飞作为保护自己的一张牌，同时又下令不允许岳飞轻举妄动，以免破坏和议的大好局面。

绍兴十年（1140 年），金军败盟而南下，岳飞立即挥师疆场。岳飞不顾高宗皇帝的阻挠进行北伐，一路势如破竹。就在"岳家军"的前锋部队抵达距开封不到四十里的朱仙镇时，岳飞在一天之内连续收到高宗发来的十二道金牌，要求大军立即班师回朝。这突如其来的一幕，完全打乱了岳飞的战争计划。眼看就要收复东京，高宗却在这时候掉链子。

岳飞此时才算真正看透高宗对金的政治底牌，和对他的疑惧之心。在十二道金牌的催促之下，岳飞不得不撤兵，放弃已收复的失地。绍兴十一年正月，兀术重兵侵犯淮西，高宗命令岳飞支援。淮西之战最终在宋军占上风的情况下，由于张俊的贪功而败。岳飞的悲愤和压抑由此爆发，愤怒地发出"国家了不得，官家又不修德！"的怒吼，这也成为秦桧一派后来抓到的所谓岳飞罪证的口实之一。

绍兴七年，是岳飞与高宗君臣关系的一个转折点。岳飞的军事战略与高宗的求和政策格格不入，岳飞还进行了公开地抨击和反对。对于武将而言，这已不仅仅是凭借资本向皇帝口头要挟，他们还落实到实际行动上。如绍兴八年，韩世忠劫袭金使；绍兴十年，岳飞不听劝阻，举师北伐。但这些均不足以促成高宗下定决心诛杀岳飞，他虽时时策划着解除武将兵权以及如何实现议和政策，但诛岳飞并不是一个十分稳妥的方式。只要大金势力还在，岳飞即使被革职，仍然还有他的用处。

后来一个因素逼着高宗不得不做出重新考虑，兀术致秦桧的一封信说："尔朝夕以和请，而岳飞方为河北图，且杀吾婿，不可以不报，必杀岳飞，而后和可成也。"岳飞一直以来都表示要功成身退，也一再地提出辞呈，高宗此时完全可以顺水推舟，况且绍兴十年金军的毁盟也使他不完全相信金人会遵守和议，所以岳飞还是他要留的后路。但兀术提出的议和条件以及他身边一些势力的参与，使他又重新考虑并做出决定，这些势力就是秦桧和张俊之流。但作为南宋政府最高统治者的高宗皇帝，其权力是至高无上的，只有他才对当朝大事有最终决定权。

帝制时代，一旦出现皇帝对臣下的猜忌，其结果要么是鱼死要么就是网破。在斗争中占据主导地位的皇帝往往会占优，史书中对此有深刻的表述："君臣不可疑，疑则为乱，故君疑臣则诛，臣疑君则反。若臣疑于君而不反，复为君疑而诛之；若君疑于臣而不诛，则复疑于君而必反。"在这种不对称的博弈中，"君疑臣则诛"，臣下反或者不反都不是问题。

只要君主有了疑虑，有了诛杀大臣的愿望，其余事情都可以在此意志指引下在合法的外衣下去完成。何铸查出了岳飞的冤情，秦桧对他说："此上意也。"短短四个字就交代了事情的真相。而这种"上意"往往是隐藏很深的，当朝人不敢道明，后世人难以洞悉，往往道不明事件的真相。于是历史事件就成为扑朔迷离的历史谜案。我们可以断定，其实所谓的秦桧和岳飞势不两立的背后是高宗和岳飞的势不两立，秦桧是基于高宗意志走上前台出演的一个主要演员，高宗才是主导整场剧情发展的导演。

自南宋皇室南迁后，为抵抗金人侵略，皇帝和士大夫官僚暂时放弃了对权力的垄断，不得不依靠武人来摆脱灭亡的威胁。在对金作战中，岳飞等武将地位上升，改变了北宋文、武的格局，诸将也形成地方军阀的态势。

特别让士大夫难以容忍的是武人力量在战争中的崛起，其自信得到加强，一改北宋遭文人压抑之态，如韩世忠蔑视文人，常出言侮辱，并轻薄地称之为"子曰"和"萌儿"，充分显示了武人自信心的提高。

随着南宋政权的逐渐稳定，士大夫们立即就展开了对武将的夺权斗争。高宗虽然不是中兴之主，但是却深谙权力驾驭之道，与秦桧因势利导，利用士大夫的夺权心理，积极与金人媾和。因为"高宗之为计也，以解兵权而急于和；而桧之为计也，则以欲坚和议而必解诸将之兵；交相用而曲相成"。媾和与夺诸将兵权是相辅相成的，后者对皇权的潜在威胁还远大于和议，因为这符合宋代重内轻外的政治原则。和议和解除岳飞等诸将兵权，也就恢复了士大夫昔日的政治地位。当然并不是所有的官僚都赞成媾和，但绍兴八年确实是高宗与一部分士大夫官僚共定"和议"为国是。虽然在媾和问题上士大夫们的意见并不一致，但在解除诸将兵权上却是非常一致。也就是说，秦桧不过是完成了张浚、赵鼎等想做的事而已。

武将势力的坐大是建炎、绍兴之际有目共睹的事实，这与太祖以来抑制武将的祖宗家法是格格不入的。从建炎末年以来，不同派别的文臣就以祖宗家法捍卫者的身份提出形形色色削兵权的方案。

削兵权代表了士大夫的集体意识，而秦桧不过是实现了他们的政治欲望。由于敌视武人的传统深入骨髓，加之诸将领之间的矛盾和军纪问题，士大夫对于武将的敌视态度并没因国难当头而有所减弱。还在金人南侵、南宋政权处于风雨飘摇之中时，他们就开始盘算夺回兵权了。

绍兴七年淮西兵变后，南宋官僚们更感到解除诸将兵权的迫切性。次年监察御史张戒向高宗进言"诸将权太重"，暗示分诸将之权，高宗欣然同意，并表示"一二年间事当自了"。稍后，左宣议郎王之道上书，明确要求收回诸将兵权，以文臣统治军人。

如果没有文臣官僚们的这种集体性的政治意识，高宗与秦桧要想很轻易地夺回诸将兵权就要困难得多。绍兴十一年淮西之战后，给事直学士范同就向高宗、秦桧献上"皆除（三大将）枢府，而罢其兵权"的调虎离山之计。接着，参知政事王次翁又协助秦桧以犒赏为名，将韩世忠、岳飞、张俊三大将召到临安，以突袭的方式解除了他们的兵权，改诸大将屯军为御前诸军。在清嘉庆年间《重刻金佗粹编序》中有这样一句话："当是时，张俊妒而秦桧诡，而桧又金虏之俘也。桧主其谋，俊成其决，王得能全哉！"也就是说，岳飞的死因是秦桧主谋、张俊帮凶。

其实，如果了解传统帝制时代政治本质的话，我们就会知道，任何所谓的如秦桧之流的"权奸"，不过是最高权力者的附庸。没有最高统治者的放纵和有意唆使，他们是难以参与重大政治事件的。在北宋前期，政治清明，"皇帝与士大夫共治天下"，曾出现过不少皇帝向大臣妥协的事情，甚至出现过真宗皇帝在寇准的威逼利诱下，亲至抗辽前线的情况。但在内外交困的南宋，整个皇朝都是那么敏感，秦桧之流的所谓权臣是不能也不肯去左右最高统治者宋高宗的。

至此，高宗终于秉承祖宗家法，与官僚集团联手再次将武人置于控制之下，南宋政治也重归北宋的传统。岳飞的杰出威望以及对媾和的反对态度，终使其成为武人失败的祭品。其悲剧命运几乎是注定的，不杀岳飞不足以显示士大夫们的力量，不足以警示其他武人。

正如王曾瑜先生所说，赵构是"不乏小聪明"的，在岳飞之死这件事上，他的聪明之处就在于使后人认为岳飞的冤狱是"桧主其谋，俊成其决"。他找到了一群替罪羊跪在岳飞面前，让其遭受一个民族千年的唾弃。当然这并不是说秦桧、张俊等人是无辜的，在岳飞遇害这件事情上，他们是在高宗的策划下，为了个人的名利配合高宗皇帝，亲自走上前台出演了一出历史冤剧。秦桧是南宋的一名权奸，不管他是从金人营中逃回南宋，还是被金人故意放归，总之，他是促成宋金和议的一大"功臣"。作为一贯支持宋高宗求和政策的主和派，他和主战派的矛盾是尖锐的。

在政治斗争中，不管是哪一方占上风，对方都不会有好结果。所以秦桧对坚决抗金的岳飞、韩世忠是敌视的，他们都是他求和路上的绊脚石。秦桧在配合高宗向岳飞下手之前，最初准备向同是抗战派砥柱的大将韩世忠下手。在后世传说中，韩世忠和其青楼出身的夫人梁红玉共同参加的"黄天荡之战"流传千古。秦桧和韩世忠的儿女亲家张俊合谋诬陷韩世忠，岳飞驰书通知了韩世忠，使得秦桧的诡计落空，他们恨岳飞入骨。再加上一封所谓的兀术遗桧书，"必杀飞，始可和"。所以秦桧诸人力主诛杀岳飞。

在岳飞之死这一事件中，还有一个和岳飞关系密切的人，那就是张俊。史称张俊年轻时"好骑射，负才气，起于诸盗"。他投奔高宗于即位之前，并多次劝进；他参与平定"苗刘之变"，是高宗信任的亲信。张俊之所以被高宗和秦桧利用，主要是由于他的贪心，因为高宗和秦桧许诺事成之后让他统帅诸军，另一方面是出于对岳飞战功和成就的妒忌。

岳飞曾经作过张俊的部下，张俊也曾对英勇善战的岳飞奏功提拔过。后来岳飞"在诸将中年最少，以列校拔起，累立显功"时，张俊和韩世忠这些老将心里都不能平衡，但韩世忠秉性爽朗，岳飞平定杨么之后，将缴获的大楼船、兵械等全部送给他们时，韩世忠冰释前嫌，都笑纳了，而张俊反而心里更不舒服。高宗曾向岳飞承诺让他统帅大部分军队时，张俊更为恼火，这也是他的梦想。

在张俊想和岳飞瓜分韩世忠最为精锐的背嵬军时，岳飞不肯，张俊非常不悦。在张俊种种争权夺利、破坏抗金局势的阴谋下，岳飞始终不肯与其联手，这让张俊大为失望，并把岳飞救助韩世忠的事情报告给秦桧，帮助秦桧铸成冤狱。

岳飞作为抗金诸将中的后起之秀，无论是资格还是与高宗的亲密程度上，都无法和韩世忠相比。韩世忠对高宗有救驾之功，所以在秦桧和张俊的威胁下，尚能在高宗面前自救，而岳飞就另当别论了。

岳飞之死对抗金战争来说是一个很大的损失，究其死因则是由高宗和一切阻止抗战之人所为。宋高宗的求和政策是岳飞之死的根本原因，而秦桧之流只是奉承了高宗的旨意，推波助澜，进而充当了杀害岳飞的刽子手。但如果说高宗完全被秦桧的阴谋所蒙蔽的话，那是为高宗推托在这一问题上的责任。所谓的岳飞与高宗诸人的关系，毋宁说是岳飞与宋高宗为首的官僚体系的关系为确。

对皇帝来说，究竟是把自己和帝国的命运寄托在"叵测"之上呢，还是让秦桧出面干一次脏活呢？在皇帝眼中，一个好人可能的冤屈，与赵家江山的安全稳定相比，孰轻孰重？岳飞之死，是不能容于当时的以卖国求和为主流的官僚体系，或者说是岳飞不能适应那种关系，不愿向那种关系妥协的必然结果。

哪种老虎最安全？死老虎最安全。是老虎就该死。在这个意义上，岳飞得到的"莫须有"罪名是一个非常贴切的罪名。宋太祖说，卧榻之畔，岂容他人酣睡，更何况酣睡的是一只猛虎。至于具体手段，究竟是"杯酒释兵权"好，还是流血杀人好，也不是可以自由选择的。面对弱者，不妨大度一些，赢得仁慈之名。面对岳飞这种级别的强者，高宗赵构缺乏表现大度的实力和自信。他们不敢给对方留下还手反击的机会，不得不采用让皇帝声誉蒙羞的手段。当然，高宗赵构还是为自己扯了两块遮羞布：第一块是混淆天下视听，将岳飞推向造反者的行列；二是让秦桧替他背黑锅，成就千古第一奸臣恶名。经过时间的打磨，显然第二块遮羞布也就真的成了大多数人信以为真的事实。

　　赵构对岳家军的畏惧非同一般，岳飞收监的同时，又将岳飞之子岳云和亲信将领张宪并拉了进来。1141 年农历十二月二十九日，宋高宗赵构批准赐岳飞死，同时将判刑两年的岳云和张宪一同处死。

　　赵构的选择对不对？岳飞死后，南宋又存在了 138 年，比金国的寿命还要长，最后在席卷欧亚大陆的蒙古铁骑之下垮台，也不算太丢人。而且从年头来看，南宋比灭掉自己的元朝的寿命更长。赵构建立了一个比金国和元朝更长寿的体制，而这个体制的存在与稳定又建立在暴力均衡的基础之上。无论暴力均衡的逻辑是否残忍，赵构不过是按理出牌罢了。岳飞死于南宋媾和的开始，士大夫们虽然取得了对政权的全面控制，却再一次重复自己的恶性循环。以文驭武所导致的国弱，坚守以岁币谋求生存之道，使得帝国政治又一次封闭于历史的困境中。

下篇

解不开的生态链

朱元璋：洪武年的血色博弈

洪武元年（1368 年）正月初五，在朱元璋即位的第二天，他在与身边的官员交流治国之道时说："创业之初其功实难，守成之后其事尤难。朕安敢怀宴安而忘艰难哉！"这句话是告诉身边的人创业不容易，守业会更加艰难，自己不敢有一丝一毫的松懈。

正月初六，他在奉天殿大宴群臣，又说起自己当了皇帝的感受，他说："尊居天位，念天下之广，生民之众，万几方殷，中夜寝不安枕，忧悬于心。"

或许是看到朱元璋坐在龙椅上如此忧虑难安，御史中丞刘基就进前劝慰，他说："过去天下未定，皇上焦虑难安可以理解，如果四海一家，你应该少些忧虑。"朱元璋不以为然，说个人和天下相比，太过渺小。一个人走路还有可能会摔跤，饮食生活不当还会引发疾病，何况一身担天下之重。

1. 只有派系，不见党争

明朝立国之初，中央机构设有三大席位，分别是中书省、大都督府和御史台。

中书省总领帝国政务，大都督府分管军事，御史台则负责监督、检察，三大机构的领导者要同时对皇帝负责。从帝国政治制度的表面看来，政治、军事和纪检部门各负其责，但是在实际的工作运行当中，大都督府和御史台都要受到中书省的掣肘和节制。

作为中书省的最高行政长官，李善长和徐达这两个左右丞相官居正一品。

左、右丞相让中书省的权力体系实现了两条腿走路，可右丞相徐达作为一员武将，长年领兵在外，追讨遁入草原沙漠的北元势力。这样一来，中书省大权独揽的就只有李善长一个人了。

如此一来，中书省就成了左丞相李善长的一言堂。李善长跟随朱元璋多年，有着高超的行政才能，在他的身边逐渐形成了一个以他为首的功臣集团。集团中的人分布于帝国权力机构大大小小各部门之中，把持着政府的行政运作。

即使李善长是个有品有行的政治完人，可他在面对一人之下、万人之上的局面时，估计也会在某个时刻被眼前的幻境冲昏头脑。有官员私下向他打小报告，说他"外宽和，内多忌刻"，朱元璋并没有将这些话放在心上。

李善长是淮西出身，对于淮西集团内部人士有着强烈的护犊之情。在李善长居高位时期，他所重用的官员也基本上都是同乡之人。如此一来，在帝国的权力系统中，除了中书省的权力过重，自然形成一个盘根错节的淮人朋党。

战争年代，打拼者需要乡人的抱团相助，可等到江山坐稳，官僚集团的抱团只会削弱皇权。在这一点上，朱元璋有着清醒的认识。正因为清醒，这才让他无法容忍。他开始着手改革沿袭于元朝的一揽子朝廷制度，在诸多的改革方案中，首当其冲的就是宰相制度的存与废。

中书省的存在对于朱元璋而言是皇权通行路上的第一大障碍，朱元璋要大权独揽，势必要触及宰相的权力。要触及宰相制度。就不得不从帝国的权力体系中生生地撕开一道缺口，否则的话就会师出无名。

制度的缺口往往存在于人，而人的缺口又往往发乎于人性。要废除一项制度，首先要废除制度内的人。朱元璋在这一点上也是有所顾虑的：一是将现任宰相拉下马，能否废除现行制度？二是废除此项制度，能否堵住天下流言汹汹？

可现实逼人，如果我们把一个新皇帝视为进京赶考的举人，那么朱元璋对于自己的这份答卷显然是胸有成竹。在权力运行的规则体系中，进京赶考的朱元璋在登上皇位的那一刻，有着自己的想法和思路。

对于朱元璋来说，李善长并不仅仅只是个普通的臣子。在长期的战争岁月里建立起来的情谊并不比徐达等将领少，对于这个大他二十岁的长者，朱元璋的心里更多的是一份敬重与感激。时过境迁，随着各自身份的变化，这份感激也滋生出了更为复杂的情绪。

洪武初年，在即帝位、册封皇后、太子等一系列的帝国大事件中，李善长都充当着大礼使的重要角色。朱元璋甚至还让李善长担任起了太子朱标的太子师，等于是将帝国的未来也交于李善长之手。没有绝对的信任，朱元璋是不会这么去做的。

当然君臣之间的这份信任并非一朝一夕培养起来的，当年朱元璋羽翼未丰，寄身于郭子兴麾下。有一次，郭子兴听信身边人的挑拨，扬言要夺回朱元璋的兵权，更要将李善长调到自己身边来工作。

李善长听到消息后，第一时间跑到朱元璋面前表忠心，表示除了朱元璋，他哪儿也不愿意去。话说到肺腑之处，李善长涕泪满面。这种态度让朱元璋很受感动，从此将他视为亲信。

洪武初年，明朝权力系统的实权派人物中的大多数都是朱元璋的同乡，也就是所谓的"淮西勋贵"。他们同饮淮水，操着同一地区的方言，有的甚至是朱元璋儿时一起讨饭放牛的穷哥们，比如写信将朱元璋拉入红巾军队伍的汤和。

也正是由于地方势力的抱团，朱元璋才从民间社会的最底层一步一步走向了权力的巅峰。在这里，权力结构中的"地缘效应"发挥了极其重要的作用，在创业阶段黏合了人心。在帝国的整个创业过程中，"淮西集团"个体之间结成了以同乡、师生、亲友为纽带的庞而杂的网络。这个网络在朱元璋创业时期表现出了惊人的凝聚力、战斗力和影响力。

中国的熟人社会讲究的是差序格局，就好像我们把一块石子丢在水面上，水面会形成一圈圈向外放射的波纹，而每一个人都是自己圈子的中心。在差序格局中，社会关系是逐渐从一个一个人向外辐射出去的，是私人联系的累积和增加，而社会范围也正是由一根根私人联系发展起来的网络。

"淮西集团"的产生，主要是源于制度性的权力管道渗透进古代中国的传统乡土观念，并使得这种"地缘性"的观念转化为帝国官场基因的一部分。李善长只是常例，并非特例。

朱元璋身边的儒生士子中，李善长算是其中特殊的一员。不光因为他是修习法家的儒生，更主要的是他和朱元璋之间那层微妙的权力关系。

朱元璋曾经与李善长有过一段推心置腹的交流，朱元璋说："如今群雄纷争，要打好仗，最要紧的是要有好的参谋人员。现在群雄中管文书与作谋士的幕僚，总喜欢说一些左右将士的坏话，从而导致文武不和，将士难以施展才能，这样的军队非败不可。将士垮了，好比鸟儿失去羽翼，主帅势孤力单，是必然要走向灭亡的，这是一个教训。你应该为我搭建一座桥梁，将文武官员的心连接在一起，千万不要学那些坏幕僚。"

在朱元璋的政治蓝图中，李善长扮演了一个能够在关键时刻左右时局的重要角色。如果我们能够理解西汉开国丞相萧何就是靠着为刘邦转运粮饷而摘得头功，并进而荣升丞相，也就能够明白此时的李善长在朱元璋心目中居于何等重要的位置。

朱元璋称吴王后，就将李善长封为右相国。因为元朝是以右为大，所以说这时候的李善长已经是大明创业团队中的 CEO。

李善长果然没有辜负朱元璋的信任，不光接手军机檄文之类的文案工作，更主要的是保障了军队的后勤供给，使得前线将士能够安心作战。同时他还为新立的明朝政权制定了一系列的法律法规，如经营盐、立茶法、立钱法、开矿冶炼、定鱼税等等。

在李善长的高效运作之下，朱元璋的统治区域呈现出一派兵强马壮、经济繁荣的景象。吴国元年，朱元璋论功行赏，封李善长为宣国公。后来改革官制，不再像元朝那样以右为尊，改以左为大，李善长也理所当然地调整为左相国。

在朱元璋大封功臣之时，李善长虽然没有在战场上获取卓著的军功，但是并不妨碍朱元璋对他高看一眼，厚爱三分。朱元璋给出的褒奖理由是：后勤保障工作做得好。于是授太师、中书左丞相，封韩国公，岁禄四千石，子孙世袭。

除了上面这些优厚的待遇，朱元璋还赐给李善长铁券，"免二死，子免一死"。在朱元璋封公的六个人中，李善长名列第一。在颁发的嘉奖令上，李善长更是被朱元璋比作汉代的萧何，其风光程度在洪武功臣中绝对是首屈一指的。

这时候的右丞相徐达常年领兵在外东征西讨，朝中实权基本上是掌握在李善长一个人的手中。以李善长为首的淮西勋贵在帝国的权力系统中炙手可热，这种权力上的垄断地位为其他地区的政治势力所不满和觊觎。但是在他的保驾护航之下，就算其他权力集团有什么非分之想，也只能将羡慕嫉妒恨暗藏于心。

淮西集团的权力勋贵们把持了洪武初年的帝国权力要塞，由权力集团释放出来的熏天势焰让其他派系根本无法近身，更谈不上掣肘。当权力集团内部各个派系之间的欲望无法得到遏制的时候，那么帝国的权力纷争也就愈演愈烈，一发不可收拾。

此时的帝国政界上层圈子中存在着一个以李善长为首的淮人官僚集团，而且这个政治集团是以朱元璋为背景的，早在朱元璋创业之始，就已形成并逐步发展壮大。

由于朱元璋的培植与倚重，淮西集团的权势被迅速推至最高点。淮西集团与其他派系之间的矛盾也由最初的暗流涌动，开始浮出水面，直到在帝国权力高层掀起滔天巨浪。

为了能够巩固自己的既得利益，攫取更大的权力空间，淮西勋贵又岂能容得下其他势力集团与自己利益分肥？他们当务之急就是要想尽一切办法，通过一切正常或者非正常手段来打击压制其他势力团体。

在帝国的权力场上，此时能够与淮西集团相抗衡的只有浙东集团，而浙东集团的领军人物正是刘基。他当时五十岁，正是知天命的岁数，帝国普通官员大致到了致仕的年龄，身处乱世的他却在这时候迎来了仕途上的春天。

他与宋濂、章溢、叶琛等人并称"浙东四贤"。早在元末之际，"浙东四贤"在浙东地区已经是久负盛名的风流人物。至正年间，浙东贤士改换门庭，由事元而事明。"浙东四贤"虽然是一个组合式的名号，但是他们之间从无拉帮结派之举。就是在刘基与以李善长为首的淮人集团做斗争时，其余浙东人士并没有像淮西党人那样抱成团，共同对付政敌。

与李善长、徐达、常遇春、胡惟庸这些淮右人相比，刘基作为后来归顺的浙江青田的儒士，在朱明王朝里究竟能够占据多大的权力比重，是非常值得怀疑的一件事。

其实对刘基这样的非淮人集团，朱元璋一直怀有戒备之心的。他在南京时，朱元璋虽然优礼甚厚，但并不信任；虽然授予他们不同官职，但并未委以重任，给予实权。刘基缜密的思维，对形势的判断力，深远的战略眼光，都让朱元璋刮目相看。

龙湾战役、安丰战役、江州之战、鄱阳湖大战、灭元之战，朱元璋想到的或者没有想到的，刘基都想到了。如此厉害的角色，很多时候静下来，想到这个人，想到他在一些事情上的看法，朱元璋不由得会倒吸一口凉气，后怕得脊梁骨直冒虚汗。这样的权谋之臣让你永远无法读懂他的心事，让你胆战心惊。将刘基放在最重要的岗位上无异于一场政治豪赌，朱元璋断然不敢冒这个险。

洪武三年（1370 年），朱元璋大封功臣，金銮殿上跪满了功臣，一个个如雷贯耳的名字在大殿上响起。公封完了，侯封完了，伯封完了，然而，宣封的声音中迟迟没有响起刘基的名字。看着下面的群臣闪着诧异的眼神，或许他们心里也纳闷，皇上怎么了，大明第一谋臣刘基的封号呢？对不起，朱元璋还没有想好。

过了一段时间，朱元璋才给刘基老先生补封了诚意伯，年俸禄 240 石。要知道功劳在刘基之下的后勤总管李善长功列第一，封为韩国公，俸禄4000 石，是刘基的十几倍。即使在那些伯爵中，朱元璋给刘基的俸禄也是最低的。

原因很简单，朱元璋对刘基不过是做一些虚而不实的表面文章而已，始终没有将其引为肱股，更没有像对待淮西集团李善长等党人那样倚重。

2. 一个人的正面交锋

淮西与浙东两大权力集团在朱元璋眼皮底下开始了明争暗斗，其实他很希望看到官僚集团内部上演这样的好戏。作为帝国的一把手，朱元璋之所以会抱着看戏的心理，还有很重要的一点，那就是他对帝国官僚除了有乡土之情外，还掺杂着驭臣之术，以及在使用人才方面，也有不囿于乡党的观念。

随着地位的逐渐稳固，朱元璋授命于天的思想已经扎根人心，刘基的作用和使命也已经完成。大明王朝不再需要熠熠生辉的群星闪耀，需要的是孤星闪耀，朱元璋越是这样想，越对刘基有所猜疑，不信任感已经越来越严重。朱元璋通过打压刘基的威望，剥夺刘基的权力，尽量削平刘基对政局的影响力。另一面，朱元璋大力培植淮西集团，也有制衡刘基、宋濂等江左名士的意图。

在这场权力博弈中，刘基很多时候是一个人在战斗，他不像李善长集结的淮西集团，有一个以皇帝为靠山的政治集团在背后为自己撑腰。单枪匹马同一个拥有强大政治势力的集团相抗争，刘基从一开始就处于明显的劣势状态。要知道，在帝国权力集团的斗争中，如果没有一个强大势力政治集团作为依托，又没有操有生杀予夺、拥有至高无上权力的皇帝的支持，单凭一己之力去争取斗争的胜利，那简直是天方夜谭。

洪武元年（1368 年），算是刘基与李党（淮西集团）的第一次正面交锋。这一年，朱元璋离开南京北巡，命刘基与李善长留守京师。

当时的刘基是御史中丞兼太史令，是帝国监察机构的官员，他的职务是御史中丞（御史台第三把手，一二把手是汤和、邓愈）。刘基虽然位列三等伯爵，但是他的影响力还是远远超过了朱元璋身边的近臣，每遇重大国事朱元璋还是会第一时间与他商量,一是虚心讨教,二是摸底考察。朱元璋喜欢听真话,同样也反感听别人说真话,这是朱元璋的尴尬,也是刘基的悲哀。

1368 年夏季的某天,朱元璋召见刘基。或许是刘基已经预料到君臣之间的这次对话将会充满凶险,在丞相的人选问题上,刘基出于公心劝导朱元璋不要撤换李善长:"李善长是开国元勋,能调和各路将领。"

朱元璋又问:"杨宪如何?"

刘基道:"杨宪有丞相的才干,没有丞相的气度,丞相必须保持水一般平衡的心态,用义理来权衡一切,而不感情用事。这一点,杨宪做不到。"

朱元璋又问:"汪广洋如何?"

刘基说:"此人过于偏浅,还不如杨宪。"

朱元璋接着问:"你看胡惟庸这个人怎么样?"

刘基说:"胡惟庸是最不合适做丞相的,就好比一匹劣马,你叫它驾车,必然会导致翻车事故。"

既然自己所说出的这些人都入不了刘基的法眼,朱元璋就故意试探他:"我的丞相人选,难道就没有一个能够超过先生的?"

刘基的脸上马上现出惶恐谦卑之色,说道:"臣疾恶太甚,口无遮拦,一向闲散惯了,无法应对繁杂的行政事务,在这个位子上,恐怕辜负皇上的重托。天下之大,怎么会没有人才可用呢?请明主悉心搜求。不过刚才提到的几个人,确实并不合适。"

时隔不久,朱元璋将胡惟庸放在了左丞相的位置上,朱元璋听说刘基私下里很是失落。在一些故交好友面前感叹:如果自己评价胡惟庸的话没有得到应验,则是我大明之福;如果得到应验,则是天下百姓之祸。

引发刘基与李善长正下面交锋的导火线是一个叫李彬的人,是李善长的亲信。他由于犯法被刘基抓了起来，查清罪行后，刘基决定要杀掉他。此时正好赶上朱元璋外出，李善长连忙去找刘基说情，刘基却软硬不吃，坚持将这件事向朱元璋报告。这是一起卖官贪腐案件，朱元璋最恨的就是官员贪腐，命令立刻处死李彬。巧合的是朱元璋的这份回复恰好落在李善长的手中，他心中愤怒却也不敢隐瞒。为了救自己的亲信一命，李善长就编造了一个理由。他以为刘基会给自己这个面子，化解此事。他找到刘基，对他说："京城有很久不下雨了，先生熟知天文，此时不应妄杀人。"

李善长明明知道刘基深通天文之道，便以此为借口。如果刘基坚持要杀李彬，那就索性将天不下雨的责任推到刘基的身上。

令他没有想到的是，刘基给出的答案是："杀李彬，天必雨！"

刘基的态度是如此决绝，没有一点商量的余地。李彬就这样被依法处死，李善长就这样被彻底激怒，他开始准备自己的第一次反击。

刘基敢说这样的话，应该说他是有一定把握的，他确实懂得天文气象。可是这一次刘基的运气实在不好，过了很长时间天也不见一滴雨。等到朱元璋北巡归来，李善长的小宇宙开始爆发。他跑到朱元璋面前指控刘基在祈雨坛下杀人，因此才会惹得天怒人怨。

李善长还嫌自己的能量不够，指使众多对刘基怀有敌意的官员集体围攻，毋庸置疑，其中以淮人居多。对于横行无忌的淮西集团的官员们而言，刘基就是他们捞取权力资本最大的障碍。这帮人对刘基是既惧且怕，一定要想办法将其置于死地而后快。

刘基一人独挑李党（淮西集团）的结果，就是以自己的黯然退离为代价。刘基是个有节操的人，虽然他的声望很高，但是从来不会主动挑事。李善长等淮西人扳倒刘基的目的，是因为他们将刘基视为"浙东集团"的带头大哥，可事实上所谓的"浙东集团"并没有形成气候，也无法与淮西人抗衡，毕竟朱元璋才是"淮西集团"的大当家。

刘基的悲剧，在于他看到了政治的根本。他想去回避却做不到，他想去世故也同样做不到，他想去圆滑更是做不到，他可以掌握王佐之术却掌控不了自身的命运。立德、立言、立功，三立于一身，三立皆居顶，极目茫茫，这样的人历史上能有几人？过于优秀的人往往让人感到无懈可击，朱元璋将其列为打压对象，也是为了找到完全驾驭他的突破口。

1371年，历经冰火两重天的刘基终于大彻大悟，第二次向朱元璋提出致仕。看着眼前的刘基白发稀疏，步履维艰，朱元璋不免动了恻隐之心，答应放他回家了却余生。

随着刘基的黯然离去，李善长迎来了个人权力生涯的完美时刻。立于大明官僚机构的权力巅峰，李善长虽然有些高处不胜寒，但他并没有完全被眼前的幻象冲昏了头脑。跟随朱元璋这么多年，他对朱元璋的了解要远远超过对自己的了解。

李善长深知，朱元璋不会满足于做个放手撒权的太平皇帝，他所辖的中书省威权最重，也是朱元璋最关注的地方。对于李善长这个人，朱元璋不敢大意处之。他比刘基更难对付，刘基是一个直臣，而李善长的花花肠子要更多一些。

从此，淮西集团在帝国权力场上再无对手。李善长位居左丞相，其地位仅次于朱元璋这个皇帝。加上他打着同乡的旗号立于朝堂之上，权势已经到了无以复加的地步。不光其个人权势到达巅峰，就连他的亲友也遍布朝堂内外，人事关系盘根错节。

对于这样的功臣，历代开国皇帝既用之又忌之。用，是因为他们确实好用；忌，是因为功高震主。朱元璋也将这种纠结的心态传递给了李善长，朱元璋提醒过他：作为一个臣子，你要做到时时检点自己，不能由着自己的性子乱来，凡事都要讲究一个度；如果一件事情做得不合理，那么就可能会前功尽弃。

聪明如李善长，又怎么会听不出来朱元璋这句话的弦外之音？这是他在向自己这个开国功臣敲响警钟，让他做人要学会低调，不要过于张扬。否则的话，再大的功劳，再多的免死金牌也起不了作用。

洪武四年（1371年）正月，李善长以"患病"为由，也学刘基向朱元璋递交了一份辞职报告。在李善长看来，自己如此重要，去留应该是帝国的头等大事，身为皇帝的朱元璋不应该草率对待。可令李善长意想不到的是，朱元璋并没有与他虚伪客套，也就势批准了他的请求。

李善长主动退出权力场的原因只有一个，那就是政治敏锐性极高的他已经嗅到了朱元璋刻意在帝国朝堂上散发出的危险气息。他在自己最为风光的时候选择退出，不是真的想要放权，而是为了明哲保身。

让人遗憾的是，李善长精明过头，却也难以猜中故事的结局。对于帝国的权力集团而言，每个人都处于同样一张大网之中，不是谁想躲就能轻易躲得过去的。就连朱元璋也不知道，今天和昨天会有多少不同，明天又将会走向怎样的命途。

李善长就这样致仕（退休）回老家安徽定远，虽然朱元璋赏赐了他土地若干顷，并赏给150户人家为他守家，佃户1500家，仪仗卫士20户。可物质上的丰足远远比不了权力带给一个人的精神满足。年仅五十八岁的李善长就这样被提前退休，回家颐养天年。昨天他还处于权力的巅峰，今天就远离了权力的核心地带。

李善长致仕的旨意一下，朝中百官无不震惊。朱元璋与李善长之间的关系是众所周知的，两个月前刚刚被封为国公，可谁又能料到转眼就要退休回家抱孙子了。一时之间，帝国权力集团内部人心鼓噪，朝局大动。等到朱元璋宣布李善长的继任者时，朝臣们悬着的一颗心才算稍微安顿下来。

李善长病休在家，而此时的中书省大权已经到了杨宪的手里。杨宪并非淮人，他是检校出身。检校是帝国的特殊权力机构培养出来的特殊人才，是朱元璋为自己的权力系统量身打造的特务人员。

3. 正室与偏房之争

洪武三年（1370 年），随着李善长的离开，中书省的权力结构也随之发生变化，这时候中书省右丞是杨宪，左丞是汪广洋。汪广洋本来是中书省的参知政事，曾经被朱元璋外放到陕西锻炼了一段时间，也算是有基层工作经验的京官。中书省最高官职是左丞相，其次是右丞相，然后依次是左丞、右丞、参知政事。

由于左丞相李善长的退出，担任右丞相的徐达又常年戍边在外，左右丞相皆成虚位。如此一来，身为左丞的汪广洋就理所当然地成了中书省真正的当家人。

朱元璋在中央权力核心地带的中书省布下汪广洋和杨宪这两颗棋子，有自己的利益考虑。两人都是独立于淮西集团和浙东集团之外的无党派人士，不属于帝国权力集团的正室，只能算是权力偏房。

朱元璋让杨宪进入中书省本来是想用他来制衡李善长，但是杨宪后来的表现超出了朱元璋的掌控范围。在这种情况下，朱元璋只好把宝又压在了汪广洋的身上。朱元璋将汪调任中书省左丞包含着两层意思：一是让汪广洋挑起中书省的大梁，二是用汪广洋来掣肘杨宪。

可汪广洋并不愿意做别人手中的提线木偶，哪怕提线之人是皇帝。汪广洋进了中书省，并没如朱元璋所期待的那样去压制杨宪。汪广洋在这里玩了一把"无为而治"的策略，平日里不管不问，大事小事任由杨宪去处理。权力游戏有时候就像是小孩子玩跷跷板，汪广洋在这一端不作为，就会导致杨宪在另一端的大作为。如此一来，帝国的权力跷跷板岂有不失重之理？

杨宪识破了朱元璋的博弈手法，开始堂而皇之地针对汪广洋。想要抓汪广洋的把柄并不是一件容易的事，因为汪广洋平日里表现得谨小慎微。尽管如此，杨宪还是找到了破绽，他在面前弹劾汪广洋不孝顺母亲。这一招看似简单，弄不好有可能会要人命。在朱元璋的王朝里，标榜以孝治天下，一个文官如果不遵守孝道，就是不听圣人言，就是帝国的全民公敌。

汪广洋就这样被削职为民，放逐还乡。杨宪觉得还不过瘾，便再次向朱元璋奏本。于是处分再度升级，汪广洋就这样被朱元璋打发到了当时的蛮荒之地海南去反思己过。

杨宪与李善长结下梁子，除了权力上的利害关系，还有一个私人原因，那就是杨宪的胞弟中书省参议杨希圣曾经因事得罪李善长，遭到罢黜。杨宪对此一直是耿耿于怀，伺机报复。他曾经不止一次地在朱元璋面前进言："李善长无大才，不堪为相。"

朱元璋在安排中书省官员的时候，考虑最多的应该是政治派系的利益布局。政治派系除了自然状态下的地缘效应，还有就是在权力斗争中结成的利益同盟。比如说李善长罢黜杨希圣，然后杨宪在皇帝面前诋毁李善长，无形之中就会被划入淮西派的对立面。

胡惟庸曾经忧心忡忡地对李善长说："杨宪为相，我等淮人不得为大官矣。"这样一句话等于是把杨宪划到了淮西派的对立面，在李善长和胡惟庸等淮西派的潜意识里，以刘基为首的浙东派是他们最大的威胁。

在博弈场上，不能做朋友就是敌人。杨宪虽然在地缘上不属于浙东，但是在李善长等淮西人士看来，与他们为敌的杨宪早已是浙东集团的一分子。杨宪如果有机会当上丞相，那么他们这些淮西人士就会永无出头之日。

李善长、胡惟庸等淮西人士当然不能坐等事态的发展，他们要趁着朱元璋还没有倾向于浙东派时将杨宪赶出帝国的权力中枢。

其实如果非要追溯杨宪的后台，就会发现既不是浙东派的刘基，也不是其他政治派系的人，而是朱元璋。杨宪进入中书省就是朱元璋一手安排的，之所以最后沦为棋盘上的一颗弃子，是因为作为一颗过河的卒子的他走得太远，远到脱离了朱元璋为他设定好的既定轨道。

杨宪是检校出身，就算朱元璋有心将整个帝国的权力系统变成一个庞大的特务机构，可那些功臣和官员们也不会接受。在如何处理杨宪的问题上，各大政治派系的意见是出奇的一致，那就是联手将杨宪踢出局。

杨宪是山西阳曲人，是个相当精明能干的人，由于受到朱元璋的器重，以检校身份直接选拔进入中书省，并被委以中书左丞的要职。杨宪在中书省任职期间的表现是相当不安分，大肆任用亲信、聚集朋党、刺人隐事，在帝国的权力系统上层形成了一个以他为首的山西帮。他们在朱元璋面前大肆诋毁李善长，企图挤掉这一淮西集团的核心人物，以山西帮取而代之。

此事的成败，关系到整个淮西集团势力的切身利益，是一场你死我活的斗争。

杨宪的存在是各方都不愿看到的，以李善长、胡惟庸等淮西派人士向朱元璋告发杨宪唆使侍御史刘炳陷害汪广洋，刘基也向朱元璋告发杨宪的种种阴私之事。按照帝国的法律条文，杨宪罪不至死。真正置杨宪于死地的，不是刑律罪责，而是权力集团的利益需求。无论是淮西派的李善长、胡惟庸，还是浙东派的刘基，他们都不愿意看到杨宪居于显位。杨宪在这里显然是高估了自己的能力，更高估了他们山西帮的抱团势力。

作为一颗棋子，它的存在如果不是为了迎合朱元璋安排的战局，而是整天想着走出朱元璋所控制的领域，那么除了弃子之外，还有其他更好的选择吗？朱元璋不会因为一个小小的杨宪，使自己与功臣们的关系陷入僵局。更何况此时的朱元璋还没有下定彻底改组中书省体制的决心，在这样的利害计算之下，他能够做出这样的取舍也是符合逻辑的。于是在这场权力博弈中，罪不至死的杨宪就这样做了帝国的第一个冤大头。

在李善长回乡的第二年，无官可守的清冷岁月让曾经执迷于权力的他寂寞难耐。他也许偶尔会站在淮水岸边，遥望着南京的方向，发出一声长长的叹息。

对于一个男人来说，权力真是一个好东西，它带来的不仅仅是财富与显赫，更多是来自于精神层面的强大。不甘就此谢幕的李善长连着向朱元璋发了几道奏疏，汇报说自己病早就好了，希望朱元璋能够给自己一个继续为帝国效忠的机会，发挥余热。

朱元璋看着奏疏苦笑连连，这个老伙计想要重新回归权力中枢的想法显然是过于天真。朱元璋担心他再次进京，又会掀起权力纷争的波澜，于是就在凤阳当地给他安排了一个活。朱元璋委托他在凤阳主修宫殿，接着又将江南十四万户富裕人家迁到凤阳，在家乡再造一座皇城。朱元璋这么做的目的只有一个，就是将李善长像钉子一样锁在中央权力核心之外，让他死了重返权力巅峰的那颗心。

洪武九年（1376年），朱元璋将女儿临安公主嫁给李善长的长子李琪，并封李琪为驸马都尉。在准备操办喜事时，朱元璋通知李善长可以进京主持儿子的婚礼。

当年的丞相，如今又成为朱元璋这个皇帝的亲家翁，此等荣耀绝非一般臣子能够享有。李善长进京以后，虽然被朱元璋委任了一些职务，但是想要东山再起亦是枉然。权力带来的荣耀已如生命里的明日黄花，李善长知道，自己已经没有能力再次染指帝国权杖上那颗最耀眼的宝石。

李善长的离去，并没有因此结束淮西集团在权力层的势力。也就在李善长逐渐远离权力核心地带之际，一位后辈同乡拎着礼物找上门来。来者是宁国知县，名叫胡惟庸，也是安徽定远人。他提着二百两黄金就敲开了李善长的家门，这个说话、办事透着七分精明的老乡，成了李善长正要物色的接班人。

没过多长时间，胡惟庸就由地方来到京城，荣升太常少卿，平步青云。接着，胡惟庸又将自己的女儿嫁给了李善长的弟弟李存义的二儿子李佑。就这样，李胡两家的来往就更加密切了。

随着李善长与中央权力渐行渐远，朱元璋也开始着手为李善长的离去寻找新的接班人。

作为淮人首领的李善长虽然离开了帝国的权力中枢，但是他并不甘心就此完全放手。胡惟庸的出现，让李善长找到了淮西集团新的代言人，也是自己的权力接班人。

当李善长了解到皇帝非常看好胡惟庸，而胡惟庸刚好又是淮西人时，李善长知道，眼前这个人是自己的最佳接班人。于是，李善长向朱元璋上书保举，一来是为迎合朱元璋的意思，二来也能将淮人心腹继续安插在权力机关的核心层，可谓是一举两得。

胡惟庸之所以为朱元璋所赏识，并不完全是李善长的功劳。朱元璋在用人上从来是不肯假手与人的，何况像宰相这样重要的位置。李善长作为淮西集团文官的一把手，长年经营地盘，这个羽翼丰满的权力集团对于急于抓权的朱元璋来说如芒在背。胡惟庸原来就是朱元璋帐下的一个文书，朱元璋正是看中了胡惟庸并无党羽而且又是李善长阵营的力量，才决定将其放在重要位置以制约李善长。

让朱元璋万万没有想到的是，胡惟庸居然不能体会自己的良苦用心，反而加紧和李善长搞好个人关系，这让朱元璋不能不有所忌惮。

　　若说李善长是淮西集团的首领，那么胡惟庸就是这个权力集团的二把手。李善长本人虽然离开了宰相位置，但是他在朝堂上的影响力并没有丝毫减退，各个部门的头头脑脑大多是他的老部下。他们要想在权力场上有更大的发展，就必须要和李善长搞好关系。

　　胡惟庸本身就是淮人，他又一门心思结交李善长，自然成为淮西集团新的代言人。相比之下，汪广洋这个非淮西集团出身的右丞相实在不好开展工作，也难怪他只能"无所建白"了。胡惟庸和杨宪一样，一门心思要登上帝国的权力巅峰，成为中书省的宰相第一人。

　　杨宪被除掉以后，胡惟庸前面的绊脚石就只剩下汪广洋一个人而已，他又岂能轻易放过这唾手可得的机遇。杨宪死后，李善长老病在家，从流放路上召回的汪广洋就成了中书省的实际负责人。

　　洪武四年（1371年）正月，李善长告老还乡，汪广洋升为中书右丞相，胡惟庸继续作为他的属官留任。然而汪广洋的运气实在太差，在此之前辅佐他的杨宪一门心思要将他赶出中书省，而这一次辅佐他的胡惟庸根本就没有拿他当回事。

　　中书省的好多事情，胡惟庸自己就拍板做决定，根本就不告知他这个名义上的中书左丞和后来的右丞相。经过了上次罢职流放的折腾，汪广洋就抱定一个原则：凡事没有原则就是最大的原则。他对中书省的事务概不过问。汪广洋越是缩头不争，胡惟庸就越是要步步紧逼。

　　到了洪武四年，刘基和李善长一前一后告老还乡，一对冤家就这样双双离开了朝廷。在中书省昏暗的灯光下，就剩下了汪广洋和胡惟庸朝夕相对。朱元璋实在忍受不了汪广洋的碌碌无为，让他压制杨宪，他反而被赶出京师；让他主持政务，他又拱手将权力让给了胡惟庸。

　　洪武六年（1373 年）正月，朱元璋以"无所建白"的理由罢免了汪广洋右丞相的职务，并将其打发去了遥远的广东行省当参政，转而让胡惟庸以中书左丞的职务把中书省的工作全都名正言顺地接了过去。

　　汪广洋被派往广东后没过多久，胡惟庸与李善长的关系又递进了一步。在两人的包办之下，胡惟庸的侄女与李善长的侄子结为了夫妻。如此一来，胡、李二人就变成了间接的儿女亲家。有了这层亲戚关系，胡惟庸俨然已成为李善长在朝堂上的代言人，指使起李善长的旧部也是得心应手。

　　大概也因为这层姻亲关系，胡惟庸和朱元璋的关系也更加密切。这一年的七月，胡惟庸升为中书右丞相，实至名归地主持中书省的政务。此时的中书省，自从李善长退休以后，左丞相的位置一直空缺着。徐达虽然一直兼着右丞相的头衔，但是他为人谨慎，又加上常年带兵在外，政务方面也是只占位置不问事。如此一来，右丞相胡惟庸就变成了真正的独相。一人之下、万人之上的感觉让人如此迷恋。

　　死了杨宪，走了汪广洋，又和李善长结为亲家，胡惟庸的风头无人可及。随着权势的增大，胡惟庸渐渐忘乎所以，玩得越来越过，放眼朝堂，胆敢挑战他权威的人是一个也不放过。

　　洪武九年（1376 年），胡惟庸在右丞相的位置上已经待了三年时间。朱元璋仿佛娇宠一个放肆的小孩，任其为所欲为。也许是为了让他更好地专权，这一年，中央政府撤销了中书省编制中的平章政事和参知政事这两个职位（平章政事就是副宰相）。虽说多年空缺，位置此前可一直没有废除。同时，在地方上废除了元朝实行的行中书省制度，改由承宣布政使司担任地方行政长官，直接向中书省负责。

　　本来在中书省的编制中，左、右丞相是级别最高的，其下分别为平章政事，左、右丞和参知政事，如今废除了平章政事和参知政事的职位，中书省就只剩下了左、右丞相和左、右丞的编制，其下虽然增设了几个和地方布政使司相联系的位置，但不过是辅助丞相而已。

权力机构的改革使得胡惟庸在中书省，甚至在帝国的整个官僚集团，都获得了一人之下、万人之上的权力。

4. 一场要命的大手术

新朝建制，那些手握重权的开国功臣们也开始尝试着将自己的权力触角伸向不该去的地方，这让朱元璋无法忍受。朱元璋决定出手，而且准备出重拳。他将目标直接指向相权，他要借此机会将那些分散在丞相手中的各项权力夺回到手中，对帝国的权力系统进行重新布局。这时候，废除中书省已经箭在弦上。

夺回相权，就意味着要动一动那些功高盖主的开国功勋，这是一件让朱元璋很头痛的事，也是每一个开国君主都会遇到的最大难题。那些在帝国第一轮权力分配中捞到实惠的大臣，想要让他们吐出已经吃到嘴里的食物，并不是一件容易的事。

擅自废除行使了千年的政权制度和官僚制度，不符合儒家提倡的伦理道德的要求。如果要坐稳自己的江山，就不能跳出伦理政治的游戏规则随心所欲。

洪武十年（1377年）六月，朱元璋出席了一次廷臣们召开的御前会议，在这次会议上，他当着胡惟庸为首的帝国领导班子成员的面说了这样一段话："凡是政治清明的朝廷，都是上下相通，耳目相连；凡是昏暗的朝廷，都是上下隔绝，聪明内蔽。国家能否大治，其实和这点有很大的关系。我经常担心下情不能上达，因此不能知道治政的得失，所以要广开言路，以求直言。"

这样的政治腔调在新任中书左丞相胡惟庸的耳朵听来，不过是朱元璋在为自己捞取一个开国皇帝应有的政治形象分而已。为了应对这种局面，朱元璋专门设立了一个官署来处理所有的行政要件，这就是通政使司。

朱元璋第一次命令御史们开始巡行全帝国的地方政府，这样做是想要促进地方上的下情得以上达。通政使司的横空出世向世人传递出这样一个信号：朱元璋准备为帝国的权力系统动一场大手术，一场要命的大手术。

通政使司究竟是个什么样的机构呢？朱元璋为什么会在这上面花心思呢？通政使司的主要职能就是每天将朝臣们的奏章进行收纳整理呈报于皇帝，让"实封直达御前"，然后再转交于相关职能部门来分别予以处理。

建国初期，很多制度是参考元制而来。对朱元璋来说，一切都是摸着石头过河。大臣们所呈报的奏章要先经过中书省，其中三分之二的奏章由中书省直接处理，然后按照宰相批注的意见分别发往吏、户、礼、兵、刑、工六部以及大都督府和御史台等各相关职能部门。如果奏章涉及军政大事，宰相当不了家，那么就要转呈朱元璋做最后的拍板。

当时的情况是帝国官员的所有奏章都不能插上翅膀飞过中书省这一级，直接摆在朱元璋的案头。在丞相们看来，帝国官员的奏章是需要分级别类、区别对待的。哪些内容能够让皇帝过目，哪些内容不能让皇帝看见，这并不取决于朱元璋本人的好恶，而是由中书省来决定，也就是由宰相来决定。

作为丞相来说，这是他最乐于享受的一项政治福利；可对于作为皇帝来说，这也是朱元璋在权力运行中最不能容忍的事。

通政使司的宣告成立，显然是朱元璋破解权力困境所挥出的一记重拳。

胡惟庸内心有了山雨欲来风满楼的危机感，这意味着自己以后所迈出的每一步都会异常艰难，都处于皇帝监控之下。

通政使司的成立，从某种程度上来说其实就是一个夺权的部门，夺的不是别人的权力，而是宰相的权力。制度虽然发生了变化，但是多年来形成的权力程序还在旧有的轨道上运行。帝国的权力系统中虽然出现了一个通政使司，但是宰相制度并没有马上消失。通政使司收上来的奏章还是要送达中书省，由丞相胡惟庸做最后的决断。

通政使司在最初成立的时间里并没有在权力系统内担当更多的职责，不过是充当了一个权力偏房的角色，作为中书省的秘书处仍然存在于帝国的权力体系中。

朱元璋然不能容忍这种状况长期存在，他在洪武十一年(1378年)的一次廷务会议上，当着六部官员的面说："皇帝深居宫中，能够知晓万里之外的事，这主要是因为他兼听广览，了解民情。胡元之世，政令都出自于中书省，大小事务都要先关报中书，然后才奏闻给皇帝，元朝又多昏君，才导致民情不通，以至于天下大乱。我要引以为鉴。"

在朱元璋看来，自己要随时掌握天下实情，随时掌握帝国官员的思想动态，就要撇开中书省。既然自己已经找到了治国安邦的密码，那么他就不会再做丝毫的动摇。朱元璋下诏，诸司今后奏事不要再报经中书省，直接向他这个皇帝奏报就可以了。

朱元璋这么做，有一个人坐不住了，那个人就是胡惟庸。此举对胡惟庸手中握着的相权来说，无疑是一次致命地打击。它从根本上动摇了宰相专权的根基。在此之前，胡惟庸利用手中的相权排除异己，打击政敌，靠的就是旧制中"奏事不许隔越中书"这一条款。

这项制度赋予了丞相极大的权力自由度，他可以任意扣压奏章，欺下瞒上。而那些六部长官就是想在皇帝面前告丞相的御状也不可能，因为他们无权与皇帝直接取得联系。如今颁布实施的新政打破了这一局面，六部官员可以绕过中书省，直接与皇帝接上头。这样一来，独相胡惟庸的危机感顿生，他的丞相权力正在被一步一步架空。

朝臣们第一次对胡惟庸的攻击是在洪武九年（1377年）八月份发动的。这时候，胡惟庸已经把那些在官场上的利益盟友提拔到了高级职位上，并且以各种理由和借口将他认为的反对者们赶出了帝国的权力要塞部门。

胡惟庸大肆排除异己的做法令官员们感到恐慌的同时，更多的是愤怒。御史韩宜可就在朝堂之上当着朱元璋和满朝文武的面攻击胡惟庸及他的两个盟友。他告发胡惟庸等人不忠于皇帝，僭越了皇帝的权力，要求朱元璋把这帮人全部收监或者斩首。

朱元璋非但没有听从韩宜可的话，还命人把韩宜可交付有司并下狱。幸运的是这位御史并没有被处死，这是朱元璋在动手之前安定胡惟庸集团的缓兵之策。朱元璋在没有十足把握的时候，并不愿意打草惊蛇。

这次事件虽然没有撼动胡惟庸，但却引起了朱元璋与诸臣的警惕。朱元璋已经察觉到了胡惟庸在权力运行中的失控状态，尤其是听说胡惟庸有夺权的野心和阴谋，他知道，不能再这么继续等待下去，他必须采取措施。

在当时看来，中书省的权力极大，总领百官，工作事务涉及方方面面，就连帝国的一切命令及奏章也需要中书省呈转颁发，不然就视为违法和无效。除了人事任免权、决策权、行政权、监察权、财政权等大小不等的权力，中书省还同时掌管军权、军务。也就是说，靠着中书省一个权力机构的运转，皇帝就可以不用上朝了。

洪武十一年，朱元璋当着六部官员的面训话后，原来在中书省辖下的六部就此获得了越过中书省直接向皇帝汇报工作的权力，这给朝政带来了不小的混乱。

一个体制里，一对一的单线管理是最简单，放到大明朝就成了皇帝—中书省—六部。

按制度来说，六部还是属于中书省的管辖范围，六部的尚书们应该对胡惟庸负责；但是朱元璋的意思是，六部可以直接给自己打报告。这样的话，在六部尚书的管理和使用上，就陷入了双线模式。在君臣齐心、意见统一的时候还能够保持政务畅通，如果皇权与相权发生顶牛，事情就会比较麻烦。

尚书任何事情不能瞒着皇帝，因为毕竟皇帝才是真正的帝国一把手；但是他又不能不上报中书省，皇帝批阅过的条子，最后还得交由中书省来发布，无论如何是绕不过中书省这一关的。如此一来，帝国的权力运行就变成了多头管理，这可苦了那些奔波于皇帝和宰相之间的六部的官员。如此繁复的权力程序让他们疲于奔命，往往会造成一些常识性的错误。

朱元璋也看到了权力运行中存在的弊端，他早就有心在帝国官场掀起一场革命，但苦于找不到革命的突破口。

朱元璋的这场革命终于在洪武十二年（1379年）正式登场。这一年的九月，位于今天越南东南部地区的占城国来使进贡。按照帝国的外交程序，中书省应该在接到这种外交大事的第一时间上报皇帝。但实际情况却是，朱元璋并非按照正常程序从中书省或是礼部那里得到消息。

消息的来源是出宫办事的宦官带回来的。由于无人接待，占城国使者连宫门都没有摸到，更由于语言不通，只好流落街头。朱元璋勃然大怒："我堂堂大明居然如此对待番邦小国的外交使者，如果传将出去将有辱我大国名声。"

朱元璋当即传唤中书省的两位大佬胡惟庸和汪广洋，责问他们占城国来使事件，事关国体，竟敢隐瞒不报。胡惟庸和汪广洋在这件事上的表现大相径庭，一个急于推卸责任，一个茫然无措。

洪武九年（1376年），汪广洋发动了对李善长的弹劾。这是汪广洋人生的第一次，也是唯一的一次。由此可见汪广洋最初还是想在帝国的权力场上有所作为的，不然他不会公然挑衅前丞相李善长的权威，虽然以失败而告终，但勇气可嘉。

弹劾虽然没有取得预期的效果，但是汪广洋在面对李善长时所表现出来的那种大无畏精神，还是博得了朱元璋的赏识。可令人遗憾的是汪广洋并不是一个越挫越勇的人，弹劾李善长失败对他的打击是致命的，虽然事后朱元璋将其重新放入中书省，但他的心性已经发生了脱胎换骨的蜕变。

在这个世界上，很多时候是逆境造就了人，困境磨炼了人。汪广洋既无意再去困境里磨炼，也无意参与到这场权力斗争的游戏中。在多年的宦海生涯中，最初的政治理想已经离他渐行渐远。

汪广洋对于中书省二把手的这份工作失去了耐心和勇气，任由胡惟庸为所欲为。对于占城国来使这样重大的外交事故，汪广洋根本就没有反应过来，在朱元璋问起他时，不知道如何作答，只是跪在那里支支吾吾，磕头如捣蒜。胡惟庸辩解说这种事情一向都是由礼部负责，都是礼部惹的祸，与中书省无关。

面对胡惟庸的狡辩，朱元璋找来礼部官员和两位宰相当面对质，礼部官员面对帝国两大宰相毫无惧色，说这件事已经给中书省打过报告，没有上奏朱元璋是中书省的错。

中书省与礼部当着皇帝的面踢皮球，这让朱元璋非常恼火。手下这帮官员敢拿自己这个皇帝不当干部，当面还敢推诿扯皮，毫无担当。朱元璋下令将礼部负责接待外使的相关人员全部下狱，同时让检校暗中调查谁才是这件事的负责人。这是一场明暗两面的牌局，在明面上，两位宰相和礼部官员只是被暴怒之下的朱元璋骂了一通，毫发未伤；而在历史的暗面上，朱元璋已经在酝酿一场帝国的暴风雨。

在南京城中书省那昏暗的烛光下，胡惟庸和汪广洋怀揣着各自的心思坐立不安。这种不安前所未有，他们从朱元璋前日暴怒的表情里已经感觉到，或许这一次不同往日，他们从朱元璋不耐烦的表情里读出的是杀气。

调查结果很快就出来了，汪广洋成了占城使者事件的第一责任人。

朱元璋下令将汪广洋正式拘捕，罪名是"不能效忠为国，坐视兴废"，也就是"行政不作为"。本来朱元璋将其安排在中书省，就是作为掣肘胡惟庸的一颗棋子。汪广洋当起了装聋作哑的甩手掌柜，把好端端的一步活棋走成了死棋，既然是死棋，作为棋子的汪广洋也应该不是活的。

朱元璋再度将汪广洋贬往海南，并囚禁了其他附有连带责任的官员，包括胡惟庸在内。对于汪广洋，朱元璋最不能容忍的地方就在于他辜负了自己的期望。当船行至安徽黄山地区太平县时，朱元璋又追加了一道圣旨，追究汪广洋在江西包庇朱文正、在中书省袒护杨宪等罪责，下诏将其赐毒而死。

估计到生命的最后一刻，汪广洋都没有搞清楚，自己在什么地方得罪了朱元璋这个皇帝。

皇帝彻查文臣，作为文臣领袖的胡惟庸又怎能逃脱干系。在朱元璋看来，胡惟庸的权力触角已经伸展得无处不在，再任其发展下去，完全有可能将他这个皇帝的权力架空。相权到了非除不可的地步，胡惟庸也到了非除不可的地步。要实现这两点，需要一个说服天下人心的理由。也就在这时，一个叫涂节的官员适时跳了出来。

涂节是御史中丞，负有监察百官的责任，相当于今天的中纪委、监察部的官员。由他出面告发胡惟庸，合情合理。另外还有很重要的一点，涂节还是胡惟庸的死党，而且在胡惟庸的权力集团中占据重要位置，胡一直视他为亲信。由这样一个人来攻击胡惟庸，是最好不过的事。

洪武十二年（1379 年）十二月，御史中丞涂节向朱元璋告发胡惟庸涉嫌毒杀刘基，并意图谋反。虽然毒杀刘基并无实据，真相还不确定。可对于朱元璋来说，眼下需要的不是反复求索的真相，而是一个杀人的理由。御史中丞涂节是个很会揣摩上意的聪明人，他从朱元璋一次又一次的无名邪火中读出了一些很实在的内容：胡惟庸已经失宠。朱元璋需要一个理由，而涂节需要一个机会，于是胡惟庸就成为这场交易的筹码。

洪武十三年(1380 年)正月初二,整个帝国还沉浸在浓浓的新年气氛中，南京城的上空却笼罩着阴霾。御史中丞涂节向朱元璋告发，中书左丞相胡惟庸想要造反。

朱元璋在接到涂节的报告后，批转司法部门连夜突审。审查结果很快出来：胡惟庸谋反案坐实，同时涂节和御史大夫陈宁作为胡党嫡系也难辞其咎，不可不杀。于是朱元璋下令陈宁以及涂节陪同胡惟庸一起上路。这样的结局颇具戏剧效果，三人若在刑场相遇，不知会作何感慨。

5. 是改革还是绞肉机

新年伊始，帝国的权力中枢一下子就被剔除了三个文官大臣：一个丞相，一个御史大夫，一个御史中丞。尤其是丞相胡惟庸的突然倒台，使得帝国上下为之震动。胡惟庸死后发布的文告里，定下的罪名是"擅权枉法"。

"擅权枉法"是个含糊不清的罪名，就好像一个筐，任何逾越法律的行为都可以往里装。从打压同僚到私扣奏章，从收受贿赂到专权独断，就连沉湎于声色犬马之类的流氓罪名都包含在内。

就在帝国官员惊魂未定时，到了正月十一日，朱元璋又接连颁下了两道圣旨：一是废除中书省，二是废除大都督府。两道圣旨等于是把帝国的权力运行做了一个重新布局，那些仍旧处于极度震骇状态下的官员这才如梦方醒。原来自己的皇帝早就酝酿好了这一切，颁布的这两道诏令绝非十天就能够完成的。

中书省作为帝国的最高行政机关从此退出历史舞台，新的权力运行机制应运而生。自汉代以来丞相一直是封建官僚机构中的最高官职，是秉承君主旨意综理全国政务的人，但同时也是皇帝之外最有权势的人。朱元璋将整个中书省的官员编制几乎全部废除，只保留了纯粹记录官性质的中书舍人一个职位。原本属于中书省的权力也全部收归朱元璋一人所有，吏、户、礼、兵、刑、工六部尚书的地位上升，他们直接对朱元璋负责，王朝政务的决策者和实行者之间再无任何阻碍。

朱元璋借着清除丞相胡惟庸的机会，废除了中书省和丞相，将权力分摊给原来丞相管领的六部和监察机关，大幅度提升了监察机构在权力系统内的地位。在官家复式权力结构中，丞相作为官僚系统最顶端的那尊大神，在权力演变的过程中，一直与皇权进行着此消彼长地博弈。朱元璋索性将其连根拔除，为自己的继任者们"拨刺"。

在对权力集团上层进行大手术的时候，朱元璋出台了一系列安民抚民的政策，力图不触动占人口绝大多数的下层民众的利益，使得这次官家机构的大整顿，官家权力的大转移、大重组能够得以和平实现。

这项权力整顿运动虽然让官僚系统内部陷入巨大的恐慌，但手握军政大权的相权集团还是被皇权生生斩落马下。不光文官权力机构做了大幅度调整，军事机构也同样做出调整。大都督府则被分割成中、左、右、前、后五军都督府，这五军都督府掌管军旅之事，隶属于兵部，曾经和中书省分庭抗礼的大都督府编制也就此消失。

朱元璋废黜了丞相和大都督这文武两个最高职务，把丞相权力一分为六，分给六部，把大都督权力一分为五，成立五军都督府，并且从制度上让各个权力部门相互牵制，谁也不能单独对皇权构成威胁。

为了让这项制度一直延续下去，朱元璋发出诏令："今我朝罢丞相，设五府、六部、都察院、通政司、大理寺等衙门，分理天下庶务，彼此颉颃不致相压，事皆朝廷总之，所以稳重。以后子孙做皇帝时并不许立丞相，臣下敢有奏请设立者，文武群臣即时劾奏，将犯人凌迟全家处死。"

为了给自己的子孙执政障碍，朱元璋告诫群臣：今后他的子孙，都不准再提设立丞相的事，帝国的大小官员也不能请求设立丞相，不然就是死罪。朱元璋在这里提前给打了一针预防针，为的就是要向世人表示出自己改革的决心和魄力以及对个别妄言者的警告。

经过整顿之后的帝国权力系统顶端成了朱元璋一个人的独角戏，皇权的高度集中、官僚集团的分权制衡呼之欲出。一人之下、万人之上的相权被瓜分得支离破碎，吏、户、礼、兵、刑、工和监察机关七大部门瓜分了这块权力的大蛋糕，各部门只对皇帝负责，受皇权的直接领导和监督。它们既独立行使职权，又相互掣肘。

监察机关将六部纳入监察范围，六部的给事中（言官）也可以反过来对监察机关的官员进行弹劾，充分体现出官僚集团内部权力的相生相克，这样既达到了分流相权的目的，又健全了权力结构中的监督机制。

洪武十三年（1380年）的春节，注定是大明王朝建制以来最为特殊的日子。人心惶惶的正月过后，朱元璋真正开始了至高无上的皇权运作。现在的大明，没有了中书省的宰相掣手掣脚，朱元璋的皇权达到了百无禁忌的巅峰状态，这让他感觉到从未有过的愉悦。

权力带来的衍生物就是应尽的义务，就算是做了皇帝也不例外，除非这个皇帝"三观"尽毁，破罐子破摔。没过多久，这至高无上的权力所带来的副作用开始在朱元璋身上显现出来。身为一个合格的君主，朱元璋的底线就是保障帝国的基本运行。眼下这无所禁忌的权力，给朱元璋带来的不光有权力上的高度集中，更有繁重的工作压力。

从科学的角度来说，我们成年人每天需要有七到八个小时左右的睡眠时间才能保证身体健康和意识清醒，但是朱元璋在洪武十三年以后，一天的睡眠时间估计还不足四个小时。

有人曾经给朱元璋算过这样一笔账，在废除丞相制度以后，每天送到他面前的奏章将近有二百封，里面大大小小共计约有五百件事需要皇帝亲自拍板才能施行。那些帝国文官都是写文章的好手，一篇奏章能让他们写得洋洋洒洒，文四骈六。往往几万言的注水文下来，真正能够切入正题的只有几百字。

洪武九年，刑部主事茹太素上了一份长达一万七千字的奏章，朱元璋令人诵之，结果读到六千多字的时候，还没有进入正题。这让朱元璋极为愤怒，将茹太素在朝堂上杖责一顿。第二天，再令人诵之，当读到一万六千五百字时才进入主题。

朱元璋不由叹道："为君难，为臣不易，朕所以求直言，欲其切于情事。文词太多，便至荧听，太素所陈，五百余言可尽耳。"一道五百字就能够说清问题的奏折，结果却注水成了万言，当时像茹太素那样动辄上万言的奏章是很正常的。

如果我们按照一封奏章五千字计算，二百封就是百万字。一个人每天的阅读量达到上百万字，这的确是一件让人崩溃的事。朱元璋不仅要看奏折，还得动脑子去考虑如何解决问题。

面对如此繁重的工作压力，即使朱元璋有着超强的精力也无法一肩扛。从医学上来分析，精力透支容易导致精神的高度紧张，引发情绪病，朱元璋本来就不是一团和气的人，长期置于这种工作状态下，脾气也变得更加暴躁易怒。

这种情况带来的副作用就是君臣关系的极度恶化。朱元璋一个人根本无法完成一天百万字的奏章批阅量，于是就造成了这样一种局面：今天看不完就推到明天再看，而明天又有新的奏章呈递上来，周而复始。官员们得不到皇帝的回复就不敢擅自开展工作，这样就会使得帝国的权力运行效率大打折扣，官员就会落下一个行政不作为的恶名，会遭到朱元璋的严厉惩罚……如此恶性循环，朱元璋和朝臣的关系也变得越来越紧张。

胡惟庸虽然死了，可是李善长依然活在这个世界上。帝国权力中枢的大部分官员还是李善长在任时的老部下，他们面对胡惟庸已死、皇帝对他们日益不满的现实，只能回到李善长的羽翼之下，以寻求权力庇护。

这种做法在朱元璋看来，就成了官员们结党营私和图谋不轨的双重判断标准。朱元璋明白，自己要想实现皇帝权力的最大化，就要想办法分化官僚集团，各个击破，千万不能再让他们形成抱团势力。李善长的存在让那些文官功臣集团心有所属，这也是朱元璋最为不安的地方。

对于朱元璋来说，淮西集团虽然因胡惟庸之死受到了重创，但是只要他们的带头大哥李善长还活着，淮西勋贵集团就不会消失于大明的权力体系。

朱元璋要找到清洗大臣的理由，其实很好找，就两个字——谋反。和谁谋反呢？和胡惟庸。要向天下人证明一个死人谋反并非多么难的事，死人是不会开口说话的。虽然朝堂上仍有不少淮西集团的官员，可面对栽赃于死人这件事，他们也百口莫辩。

朱元璋要的就是他们百口莫辩的态度。不辩就等于默认，默认就意味着他们都是胡惟庸的同党。

洪武十八年（1385年）起，早已尘埃落定的胡惟庸案再生波澜，犯罪性质也从当初暧昧不清的"擅权枉法"变成十恶不赦之首的"图谋造反"。从洪武十八年到洪武二十三年（1390年），在短短的五年时间里，被胡惟庸案牵扯进去的功臣有一公、二十侯，其中连坐、死罪、黥面、流放的有数万人之多，朝中文臣几乎为之一空。胡惟庸死了，因为朱元璋不能容忍一个有可能凌驾皇权的政治制度存在，那数万条人命不是胡惟庸的陪葬，而是为朱元璋定下的这个制度陪葬。

洪武二十二年（1390年）春天，注定是一个不平常的季节。虐杀的阴云在天空几度徘徊和犹疑，最终还是决然地降落到李善长的身上。

十年前，胡惟庸案发。李善长虽然和他是同乡，且李善长弟弟李存义的儿子娶的是胡惟庸的侄女，具有姻亲关系，胡惟庸仕途得意，又主要是靠李善长的引荐，但在胡案初始阶段，李善长并没有陷入其中。

在这期间，御史台缺长官，朱元璋还一度将已经退休的李善长拉回来，暂时主持御史台的事务。洪武十八年，胡惟庸案已经尘埃落定多年，突然有人跑出来，揭发李善长的弟弟李存义父子"实为胡党"。念及李善长的功劳，朱元璋并没有继续追究李存义父子责任。如果这时候李善长的政治触角足够敏锐，他应该能够感受到来自四方的危机。

李善长在朱元璋的权力体系中，一直是作为淮西集团的首领而出现的。李氏家族势力很大，在其旧日同事中，肯定有因利益分配问题，对李善长恨得牙根儿直咬的。但是以李善长的特殊身份和他在朝野积累的深厚势力，除非朱元璋突然将风向扭转，否则满朝文武谁又能将其搬倒呢？

一月，李善长在定远老家的一段老房子的墙体倒塌，惊吓了这位年近八旬的古稀老人。或许他只想在此安度余生，并没打算惊扰乡里。于是，他给自己曾经的战友汤和写了一封信，要求能够借自己三百名士兵帮助修缮房屋。

如果说朱元璋对这个案子还有一点家丑不愿外扬的顾忌在里面，那么汤和却出卖了多年老友。李善长与汤和的退休有一个很大的区别，汤和是一退全退，是从政坛上的完全隐退，而李善长不一样，他即使从朝堂上消失了，其影响力依然存在。就在汤和借兵给李善长的同时，他的告密信也向京城出发了。有人说汤和太过无情，可是对于权力斗争而言，无情要别人的命，有情却有可能会要了自己的命。毕竟他要年轻许多，还想在这个世上多活几年，他更不想让自己的妻儿也跟他一起上断头台。

他在目睹了身边战友们被朱元璋一个一个收拾掉，汤和变得惶惶不可终日。这么多年的权力斗争，也让他明白了一个道理，朱元璋不会将自己豢养的所有猎犬一网打尽，最后肯定会留下一条，用来看家护院、装点门面。当他发现朱元璋的杀气再次出现后，为了能够成为笑到最后的那条看家犬，汤和不得不出卖昔日的鹰奴。

汤和借出的三百名士兵使朱元璋很容易就联想到了前段时间刺杀太子的那数百名刺客，按照朱元璋以往的脾性，根本不会在这件事上多做周旋，肯定会在得到消息的第一时间里就下旨捉拿李善长归案。不过这一次朱元璋欺骗了所有人的直觉，朱元璋并没有揪着这件事不放。

刺杀太子的罪名虽然很重，但是并不符合朱元璋心中的权力布局。他决定再忍一忍，再等一等，他相信李善长还会祭出更加愚蠢的昏招。朱元璋已经容忍他十多年，也不在乎再多等这几个月的时间。

李善长就仿佛一个走在布满了陷阱道路上的盲人，压根就不知道自己已经从鬼门关转了一圈回来。他毫无知觉地走过第一个陷阱，却再也逃不过第二个陷阱。

这一年的三月，李善长的一个拐弯抹角的亲戚丁斌犯事被判流放，丁夫人在李善长面前痛哭一番，动之以情，讲述丁斌如何对李善长心存孝敬。或许真是人一老，耳朵根就会变软，丁夫人的痛哭让李善长拉不下这个面子，他第二天就给朱元璋上了一道求情的折子，恳求朱元璋能够看他的面子，给丁斌一个改过自新的机会。

只可惜朱元璋的耳朵根却不软，朱元璋从这封信中找到了一个绝佳的机会，既然李善长想为丁斌求情，那么就以这个丁斌为突破口。

朱元璋密令左都御史詹徽追查丁斌案，朱元璋在交代任务时，并没有将这件事情挑明。可是詹徽却在朱元璋的只言片语中捕捉到了极为准确的信息，他连夜拷问丁斌。李善长一心替丁斌脱罪，可他万万没有料到，丁斌会反过来咬他一口。在詹徽的诱导下，丁斌供出了李善长之弟李存义与胡惟庸共同谋反的细节。

詹徽是个很会办事的人，他之所以选择李存义为突破口，是因为此人既是李善长的弟弟，同时也是胡惟庸的亲家，是沟通李、胡二人的天然桥梁。在继续追查李存义后，他终于供出了足以置李善长于死地的供词：胡惟庸多次请求他找李善长共举大事，李善长不许，胡惟庸亲自来说，李善长终于长叹，"我已老，汝等自为之"。

即使是造反未遂也是重罪，詹徽随即大规模网络罪名。重赏之下，必有勇夫，李善长的家奴纷纷跳起告状，绘声绘色地编织了一个又一个的故事。直到此时，文武百官方才如梦方醒，或许是怕李善长案牵连自己，他们纷纷跳出来口诛笔伐，千夫所指，李善长求生无门。

有人问，李善长已经退居二线，朱元璋为何还要穷追不舍？根据权力学原则，最高统治者与属下之间需要一个权力空白区，这时最高统治者在心理上才会感到安全。李善长是离朱元璋最近的人之一，作为朱元璋的同乡、故友、勋臣、亲家，可以说是卧榻之侧的人，朱元璋又岂容他人酣睡。

朱元璋的发迹史，李善长最清楚不过；朱元璋所搭建的新的政治权力结构中，李善长位居一人之下、万人之上；作为淮西集团首领的李善长，故旧戚党遍布朝堂，势力盘根错节。他是一个权力标杆，他的存在就是皇权最大的威胁。

这一年的四月，朱元璋批下此案。第二年春，李善长因参与胡惟庸谋反案，被赐死，并夷其三族，赦其长子驸马李祺与临安公主所出嫡二子李芳、李茂死罪，贬为庶民。

不知道白发苍苍的李善长临行前有着怎样一番心态，想当年李斯与儿子一起被绑缚至刑场，李斯发出了"牵犬东门岂可得乎"的人生感叹，不知道李善长会不会有着同样的临终慨叹。

很多搅进权力场中的知识分子，至死也不会有这种醒悟。就算生命重新再来一次，权力依然是他们的心头好。这也正是朱元璋这个皇帝能够切中他们的要害，牢牢掌控他们命运最根本的原因所在。朱元璋掀起的这场权力"连环三击"前前后后持续了十多年，被裹挟进去遭到诛杀的文武功臣各色人等有五万人之多。朱元璋想要达到的"拔刺"效果是达到了，可天意民心却难以交代过去。

在历史的进程中，命运之神从芸芸众生中将朱元璋挑选出来，是何等的荣幸和荣耀。人生更像是一场残酷的比赛，当机会来临的时候，你所要做的，就是比其他人更全面、更强大，因为最终的胜利者只能有一个，而上天这一次选择了朱元璋。

海瑞：遮羞布或者道德范

万历十五年（1587年），大明朝的副部级官员、南京吏部右侍郎海瑞死了。这条消息犹如一道惊雷滚过阴霾沉沉的天空，却没有给这个步履沉重的帝国带来任何的震动。相反，北京城里的皇帝和负责人事的官员应该大大地松了一口气，他们再也不用为这个官僚集团中的道德模范使用的问题绞尽脑汁。

对于海瑞死后的情形，史书上有着相当生动的记载。海瑞去世，他的生前挚友、时任佥御史王用汲到家中探视，看见海瑞房间所用的帷帐都是葛藤皮做的，而且都已经破损不堪，身上穿的衣服也是补丁套补丁，破得不成样子，一个国家副部级官员的生活居然寒酸到如此地步。海瑞膝下无子，王用汲就承担起丧葬事宜。他整理海瑞的遗物，一生积蓄只留下八两俸银、一顶头巾、几件旧衣服。王用汲当时就掉了眼泪，在同僚里凑份子为海瑞下葬。官员们都在伪装感动，他们无法从海瑞那里获取到体制带给自己的温暖。海瑞的形象越高大，他们内心的寒意就越深重。海瑞从政二十多年的生活，充满了各种各样的矛盾与纠纷。他的信条和个性使他既被人尊重，也被人遗弃。也就是说，他虽然被人仰慕，但没有人按照他的榜样办事。他的一生体现了一个有教养的读书人服务于公众而牺牲自我的精神，但这种精神的实际作用却极为有限。

1. 动得天下，动不得海瑞

嘉靖三十四年（1555 年），海瑞在福建省南平县当教谕（相当于县教育局局长兼公办学校校长），他专门写了《驿传申文》和《驿传论》两篇文章。驿传近似现在的招待所兼邮政局，与教育没有任何关系，但是海瑞见那些往来的官员及其亲友在招待所横吃横喝，用夫用马，巨额负担竟逼得百姓投河上吊，实在不忍不说话。他上纲上线地写道，地方官为了献媚于人，而使小民投河上吊，这是为媚人而杀人。

那么我们来看一看，刚刚从官场起步的海瑞在文章里传递出一个什么样的信号？

"福建如今的官员，和洪武年间相比，不过增加几个人而已，近日又裁减掉了市舶司的镇守太监，在驿站流动的人员和洪武年间大致相等。有人整天抱怨说严格按太祖的制度办事，驿站维持不下去，所以天天把制度改来改去，却从不去认真思考为什么洪武年间可以维持，为什么现在就不行！

他们还说什么此一时，彼一时，说什么洪武年间事情少，法律严，如今事情多，法律也更宽松。事情多，难道朝廷最近有什么特别的差遣？法律宽松，难道朝廷修改了法律？

就这么些官员，就这么多工作量，法律法规两百年来也都没改，不遵守太祖制定的驿站制度，分明是出于个人的私心，还找什么借口！"

海瑞最后所下的结论：除了"求复国初"，也就是按太祖皇帝的规矩办事以外，奢谈其他任何措施，即便是"议事尽其变，防弊尽其周"，考虑得再周详、再严谨，也无济于事，"皆下策也"。

那么让我们再回到海瑞去世的前一年万历十四年（1586 年），或许是感觉到了自己已经来日无多，他给万历皇帝写了一份奏疏。这份奏疏字字如刀剑，入骨三分。如果说刚刚进入权力系统的海瑞，以一个小官僚的身份对国家体制的看法是"求复国初"，即按太祖皇帝（朱元璋）的规矩办事，那么在经历了将近三十年宦海浮沉的海瑞又会发生哪些变化？在海瑞呈给皇帝的报告里，如此写道：

"皇帝励精图治，国家并没有变好。这主要是因为对官场上的贪渎之徒刑罚过轻。

官员们要求朝廷对士大夫能够以礼相待，对他们以礼相待，那又拿什么对待无辜的百姓？

如今天下贪污腐败成风，只有恢复太祖皇帝贪污八十贯就绞死的律令，以及剥皮实草的酷刑，才能扭转贪风。"

前后对照，我们会发现时间在变，海瑞始终没有改变。在这份刀头舔血的奏疏背后，是海瑞心头难以舒缓的怨气。身为官僚集团中的一员，海瑞就像是带着前世诅咒的复仇者，向这个既让他忠实依附又令他极端厌恶的官僚群体发起一轮又一轮的攻击。尽管如此，他生存的价值远远低于他的道德消耗值。海瑞死后，万历皇帝一语就道破了其中真谛："当局任事恐非所长，而用之以镇雅俗、励颓风，未为无补。"也就是说，海瑞做事不行，但做官员们的道德楷模，是最适合不过的。

在后太祖时代，高悬于帝国顶上的道德原则已被官僚集团悄然唾弃，然而，谁也不敢明目张胆地嗤之以鼻，还必须装出奉为圭臬的样子。这个时候海瑞横空出世，立即占据了大明道德意识形态的制高点。海瑞的权力与隐权力即来源于此：皇帝需要以重用海瑞的行动来表明帝国对于道德意识形态的守护态度，即使朝臣们认为海瑞的道德高标已不合时宜，但道德旗帜做成的遮羞布却是不能公然撕破的。

万历十四年四月和七月，留都南京的提学御史（相当于主管教育线的监察部巡视员）房寰因为自负材谞，又受同僚鼓动，两度上疏弹劾他的顶头上司南京右都御史（监察部长）海瑞，抨击这位都御史"大奸极诈，欺世盗名"，"莅官无一善状，唯务诈诞以夸人，一言一动无不为士论所嗤笑"。措辞之强烈，近乎人身攻击。

房寰锋芒毕露，却想不到他的奏疏摸到了老虎屁股，捅到了马蜂窝。明人沈德符在《万历野获编》中记录了朝廷的反应："举朝骇惑，俱相顾。"而按房寰政治对手的记述，则是"朝野闻之，无不切齿抱愤"。政治对手的说法不可尽信，但也不可能全是虚饰之词。据估计，当时的朝廷百官即使不是全都"切齿抱愤"，也一定被房寰的行为吓坏了：这小子怎会如此胆大气盛？

万历皇帝与内阁首辅申时行有意庇护房寰（据说房寰与申时行过从甚密），但也不得不拟旨斥责房寰"渎扰"，就是告诉房寰不要再惹是生非。被弹劾的右都御史海瑞也上疏辩驳，并提出辞职，皇帝亦降旨让他"安心供职，是非自有公论，不必多辩"。皇帝居中调停，希望尽快结束这场争吵。

但是事情没有完。新科进士顾允成（他的兄弟就是后来的东林党领袖顾宪成）对房寰连疏丑诋都御史的行径不胜愤慨，联合同年彭遵古、诸寿贤参了房寰一本。这三位血气方刚的士子在奏疏上说："房寰妒贤丑正，简直不知人间羞耻事。臣等自幼读圣贤书，十余岁时已知都御史大人之盛名，即知以大人为榜样。大人德高望重，堪称当代伟人，万代瞻仰，望之如在天上，人不能及。而房寰大肆贪污，与都御史大人相比，宜愧且死，竟敢造言逞诬，臣等深为痛心！"

一心想息事宁人的皇帝非常生气，说房寰已经受到批评，三进士尚未授官就出位妄奏，"是何事体？好生轻肆！姑各革去冠带，退回原籍"不过，顾允成等人虽然被斥归，但却在士林之中为自己赢得尊崇。不久，南京太仆寺卿（相当于交通部长）沈思孝又专疏为都御史申辩，并弹劾房寰以私怨辱直臣，提请将顾允成等人官复原职。房寰也不是省油的灯，紧接着上疏诋毁沈思孝与都御史。双方闹得不可开交，结果沈思孝因"借事逞词"受到皇帝斥责，房寰也"获罪清议"，外放江西提学副使（相当于教育厅长）。

两年后，即万历十六年，房寰上疏攻击海瑞的这桩公案又被提起。吏科都给事中（七品监察官）张鼎思与另一位陈姓给事中，共疏追论房寰诸种不法情事，为被他攻击的都御史大人鸣不平。此时房寰的老对手顾允成等三进士已经起用为官，自然也不会放过围剿的机会。房寰见"众咻不止"，而自己势孤力薄，情急之下，抛出几份手柬（张、陈二给事中早年向他请托的私信），将张、陈二人搞得灰头土脸。但房寰以私信当武器，极不厚道，有识者都很鄙视他。

皇帝大概也不敢再偏袒房寰了。这家伙再不处分，那些自命清流的言官士子就会没完没了地跳出来，闹得朝廷鸡犬不宁。于是房寰被贬谪，从此一蹶不振，而且落下了千古骂名。明末史家谈迁甚至对房寰无后幸灾乐祸地说："（房寰）今传三世而绝。昔人云：天道有记性，无急性。观于房寰侍御，天之记性，固未爽也。"

面对清流集团的群起而攻之，房寰从不示弱。但是，在被钉上历史的耻辱柱之后，他会不会为当初疏攻"当代伟人"的冲动感到后悔呢？房寰显然低估了他所冒犯的都御史大人的"道义权力"，它可以动员朝野上下的舆论力量，让众多富有道德理想的年轻官员前赴后继，出来打抱不平，不把冒天下之大不韪的房寰拉下马，绝不罢休。

在海瑞被房寰连疏攻击、朝廷清流奋起反击、双方吵得不亦乐乎之时，万历皇帝下了一道批示："海瑞虽当局任事，恐非所长，而用以镇雅俗、励颓风，未为无补，合令本官照旧供职。"我认为皇帝是在委婉地告诉"倒瑞派"：别闹了，大明需要海瑞这块"贞节牌坊"。

不要小瞧了"贞节牌坊"的力量。后世论者常常只注意皇帝的前半句评语"当局任事，恐非所长"，认为海瑞被当成了无用的权力装饰品，而忽视后半句中"镇雅俗、励颓风"的深意。所谓"镇雅俗、励颓风"，其实可以理解为帝国对海瑞道德权力的承认与许可，而海瑞与道德意识形态的共振，更使他获得了强大的隐权力。海瑞绝不是大可等闲视之的官场花瓶，尽管多数时候他被安排在花瓶性质的官职上，但是"花瓶"到了海瑞手里，也是可以狠狠砸人的。

提起海瑞，不少论者都认为海瑞不得官心，在当时的官场上孤立无援。但我们从房寰事件中可以发现，海瑞绝不是一个人在战斗，他虽无严嵩、张居正的炙热权势，却有强大的道德动员力，凛然而不可侵犯。纵然诸多同僚不喜欢他，纵然是首辅亲信的房寰连疏攻击也扳他不倒，反而被海瑞及他的追随者扳倒了。从某种意义上说，海瑞恪守祖制所塑造的"祖制"成了他的护身符。

2. 祖制的最忠诚信徒

海瑞有一个强大的内心世界，而支撑这个强大内心世界的，就是他为之奋斗了终身的"祖制"。如果说孤独的海瑞还有一个知心人，那么这个人就是洪武皇帝朱元璋。朱元璋究竟在开国之初为他的殉道者海瑞铺陈了怎样一幅画面，让海瑞九死而不悔？明朝初年，弘文馆学士罗复仁居官简朴，为人老实，人称"老实罗"。有一天，朱元璋忽然动了念头，要调查"老实罗"是真老实还是假老实，到罗家私访。罗家在城外边一个小胡同里，破破烂烂，东倒西歪几间房子，"老实罗"正扒在梯子上粉刷墙壁，一见到皇帝来，着了慌，赶紧叫女人抱一个小杌子请皇帝坐下，朱元璋见他实在穷得可以，老大不过意，说："好秀才怎么能住这样的烂房子！"朱元璋即刻赏给了他城里的一所大邸宅。

其实让"好秀才"住这样烂房子的人不是别人，正是朱元璋自己。开国初年，正是他为官员们定下了历代以来最低的俸禄。

低薪制的产生自然有它所产生的历史背景：一是贫民出身的朱元璋心底对官员们总有一种仇恨的潜意识，他不希望这些人被自己养肥；二是因为开国之初，财政实在困难；三是读书人都是孔孟之徒，他们入仕，出发点应该是行孔孟之道，并不应为一己私利。所以，薄俸正好有利于他们砥砺节操，保持正气。正所谓"存天理、灭人欲"。低薪制其实是中国基于儒家学说的一种政治传统，只不过其他朝代没有低到让人吃不饱饭的地步。

一方面是官俸低得不足以维持正常开支，另一方面是官本位，各级官员权力不受约束，制定各种土政策，进行各种乱收费，几乎没有任何障碍。通过加收摊派收取行政费用，支撑政府运转，是历代政治中的一个正常现象，也是低薪制得以维持的基础。问题是加收多少，摊派多宽，并没有明文规定，完全是暗箱操作。对政府机构的财政收支，国家从来没有建立过有效的会计审计制度。官员们往自己口袋里放钱，就像吃饭夹菜一样容易。这种制度的荒悖，正如同"渴马守水，恶犬护肉"，导致官员们的整体腐化成为一种不可避免的趋势。

在这种制度下，只有两种选择。一种是做清官，不取一分一毫，结果就是甘于正常人无法忍受的贫穷。著名清官轩倪"寒暑一青布袍，补缀殆遍，居常蔬食，妻子亲操井臼"；秦弘"廉介绝俗，妻孥菜羹麦饭常不饱"。清官们的生活窘状在《清官传》中比比皆是。另一种就是遵照官场惯例，通过土政策来维持开支，支撑关系网的建立。而一旦越限，人们的欲望往往一发不可收拾。贪污就像遇到了适合环境的细菌，不可抑止地疯狂生长。

对于制度性腐败，历代以来，对付的办法只有两个：一个是"杀"，从肉体上消灭贪官；另一个就是"教育"，通过树立典型，大力表彰，提倡正确的导向，来感动人、教育人、转化人。

这两种办法都如水中捞月，无济于事。历代以来，以明太祖朱元璋惩贪最为坚定，对官员要求最为严苛，然而，偏偏是他定下一系列惩贪祖制的明王朝，腐败得登峰造极，最终因腐败而亡国。

在朱元璋看来，别的罪过都可以饶恕，只有贪污，一个也不能放过。他制定了残酷的惩贪法律，规定凡贪污六十两以上者，均枭首示众，而且还要把人皮剥下来，里面填上干草，摆到官府公堂对面，用来警告继任者。后来，朱元璋见此举仍不能制止贪污，又规定，"今后犯赃者，不分轻重皆诛之！"只要是贪污，即使只有一两银子，照杀不误。除了杀头之外，朱元璋还制造出抽肠、刷洗、锡蛇游等骇人听闻的酷刑来惩罚贪污犯，一时之间，洪武皇帝的治下如同地狱再现，几乎全国每个县的县衙里都摆着一个皮人，全国被杀掉的官员竟有十数百万。上自自己的义子干儿、皇亲国戚，下至无品级的胥吏，只要稍涉贪污，朱元璋一个也不放过。

在这样的严刑峻法下，明帝国两浙、江西、两广和福建的地方官员，从洪武元年到洪武十九年，十九年间，或者任中被杀，或者任中被罚，竟然没有一个做到任满的！有些衙门，因为官吏被杀太多，居然没有一个人办公。为了政府运转，朱元璋只好开恩，叫那些官员"戴死罪、徒流办事"，"戴斩、绞、徒、流刑在职"，叫他们死刑缓期执行，带着镣铐在公堂办公。

治理了二十多年，到了晚年，朱元璋胡子都白了，贪污案件仍然层出不穷。身为一国之君的他也只能连声哀叹："朝治而暮犯，暮治而晨亦如之，尸未移而人为继踵，治愈重而犯愈多。"前边的死尸还没有收走，后边的继任者又贪污上了。治理越重，贪污的反倒越来越多。"似这等愚下之徒，我这般年纪大了，说得口干了，气不相接，也说他不醒！"

其实"愚下之徒"不是别人，正是朱元璋自己。执迷不悟的，是几千年来的中国政治。几千年来，历代王朝无一不是被腐败击倒。虽然有无数的明君贤相、大儒哲人，从来没有人尝试过用其他办法来治理腐败，没有人考虑过制度的合理性。对于这个死结，海瑞与朱元璋不谋而合。两人的解决方案就是加强皇权、严刑峻法。人们总是习惯于从儒学原理出发，把腐败定义为道德问题，解决的方法只有教化和屠杀。

他们考虑的都是皇帝和官员之间的利益博弈，天真地以为只要让贪腐的官员付出惨重代价，那些尚在局中之人便会抽身而出，准备入局者也会知难而退。王朝开创时，以前的小团体被暴力横扫一空。新生的官僚集团还是个雏儿，皇帝们往往能操纵它。但是随着时间推移，官僚集团独立性越来越强，也越来越腐坏，用当时的话来说，就是"朋比胶固，牢不可解"。皇帝可以诛杀其中的成员，但无法改变其运转模式。一般来说，到了王朝中期以后，这个集团就已牢不可破。

在这样一个封闭完足的文化体系包围下，一切都有现成的正统解释，人们已经丧失了建设性解决问题的能力，丧失了用自然的方式思考的能力，只能在恶性循环中越陷越深。

平心而论，朱元璋定下的祖制本身确实也有诸多行不通之处。比方说，朱元璋的祖制禁止高利贷。海瑞当巡抚时也就按此执行。但是高利贷的根源是银根紧，老百姓借贷困难。不解决货币供应问题，光禁止了高利贷，老百姓又从哪里去借钱呢？祖制拒绝考虑这个问题，海瑞也就拒绝考虑。

但这些技术困难并非根本问题。我们要理解海瑞的困境，还要考虑更大的时代背景。海瑞挂在嘴上的祖制，根本上来说是这个样子的：皇帝都像朱元璋一样，大权独揽，对官僚集团严刑峻法，让他们严格遵守规则，不敢侵害百姓。但这套东西在当时已经无法操作。

首先，很多皇帝并不称职。嘉靖四十五年（1566 年）二月，嘉靖皇帝收到了一份奏疏。奏疏内容用白话文表述如下：

"陛下您修道炼丹，不就是为了长生不老吗？但您听说过哪位古代圣贤说过这套东西？又有哪个道士没死？

陛下您以为自己总是不会犯错吗？只是大臣们都阿谀奉承、刻意逢迎而已，不要以为没人说您错您就没错了。您犯过的错误，那是数不胜数！

您奢侈淫逸，大兴土木，滥用民力，二十多年不上朝，也不办事，导致朝政懈怠、法纪松弛、民不聊生！

您听信谗言不见自己的儿子，不顾父子的情分。您天天在西苑炼丹修道，不回后宫，不理夫妻的情谊，这样做是不对的。"

最画龙点睛的两句："其一，嘉者，家也，靖者，净也，嘉靖，家家净也。其二，盖天下之人，不值陛下久矣。"

我们能够想象得到，嘉靖皇帝读罢奏疏，其震怒的情状。扭曲的面孔，颤抖的身躯，他用力地将奏折往地上一摔，再狠狠地踏上一脚，然后声嘶力竭地吼道："快抓住这个人，不要让他跑了！"

一个叫黄锦的宦官马上出来跪奏："万岁不必动怒，此人向来就是个疯子，他知道必死无疑，所以在递奏本之前就买好了一口棺材，跟家人做了诀别，仆从们也已经吓得统统逃散，他现在就在那里等死！"

这个将皇帝骂得狗血喷头的人，正是海瑞。海瑞之所以对嘉靖如此痛心疾首，其中一个重要原因就是他对皇帝寄望过高。在这份著名的《治安疏》里，他充满信心地说："必世之仁，博厚高明悠远之业，不过在陛下一振作间尔。"在这里，海瑞虽然高估了嘉靖皇帝的力量。

嘉靖长叹一声，从地上捡起奏本来读。身为一国之君，他应当冷静面对，切切实实想一些事情了。嘉靖起先没给海瑞任何惩罚，只是把奏章留了下来。他始终无法释怀，奏疏中所陈列的那么多事实从来就没人向他提及。嘉靖皇帝很矛盾，他有时会把海瑞比做古代的忠臣比干，有时又痛骂他为"那个咒骂我的畜生"。

嘉靖帝左思右想，还是咽不下这口恶气，于是将海瑞押到监狱禁锢起来。可是当海瑞听到他舍身怒骂的昏君驾崩的时候，在监狱里双膝跪地，放声号哭，把吃进去的东西全部呕吐了出来。

海瑞对道德教条的死忠，虽然受部分同僚暗中讥笑，但却深深感召了一批像顾允成这样的有道德理想的士子。特别是嘉靖四十五年的冒死一疏，更使他"直声震天下"。纵不能说海瑞是精于计算之人，但那一次，他稳赚不赔。假如皇帝杀了他，他必然求仁得仁，名垂青史；如果皇帝不杀他，他的道德声名则将换来雄厚的政治资本。果然，嘉靖还没决定如何处置这位既可恨又可敬的直臣就龙驭上宾了。隆庆皇帝即位后，海瑞立即官复原职，且步步高升，官至左右通政（相当于国务院办公厅副主任）。隆庆三年奉旨巡抚应天十府，从中央空降地方充当临时一把手。海瑞只是举人出身，却获此重任，堪称大明第一人。

3. 可怕的圣人之境

大明隆庆三年（1569年），南京街头弥漫着一种异样的气氛，豪门权贵忙着把自家红色的宅门涂抹成黑色，平时在街上飞扬跋扈的地痞流氓也都不见了踪影，就连一向趾高气扬的江南监织造的宦官们也都低着头赶路匆忙，有一些平常恶名昭彰的官吏更是主动请求免职。

究竟是谁能够拥有如此大的威慑力，让平日里繁华的南京城突然变得如此异常？老百姓心中狐疑，私底下纷纷猜测是当今天子驾临，还是周边县城的土匪来袭？当谜底揭晓，他们无不额手称庆，原来是当朝著名廉吏海瑞大人要来巡视。

这时候海瑞的名声早已传遍全国，他初入官场就以雷霆万钧之势取消了自己辖区内官吏们捞取油水的"常例"，随后又在担任户部主事期间拿出誓死的决心（买上棺材）与嘉靖皇帝直接叫板。这些几近疯狂的举动让海瑞早已成为官场同僚们茶余饭后的谈资。

如今最让南京城的豪门权贵们忌惮的还是海瑞的清廉，那种像是天生与富人贪官有仇的态度让他们忐忑不安。海瑞初入官场担任浙江淳安县令，上任不到十天就革除所有常例。常例是帝国官场上不成文的规例，明朝官员俸禄本来就低，这是官员为获得制度外的收入而形成的"灰界限"。虽然没有红头文件，但人人都心知肚明，人人都墨守这一陈规。

海瑞一上来就在"常例"上动起了刀子，直接将地方官吏获取灰色收入的管道截断，把所有的不合理收费一刀切，不光是自己应得的那部分，还包括县丞、主簿、典吏、教谕、师爷、衙役、门子。也就是说，全县大小官吏的全部额外收入全都被取消。海瑞这种做法无异于给帝国官场来了一场强地震，权力系统内部从上到下都将目光聚焦到了海瑞这个人身上。

海瑞不光劳别人的筋骨，苦别人的心志，更重要的是他先将自己逼至苦的绝境。他靠着月薪五两银子，居然能够在当时养活一大家人。当然在这个奇迹背后，生活质量是无法保障的，既然不愿意拿俸禄之外的"常例"，那就要从其他地方想办法来贴补家用。

海瑞自己动手在官署后院开辟了一块菜地，里面种上黄瓜、豆角。每天在官府衙门忙完公务，他就会换上粗布衣服，像个农民似的扛上锄头在地里忙活。全家人每天吃的都是粗茶淡饭，一年到头也不沾荤腥。自从海瑞当了官，家庭生活水平反而直线下降。就连那身官服在海瑞身上都穿了六年，四处补丁，看不出颜色。每天烧饭用的柴，都是家里的仆人上山砍的。有一天，海瑞发现仆人砍来的山柴枝叶枯干，不像是新砍的，就把仆人叫来讯问。仆人交代说是街上有人为了巴结他，替他打好背回来的。海瑞立刻叫他把送柴人找来，当场付了五十个铜钱，回头关上院门就把仆人狠狠教训了一顿。

淳安府的县丞、主簿们都不愿意与海瑞共事，纷纷要求调离此处。就连那些临时聘用的衙役、门子宁愿失业，也不愿意留在海瑞身边。本来胥吏就没有国家派发的正式工资，主要经济来源就是"常例"。如今海瑞将他们的收入渠道堵死，也就等于让他们失业。

身边共事的人能离开的都离开了，忙得海瑞焦头烂额，一年没有几天休息的时间。不光与同事之间出现僵局，就是在处理上下级关系上，海瑞也是左支右绌，不按规则来。比如说上司生日、红白喜事，别的官员都奉上成百上千两，他只送上一封贺信。上级官员来检查工作或者路过，海瑞在招待住宿上严格按照洪武年间定下的标准来执行。渐渐地，海瑞的淳安县成了官员们的回避之所，不到逼不得已，谁也不愿意上门找不痛快，此时的海瑞就这样成为帝国官场上的"怪物"。

有人说生活中的海瑞没有朋友，是道德世界里的独孤求败。一方面是因为他与整个官场为敌，另一方面在他的价值理念里，能够放下利益与他同行者不多。海瑞骂嘉靖皇帝被逮捕后，户部司务何以尚上疏救援，结果被逮入监狱。海瑞在监狱里没怎么受刑，何以尚却被日夜拷打，遍体鳞伤。后来等海瑞出任吏部右侍郎时，何以尚正巧是他属下。两人相见，海瑞待以长官接见下属之礼。何以尚问："咱们当年同生共死的交情，难道你不能以客礼相待？"海瑞坚持朝廷礼制就是如此。气得何以尚和他当场绝交说："不及黄泉，无相见也。"

不需要朋友的海瑞，好像连家庭生活也不需要。他的第一个太太过门刚一个月，和婆婆发生了矛盾，海瑞毫不犹豫地休了她。在海瑞 53 岁的时候，家里发生了更黑暗的事情。他的妾韩氏忽然上吊自尽，11 天后，结发妻子也跟着自杀了。整个事情透着可怕的气味，但没人知道是什么原因。海瑞对此也悲痛不已，他提到此事时，说自己"每一思及，百念灰矣"。

他的女儿也死得扑朔迷离。海瑞的政敌在奏疏里，指责他"无故而缢其女"，说的真是惊心动魄。明人姚叔祥在《见只编》记载了另一个说法。据他说，海瑞的女儿只有五岁，从男童那儿接了一个饼吃。海瑞看见了勃然大怒，说："男女授受不亲，你不是我的女儿！你要是能饿死，才配是我的女儿！"于是女儿啼哭不止，不肯进食，家人怎么劝也没用，最后活活饿死。

如此一个官场上的道德模范，断绝了朋友，伤害了亲人，把自己的生活弄得一塌糊涂，搞得自己百念俱灰，那这个道德到底有多可靠？也许这正如奥威尔之言："追求圣人之境的人是可怕的。"

海瑞巡抚应天十府的消息传开，一些贪墨官吏，吓得纷纷自动离职，一些高门大族把红色大门自行涂黑，连在苏州府等地监督皇家织造的太监违规乘坐的八抬大轿也换成了四抬小轿。海瑞威慑力之大，由此可见一斑。

海瑞自己也踌躇满志，朝廷把国家赋税重地的治理权交到自己手中，他感受到的是更为深重的使命感和责任感。一路上地方百姓夹道欢迎，他感动之余更坚定了信心。上不负天子，下不负万民，他决心以澄清天下吏治为己任，在江南之地干出一番事业。也就是说，此时的海瑞是作为皇帝的代表，来南京地区巡视的。这次巡视的主要目的，一是察看地方的民情，二是看看地方官员的官绩政效如何。所以当海瑞来了以后，当地那些平日里违法乱纪的人，从内心深处感到胆怯。当时海瑞的主要职责是监察百官为政的操守，比如行政效率、行为作风等等。在明清时期，都察院的官员就相当于皇帝的耳目。如果让他们不满意，那就等于得罪了当朝天子。所以南京城里的达官贵人一听说海瑞来了，唯恐避之不及。

排列古往今来的官场精英人物，海瑞绝对算是清官中的头号人物。作为古代官员无法超越的道德标杆，海瑞符合民间对于一个清官的种种诉求。海瑞以一己之道德所长，试图补救帝国在官家制度和技术上的漏洞。自洪武开国到海瑞出任巡抚，帝国的钟摆已经整整摇动了两百年。这时候，由朱元璋引领的以武治贪的酷烈之风已经渐渐趋于转向理性的道德面。帝国权力系统中的吏员早已将自己的权力触角伸展到各个角落。

洪武时期，全国上下只有八千名官员，现在已经滚雪球式得发展到了两万人。当年朱元璋为了防止胥吏和官员祸害百姓，规定胥吏们不许下乡。如今这项禁令早已经取消，曾经被取缔的那些常例陋规又渐渐成为官场上的显规则。

一个地方县令，其家中的生活费用、招待客人的酒食、馈送上司的礼物，也都在地方上摊派。对于貌似合法其实非合法的收入，朝廷也是听之任之又遮遮掩掩。在各地区之间，官员捞取的灰色收入根本就没有统一的标准，因为一个富裕的县，税收上稍加几分，县令就可以大捞特捞，而在一个贫穷的县要征收同样的数字，则已是极为暴虐的苛政了。

帝国有一千多个县，而建立在县制之上的官僚系统基本上都是在常例的支持下运转。没有这些收入，官员们连最起码的生活都失去保障，更谈不上维系自己权力的运转和人情社会的关系网。所以说，这时候的常例已经成为国家机器运转的润滑剂。这种情形使得文官集团看重的操守，也变得毫无意义。

上至皇帝，为了自己的私人小金库加收矿税；下到地方的小胥役，通过权力垄断，坐拥上万家资。居官如同市场贸易，读书只为利益敲门。办一件事需要多少贿赂，有公开的明码标价。官吏上下其手，腐败的细胞已经渗透到帝国的心脏。

前面有一个细节：南京城里的当地人听说海青天来了，吓得把自家大门的红色涂成黑色的。这是为什么呢？过去住宅跟我们现代人是不大一样。现在只要有钱，住什么样的房子都没人管你。过去就没有这么自由了，这住宅是分等级的，只有那些豪门望族的人，才有资格拥有朱漆大门，平民老百姓只能用黑漆大门。好端端的大门为什么会改成黑色？就是因为海瑞驾临，这些豪门望族怕被海瑞查出问题来，所以就把自家的大门给涂黑了。这就等于告诉海瑞，自己只是普通的小老百姓，你的眼睛就不要盯着我了。这些人自愿降低身份，就是为了躲开御史海瑞的注意，逃避检查。 海瑞在江南之地对官场的奢侈做了种种限制，颁布了一份《督抚条约》。这个条约可谓事无巨细，就连各地方官员参见巡抚时应该穿什么服饰，招待巡抚应该采用什么标准，巡抚临时的住宅应该如何装修都做了详细规定。他要求物价高的地方，在招待巡抚的时候，只准花银三钱，物价低的地方只准花银二钱，菜肴只能三菜一酒，严禁海吃海喝。条约甚至还规定公务用纸，不许用高价厚纸，只能用低价草纸等。一句话说到底，能省则省。

海瑞的清廉到了让同僚们无法忍受的地步。他平日里自己放着八抬大轿不坐，偏要骑个毛驴去上班。他这样的省部级高官都不坐轿子，其他官员谁还敢坐？应天府那些当差的"属吏惮其威，墨者自免去"。这就是说，海瑞清官的权威是树立起来了，可没有人愿意再替他干活儿了。有人以此来推断，海瑞不像是一个官员，更像是堂吉诃德式的精神斗士。堂吉诃德是一个人在战斗，可海瑞不是。

谁给了海瑞这么大的胆子？不是别人，正是开国皇帝朱元璋。海瑞所效忠的大明朝，是一个过度强调道德意识形态的朝代，尤其开国皇帝朱元璋为了维护农民利益，不惜牺牲官僚利益。他通过酷烈的手段打击地方豪族、限制官吏伤农以及事无巨细的道德教化，将大明王朝的权力系统打造成为扁平化结构。国家上层建筑方面，他除了动用酷烈的惩戒手段，还通过高尚的道德标准和低水平的薪俸制向帝国官员进行道德批发。

然而事后官僚集团们发现，在这种高姿态里面其实充满了谎言。

随着时间的推移，官员们对一个特定时代的道德指令产生了厌弃，同时夹杂着对道德专制的逆反，进而容易变成对道德本身的怀疑与不信任。到了海瑞所生活的晚明时期，官场腐败，贪官横行，社会矛盾日趋紧张。

即便如此，这时候左右着帝国命运的文官集团，并没有完全摒弃儒家的道德观。从嘉靖朝的"大议礼"事件，再到万历朝群臣抗议张居正"夺情"风波，帝国的官员们可以为了一个虚无抽象的道德目标，不惜罢官流血，也要犯颜上书。

正是在这样的政治生态中，海瑞才会挥舞着道德的大棒与富户贪官一较高下，才会敢于和皇帝公开叫板。

他把朱元璋提倡的各项原则都奉为自己的金科玉律，对自己和身边的人要求近乎苛刻的节俭。他的道德大棒是从朱元璋手里接过来的，他和太祖皇帝都天真地认为只要官员都回到社会的道德规范中去，很多违法乱纪的行为就能避免。比如贪污就是因为官员们道德败坏而产生，所以需要加强这个社会的道德建设。朱元璋除了派发道德指令，还动用了残酷的整治手段。

在权力结构中，作为皇帝的朱元璋这么做可以做得百无禁忌；而作为官员的海瑞要想将朱元璋的这些金科玉律使用到位，就可能会处处受到掣肘，还有可能会被已经变灰甚至变黑的制度反咬上一口。

海瑞踏足江南地界，就是想能够为老百姓多办些实事，但在整个过程中他个人的刻板与偏执也同样表露无遗。江南之地多乡宦，单是一个松江府，光进士就有二百四十多人，在全国都名列前茅。而进士又大多在朝为官，他们致仕后就成了地方上的官绅。

官绅致仕回乡，就成为富甲一方的富户。其实他们的财富也未必是侵占乡民得来的。这些人在为官时拿国家的俸禄，建功还有赏赐，赋税也有优惠，积累一定的财富也不足为奇。但是海瑞不那么看，在他看来普天之下"为富不仁，为仁不富"。这个世界没有干净的财富，干净的人就要像他那样过着清贫的日子。

海瑞完全把自己当成了老百姓的权利代言人，他要用自己手中的公权力来保障老百姓的利益，不愿意用权力赋予自己的合法伤害权来伤害老百姓，宁愿将自己置于应天十府的富户官绅的对立面。海瑞担任南京吏部侍郎的时候，曾经处理过一种叫"应票"的东西。南京官员到商店里买东西，往往不付钱，而是直接给商家打白条。这个白条就叫"应票"。理论上说，日后政府有钱了要兑现应票。但实际上，它们从没被兑现过。

海瑞是个清官，名声在外。所以他一上任，商家就送来了300多张应票，希望海瑞主持公道。海瑞拿着一厚沓子白条，大吃一惊。但经过调查以后，海瑞更加吃惊了：各级政府开出的应票远远不止此数。商家曾经向政府缴上很多应票，要求兑现，结果不但没有兑现，连应票都干脆被没收了。这已经是明目张胆的抢劫。

海瑞勃然大怒，发了一个告示，洋洋洒洒痛斥道："我收到了兵马司的应票89张，其他衙门的应票220张。这还都是漏下的，其他被收缴的应票还不知道有多少。"今兵马司官也小，也做了一个狼之贪、虎之猛，以小民膏血迎合上官。又做了一个过送赃私的积年！"他质问道："大明祖制和律法里，哪一条规定了官员可以开白条？"

海瑞接着在告示里说了一句很有分量的话："做百姓不可做刁顽不听法度的百姓，也不可做软弱听人打、听人杀而不言的百姓！"这句话，几百年后听来仍旧让人凛然。

海瑞对大明朝官僚集团的评价，就两个字——虎狼。对于海瑞来说，对付虎狼的武器，那就是祖制。按照朱元璋当年定下的制度，官员不能打白条，不能霸占民田，不能行贿受贿。但是在现实中，大明朝的官员就是在打白条，就是在霸占民田，就是在行贿受贿。在海瑞看来，祖制如此完美，而现实如此黑暗，其原因就是大家不遵守祖制。

接下来对积案的清理，更坚定了海瑞为民做主的决心。海瑞发现，所谓的积案，不过是百姓状告富户、乡官之案。通常情况下，官府碍于富户、乡官的情面，将这些案子强行压下来，不予受理。海瑞公开放告，有冤的百姓纷纷前来抚院投状，一天之内，受理的案件就多达一两千。海瑞还制定了几条审理案件的标准，只要符合标准的案件全部实行"一刀切"。标准如下："凡讼之可疑者，与其屈兄，宁屈其弟；与其屈叔伯，宁屈其侄；与其屈贫民，宁屈富民；与其屈愚直，宁屈刁顽。事在争产，与其屈小民，宁屈乡宦，以救弊也；事在争言貌，与其屈乡宦，宁屈小民，以存体也。"

也就是说，当案子疑点重重、纠缠不清的时候（讼之可疑），就采用这一标准：兄弟相争，判弟输；叔侄相争，判侄输；贫富相争，判富输；尤其是有财产争议的案子，判乡宦输。为了凸显自己为民解困的决心，海瑞制定的判案标准完全符合道德的标杆，他概括出两条原则："以存体也（维护尊卑有序的封建秩序）"，"以救弊也（救济小民）"。海瑞似乎天生就与那些富人有着不共戴天的仇恨。穷人和富人之间打官司，不管对错，海瑞肯定会判富人输。

这样一位高举着"道德理想化"旗帜的清流人物，在一个地方为官一任，到底是误事还是成事呢？无论在哪个时代为官都要讲究方式方法，用现在的话说，既要总揽全局、协调各方，还要讲究和谐安定的政治局面。

而海瑞的这个标准得到的社会反响是截然不同的两方面，平民老百姓拍手叫好，高呼"青天大老爷"；那些退休的乡绅们则举双手反对，大呼不公。有冤的百姓奋起告状，状纸越来越多。每月放告两次，每次受理三四千件。

海瑞的"一刀切"断案法带来的负面影响很大，那些与尊长纷争的小辈们，聚集在抚院门口高呼不公，明明是叔伯辈无理打伤了自己，自己反倒输了官司；富户官绅们更不满意，他们与贫民打官司，不问缘由就判退田产、出银子？

随着时间的推移，在海瑞掀起的这场运动中受到冲击的富户越来越多。这些人都是哑巴吃黄连，吃了亏也不敢站出来辩解申诉。要知道明朝的应天十府，社会结构非常复杂，并不是简单的穷人和富人之分。除了富户官绅、农民佃户，还有不少中间阶层。比如那些无所事事的游民，平日里就爱干些坑蒙拐骗的事。海瑞拿富人开刀，也让他们看到了捞取油水的机会。于是他们也冒充小民，跑去状告富户官绅。一时之间，社会局面陷入失控状态，告状的人越来越多。这大大出乎了海瑞意料，他没有想到仅松江一地"告乡官夺产者几万人"。

就连致仕在家的前任首辅徐阶也被海瑞的应天新政推上了风口浪尖。管家徐成、徐远的劣迹被揭发，受徐府仆人欺压的乡民们就把徐家推上了被告席，最后以徐家退还房产并兑现乡民田产赔偿金而收场。一时间，松江一府的富户乡绅，人人都是被告。在乡民看来，种肥田不如告瘦状。

隆庆四年（公元 1570 年）春，刑部都给事中舒化、戴凤翔联合起来弹劾海瑞拘泥固执，理由是"不谙吏事"，"庇奸民，鱼肉缙绅，沽名乱政"。也就是说海瑞不切实际、不通人情世故，不达政体，不适合处理地方事务，应该安排南京的清闲职务"养起来"。他们还拿海瑞的私生活来说事，海瑞的前两任妻子先后被休，七个月前，家中一妻一妾同时去世，疑似谋杀。明朝官员大多是文人出身，文人生来要有所担当，修身齐家治国平天下，连家都不齐，何以治国？

这帮同僚的弹劾之辞，激怒了海瑞。既然同僚们都不理解自己，没人为自己辩解，他只好上书自辩，称那些弹劾他的言论纯属虚构"无一事是臣本心，无一事是臣所行事迹"。海瑞感到万分委屈，自己一心报国，两袖清风，结果却换来了弹劾。他把一腔怒火，烧向朝中众大臣，怒斥"今举朝皆妇人也"。海瑞这句话将朝中大臣得罪了遍，首辅李春芳自我调侃说："满朝都是女流，那我不就成老婆子了？"

事已至此，海瑞这个巡抚是没办法再干下去了。他在离开江苏地界时，沿路百姓欢送，但南京的官吏、乡绅却躲在人群中以手加额，弹冠相庆。

在颓风肆意、腐败横行的大环境下，像海瑞这样不参与逐利的官员真正成了异类。而他的同类们，那些饱读儒家典籍的士大夫们，早已认为圣贤之事不合时宜。即使那些口碑尚好的公卿大臣，也不过是手伸得不太远、钱捞得有节制而已。在他看来，举国上下已经没有一个官员能够称得上正人君子。那些特立独行的孤高之士，在他看来做得远远不够，而贤士大夫则都是些污秽之人。他恨这些摇摆不定、首鼠两端之人甚于大奸大恶，因为他们盗用了圣人的名义，对圣人之道危害更大。

其实，海瑞所向往的世界，也并不是像我们想象得那样遥不可及。大明开国之际，太祖朱元璋已经为这个世界制定了一幅美好的蓝图。他制定了一系列夯基固本的祖训家规，对帝国生活的方方面面都做了详尽得无以复加的规定，可以说是为自己的子孙定下了万年之基。在海瑞看来，朱元璋的这些规定接近于完美。从某个角度来说，海瑞的心和朱元璋是相通的。海瑞对朱元璋的残酷惩贪措施完全赞成："我太祖视民如伤，执《周书》'如保赤子'之义，毫发侵渔者加惨刑。数十年民得安生乐业，千载一时之盛也。"

海瑞所到之处，总是把祖制挂在嘴上，要求大家一丝不苟地执行。他在南京当官时，有位御史在家里叫堂会，请了一群戏子演戏。这在当时是司空见惯的事。但是海瑞知道此事后，居然要当众杖责这位御史。官员们大惊失色，苦苦恳求。但是海瑞不为所动，理由是太祖皇帝定下的祖制就是如此。

此时距明朝开国已经两百多年，而海瑞简直像一个从洪武年代过来的穿越者。祖制在明朝享有宪法一样的崇高地位，海瑞把它挂在嘴上，就等于占据了道德制高点。别人没法还嘴，但却可以孤立他。海瑞在官场上的人缘是相当差的。一位叫黄锦的太监就对皇帝说过："这个人脾气极端乖戾，朝臣没有不讨厌他的。我都看不到有人肯和他说话。"

海瑞认为，所有的错误，所有的丑恶，都是因为人们不能严格遵守圣人和祖宗的教训，放任私欲发展造成的。其实今天看来，如果我们用"一根筋"这个词来形容海瑞，估计也没有多少人站出来持反对意见。如果换作褒义一点的词，那就是"执着"。

和那些奉行"以德服人"的官僚不同，海瑞并不完全相信治国的根本大计是上层提倡的一个抽象而至善至美的道德标准。这个标准责成下面的人在可能的范围内照办，行不通就打折扣。而他尊重法律，乃是按照规定的最高限度执行，如果政府发给官吏的薪水微薄到不够吃饭，那也应该毫无怨言地接受。

这种信念有他自己的行动作为证明：他官至二品，死的时候也就仅仅留下几两银子，不够殓葬之资。当然由于海瑞的道德人格，他在社会的各个层面都拥有不少仰慕者。但是就连那些仰慕他的人也认为他那套行不通。有一位叫王弘的人在《山志》里说海瑞品格高尚，确实无人可及。但他要是掌了大权，"吾不知其竟何如也"。一位叫何良俊的人也夸海瑞"不怕死，不要钱，不吐刚茹素，真是铮铮一汉子！"然而话锋一转，他又说海瑞执政，终究会坏了国家大事。

朱元璋为官员们定下了历朝以来最低的俸禄。低薪制其实是中国基于儒家学说的一种政治传统，只不过其他朝代没有低到像这样让人吃不饱饭的地步。

帝国的官员们一方面是官俸低得不足以维持正常开支，另一方面是各级官员的权力根本不受制约，他们可以通过各种管道榨取油水。这种来自于灰色生存的荒悖，正如同"渴马守水，饿犬护肉"，导致帝国权力集团的整体腐化成为一种不可避免的趋势。在这种制度下，帝国的文官集团也自然化作两大主流：一种是做清官，一丝不取，结果就是像海瑞这样甘于正常人无法忍受的贫穷；另一种就是浊流，他们遵照官场惯例，通过灰色管道来维持开支，支撑所的建立关系网。而一旦越限，人们的欲望就会变得一发不可收拾，就像癌细胞遇上了适合的环境就会疯狂生长，直至吞噬掉一个庞大的帝国。

盛宣怀：大清的金元格局

1911 年 10 月 27 日，大清正部级官员、邮传部部长盛宣怀在事先毫无征兆的情况下躲进了美国驻华使馆，震动国际社会。这位拥有无尽财富、无上权力的中国老人，怎么会成为国家的公敌，需要第三国来庇护自己的人身安全？

这件事的受关注程度丝毫不亚于在遥远的华中地区正在进行的血腥战争。而这一天距离历史上那场被称为"辛亥革命"的暴动，只过去 17 天时间。

在美国使馆，盛宣怀向各国公使表示，对自己的生命安全极为担心，希望经由天津前往上海，然后转道海外避难。在美国公使倡议下，四国公使进行干预，盛宣怀于当晚离开北京。此时距离盛宣怀出任邮传部部长，也仅仅十个月。

邮传部是个实权部门，综合铁道部、交通部、电信部、邮政部四大功能，而尤以铁路为大。从 1896 年起，盛宣怀一直是这个实权部门的掌舵人。多年来，盛宣怀始终处于风口浪尖，周旋于官场与商场两界。无论对内对外，他都是晚清官商两界的强势人物。按照李鸿章的说法，盛宣怀一生所求，不过是"办大事"和"做高官"。

与权力走得过于接近的盛宣怀，可以说是成也权力，败也权力。盛宣怀到底是官员还是商人？一位苏州商人对他的评价是：挟官以凌商，挟商以蒙官。

1. 一只手捞十六颗夜明珠

用"一手官印,一手算盘,亦官亦商,左右逢源"来形容盛宣怀并不为过。盛宣怀操持洋务多年,轮船、电报、矿利、银行皆在其掌控之中,可以说是独揽东南利权。当时有人称其为"一只手捞十六颗夜明珠"。当然这里的"十六颗夜明珠"只是一个约数,而在这其中,最为重要的一颗"夜明珠"应该是铁路。在担任铁路总公司督办大臣的十年时间里,盛宣怀共修铁路2100多公里,超过了民国成立至民国二十年所修铁路总里程。让他万万没有想到的是,自己修建的铁路,却成为压垮晚清政府的最后一根稻草。

1911年5月,清政府成立内阁。在13名阁员中,满人占位9席,其中6人为皇族,时人讥为"皇族内阁"。盛宣怀也跻身内阁大臣,时任邮传部大臣,风头一时无两。

严格说来,盛宣怀并不属于晚清权力集团中的任何一支派系,可是却"总揽大政"。正因如此,他也成为官场上的众矢之的。再加上他在推行铁路国有时,得罪了各方利益集团,为自己埋下隐患。晚清时期,随着一系列空前的社会变动,中国社会衍生出一个新的社会阶层。这个阶层既以科举功名和职衔、顶戴为标识,附骥于官场,又同时广泛涉足工商经营活动,孜孜牟利,成为清末民初一支举足轻重、极其活跃的社会集团力量。

这一新兴社会阶层既拥有相当的财富实力,也有一定的政治地位。他们的出现逐渐取代了传统绅士阶层,成为中国社会最有权势的在野阶层。他们身上兼具绅与商的双重特质和身份,上通官府,下达工商,构成官与商之间的缓冲与中介,起到既贯彻官府意图又为工商界请命的"通官商之邮"的作用。

　　中国民间社会总是喜欢把大人物之间的关系赋予一些非正常的传奇色彩，以显示局中人的不凡手段。在李鸿章与盛宣怀之间也有这样一则故事：李鸿章参加乡试的时候，正赶上盛宣怀的父亲盛康是主考官。正当李鸿章在考场上答不出题的时候，盛康及时地向他抛出了"绣球"，帮助李鸿章顺利过关。待到日后发达，李鸿章投桃报李，将盛康之子盛宣怀留在自己身边，委以重任。这件事本就不靠谱，因为盛康进士及第和李鸿章中举是在同一年（1844 年），他不可能是李鸿章的主考官。可是有一个事实是存在的，那就是盛康与李鸿章是老相识，并且是一条权力链上的利益伙伴。

　　1858 年春，时任湖北巡抚的清廷名将胡林翼函招盛康。盛康善于经营和理财，到湖北后先后以道员的身份办理税收，以充军粮。这时湖北的"牙厘局"创办只有一年时间，一切才刚刚步入正轨。盛康到任，以雷霆手段严杜"偷杜侵蚀，搏浮糜烂"，保障了前方粮草的供应。同年李鸿章也到了湖北，入曾国藩幕襄办营务，遂与盛康成为同事。李鸿章对盛康做事风格极为推崇，他曾经手书"萧何关中、刘晏河北"褒奖盛康。

　　李鸿章以"才具优长"将盛康推荐给朝廷，使其步步高升。等到盛康归乡养老，他的儿子盛宣怀已进入李鸿章的幕府班子，成为李鸿章大办洋务的急先锋。盛宣怀生于传统的士大夫家庭，三次参加科举都没能中举，只有一个秀才头衔。可是他却创造了晚清官场上的一个奇迹，官至邮传部尚书，位居二品。

　　天津教案发生时，李鸿章奉命率部向天津开拔。时值盛夏酷暑，部队要"日驰数十百里"，遇到急文快函，没有中过举人的盛宣怀居然能够做到"磨盾草檄，顷刻千言"，同僚们无不刮目相看。不久，盛宣怀升任陕甘后路粮台淮军营务处，继而又因军功升任知府、道员，并获赏戴花翎二

339

品顶戴的荣誉。他在进入李鸿章戎幕一年多时间里，以火箭般地速度蹿升，可见李鸿章对他的赏识。

十九世纪六七十年代，随着外国资本的大量渗入，在中国长江内河以及沿海一线的航运线上，几乎全是洋人的轮船，中国传统的船运已成衰落之势。一些开明的官员联合起来上奏朝廷，要求自办轮船运输，把航运优势从洋人的手中夺回来。这时候的李鸿章已升任直隶总督兼北洋通商事务大臣，总揽外交、通商、洋务大权，成为洋务派的领军人物。到底由谁去具体操办中国人自己的近代船务，完全取决于李鸿章的一句话。

刚开始，盛宣怀并没有成为招商局的权力掌舵人。在李鸿章看来，这时候盛宣怀的资历还远远不够，又加上他没有科举经历，不为官场中人所认可。更为重要的一点，是他没有实际操办轮船运输的经验。在李鸿章呈送给朝廷的奏折中，推荐开办轮船招商局的请愿人是朱其昂和其他几个人，并没有提起盛宣怀。三年后，李鸿章把招商局创办的主要责任和权力，全部交予朱其昂之手。

不过可以肯定的是，盛宣怀的确参与了轮船招商局的组建工作。因为从一开始，他既是股东之一，也是管理人员。从李鸿章的奏折里可以看到，他认为朱其昂兄弟在航运业方面有着丰富的经验和官场人脉关系，把开办轮船招商局的工作交给他们，是最佳的选择。

没有使用盛宣怀，并不代表李鸿章已经放弃对他的使用。李鸿章这么做，不过是在等待一个最为合适的机会，他也可以借此好好打磨盛宣怀。这一期间，李鸿章还将著名的买办唐廷枢招致麾下。由唐出任轮船招商局的总办，盛宣怀则为会办。

轮船招商局成立后，为了争取更多商人参与投资认股，以李鸿章为首的洋务派官员一再声明企业应"赖商为承办，赖官为维持"。因纯粹的官办太过于官僚，完全的商办又没有背景。"官办"或者"商办"这两个概念，说白了就是携官以令商，或者携商以令官。轮船招商局从建立之时，就明确了官与商各自的职责，也就是"由官总其大纲，察其利病，而听该商等自立条议，悦服众商"。

为了改变"商人不乐与官交涉"的习惯，李鸿章强调物色"熟悉商情、公廉明干之员，不必处以官位，绳以官法，但令与华商交接，有言必信，有利必让，使商人晓然知官场之不骗我也"。可是精打细算的商人又有几个不是逐利的现实主义者？他们当中的许多人在没有亲眼看到官督商办企业获利之前，对于认股这件事还是心存疑虑的。

轮船招商局是当时规模最大的官督商办企业，在筹建过程中招股就不太顺利。因商人的反应比较冷淡，招商局半年时间内实收股金还不到20万两，与当初预期的数字相去甚远。

有人说盛宣怀为会办，是李鸿章在自己的权力金元格局中故意安排的一步棋。他把盛宣怀安插在招商局里，让他成为自己的权力代言人。在轮船招商局中，无论是朱其昂兄弟，还是才华横溢的买办唐廷枢，他们和李鸿章并没有深厚的交情。若论交情，在李鸿章手下当差已经有五年多时间的盛宣怀，应该算得上是李鸿章的心腹之人。

李鸿章算是晚清权力集团中睁眼看世界之人。他亲眼见识过欧美工业化的浪潮，也了解国际贸易的运行规则。更为重要的是，他清楚帝国的经济命脉所在，也知道当下所面临的财政困境。他选择官督商办这样一种方式，其意图一方面是为新兴的企业获得正统的名分；另一方面则是通过运行民间商业资本，以此来激活僵死的朝廷财政格局。

李鸿章在这里追求的虽然是一种短期效应，可是对于步履沉重的晚清政府，已经经不起时间的折腾。只有采取直接而有效的手段，花最少的国家资本，争取最大的利益，甚至不需要朝廷给予足够的资本，就可以展开获利之旅。不过在一些参与利益博弈的私人资本看来，这同样是一个和朝廷平等交换利益的绝好机会。因为在商人们看来，只要李鸿章的权力控制能够落到实处，就能够免除或减轻国家机器对于商业、商人利益的盘剥。在商人们看来，只要国家少从商业上搜刮一些，官员的灰色收入少一些，自己的利润空间就会大一些。

轮船招商局就这样轰轰烈烈地开办了起来，对于李鸿章而言，最难以把握和掌控的是那些官方监督者，因为始终没有切实可行的措施来限制官方监督者的权力。他们将官场上的那一套规则娴熟地运行于公司管理，就算是企业运行不畅，哪怕是倒闭，板子也不会打在他们的屁股上，他们也就感觉不到疼。可是对于那些携带资本而来的企业家、职业经理人却反复挑剔，轮番换人。矛盾由此变得尖锐起来，督办官员的胃口也变得越来越大，企业家成为一种可有可无的阶层。

从一开始，企业家与官员就不处于一个相对等的利益博弈格局中。企业家是股东，是资本的真正主人。他们对于自己投入的资本始终怀有一种忧患意识，他们会想尽一切办法保全自己的利益。当时很多这样的民营资本参与的企业都没能够活着走出这种利益博弈的怪圈，企业被各种权力管道抽吸成一个没有任何油水的空架子。

置身于这种博弈格局中的官员只想着利用规则捞取利益，被权力绑架的企业家在无利可图的情况下，也不愿意再提供现金流。官僚开始全面取代企业家的位置，他们把自己转变为官员经理，把国家的监督转变为官僚的控制，昔日的官督商办开始演变为全面的官办。

当时重要官办/官督商办民用工业

名称	年份	创办人	经营形式	名称经费（银元）
直隶开平煤矿	1878	李鸿章、唐廷枢	官督商办	2055944
汉阳铁厂	1890	张之洞	官办	5560000
上海机器织布局	1879	李鸿章	官督商办	1418203
华盛纺织总厂	1894	李鸿章、盛宣怀	官商合办	1118900
轮船招商局	1872	李鸿章	官督商办	2780000
上海电报总局	1880	李鸿章	官督商办	2247352
中国铁路公司	1885	李鸿章	官督商办	417000
北洋官铁路局	1890	李鸿章	官办	2446400
台湾铁路	1891	刘铭传	官办	1800050

从上图可知，1870 年之后，李鸿章是晚清官督商办企业的最大股东。

这时候的李鸿章最为深切的感受是：这个国家需要花钱太多，而财政收入总是入不敷出，严重妨碍了他设计的一系列发展构想。国库没有钱，无论多么美好的蓝图和构想都只能停留于纸上谈兵。为了激发商人参股的主动性，李鸿章在商人的权力、利润的回报、股权的多样性等诸多方面，都开出了一些颇具吸引力的优惠条件。

尽管如此，帝国的传统商人对李鸿章创办的实业并没有表现出多大的兴趣。晚清著名的红顶商人胡雪岩，就断然拒绝了李鸿章要他参加轮船招商局的筹资和管理工作的邀请。对于这个时候的胡雪岩来说，他只关心他的生丝和银号业务。倒是那些新兴的买办阶层对李鸿章的计划持欢迎态度，事情就沿着这样的逻辑往前推进。

这看上是像是官商互动的最佳方式，李鸿章利用自己手中的权力为企业提供倾斜性的政策支持，而买办则提供资金和专门的商业技巧，一批看上去还不错的现代企业就这样开张营业了。

随着资金的滚动，那些所谓的官方监督人将自己的权力触角与公司的利益管道进行了无缝对接，他们甚至不惜动用隐权力干涉公司的正常运营，由此官商之间的利益博弈很快走向白热化。一方面李鸿章等官僚集团不断调整企业的人事格局；另一方面，这些主要由买办组成的职业经理人由于担心资金的安全，放缓了投资的脚步，公司的发展速度也随之减缓。所谓的官方监督人与权力系统内部的官员越来越趋于同化，官督商办也逐渐沦为官商同办，甚至官办商看。由他们主导的公司，只能依赖有限的垄断专营和国家财政拨款来维持最基本的运营。

"官督商办"的招商局无法离开政治势力的利益需求和权力庇护，李鸿章最初创办轮船招商局时，原始股本的筹措过程也是一波三折，尤其吸纳商人资金一度陷入困境。虽然商人最后认股了 10 万两白银以上，但是认股的支付很难及时兑现。为使公司发展下去，李鸿章甚至拿出了 5 万两白银的个人资金用来认股。更为重要的是，朝廷允许公司以 7% 的利息借用直隶练饷 13.5 万两白银。

招商局建立之初的生存发展还是很艰难的，只能"承运漕粮，兼揽客货"，替朝廷打工来维持运营，这也是官方权力庇护的最大好处。招商局独家垄断经营政府的漕运业务，并拥有漕粮的运输和免税两大特权，同时还变相获得一项官方津贴。这种垄断权或半垄断权主要是针对外国人所控制的沿海航运业，以维护本国航运利益。虽然此举遭到了众多洋商的倾轧与阻击，但是凭借着官方的金字招牌，还是逐步打开了市场。到 1876 年，招商局资本总额达 396 万余两白银，比 1874 年增长 5.6 倍，船舶总吨位相当于建立之初的 5.1 倍，船舶总数仅比旗昌少一艘，远远超过太古、怡和等公司。

在这期间，盛宣怀完成了一笔堪称完美的交易——收购美国旗昌轮船公司。

旗昌轮船公司独霸中国江海航线十余年，是美国在华的最大洋行。随着英资太古公司和轮船招商局的崛起，旗昌公司的旧式木质轮船组成的船队已经跟不上发展形势。旗昌既无资金更新其轮船设备，也无实力保有它在长江航线的霸主地位，旗昌最终决定出售资产，开出的价码为220万两白银。

为了筹措收购巨款，盛宣怀和时任招商局总办唐廷枢游说两江总督沈葆桢，劝其奏拨官款。沈葆桢只愿意拿出20多万两白银。盛宣怀利用官场潜规则，买通沈葆桢的身边人，了解到沈葆桢在别处另存的70万两白银，最终沈葆桢被说服，决定筹拨苏、浙、赣、鄂等省官款共100万两白银，帮助招商局完成了此次产业收购。费正清在《剑桥中国史》中如此描述盛宣怀："由官员变为官僚企业家的最明显的例子是盛宣怀……他喜欢搞官场上的权术，而不惜牺牲健全合理的商业经营方式。"

旗昌船队正式过户换旗，归并轮船招商局，轮船招商局的海运实力陡增。在这笔跨国贸易中，也同样表现出政治势力对官督商办企业的支持作用。然而，这笔贸易也成为日后京城官员的众矢之的。御史董俊翰指出，购买旗昌公司使招商局拥有的轮船大大超过实际的需要，造成每月五六万两白银的流失。

有官员针对购并旗昌一事，痛斥盛宣怀等"挟诈渔利，若任其逍遥事外，是无国法也"。慈禧亲自批示，命令李鸿章严肃查处。李鸿章凭借着他在权力场上的巨大影响力，为盛宣怀挡住朝中官员射来的明枪暗箭。他向上奏报，盛宣怀等人绝不会在购并旗昌公司这件事上谋取私利，至于收受20万两银子的回扣更是子虚乌有。

盛宣怀以非常之手段完成不可能之事，却始终无法摆脱官商逻辑。经过多年的暗箱操作，他在招商局的岗位上聚敛了大量的财富，持股2.2万股，价值440万两白银，成为招商局的第一大股东。在并购旗昌洋行时，他有47处房产，约合50万两，没有列入账册。盛宣怀密函李鸿章，建议安排心腹之人另立公司将其收购下来，估计每年可得8%的收益，并询问李鸿章是否愿意附股。在创办通商银行的时候，为了争取朝廷支持，盛宣怀还公然向大学士王文韶行贿，为他在银行中"代留500股"。正是这种暧昧不清的经营活动，让身处民穷财尽时代的盛宣怀聚敛了用之不竭的财富。

在并购旗昌公司这件事上，盛宣怀的表现可用"完美"二字来形容。李鸿章请求皇帝能够召见盛宣怀，以示恩宠。1879年10月的一天，盛宣怀第一次得到光绪皇帝的召见。虽然说皇帝年幼，可皇家的奖赏对于官场出身的盛宣怀来说，却是至高的荣誉。盛宣怀被委任为天津河间署理兵备道，这是他的第一个正式的行政职位。这次被皇帝召见，是盛宣怀官场生涯里具有里程碑意义的事件。在此之前他是直隶省候补道台之一，且名列前茅。

如果认为盛宣怀只是一名手段高明的企业家，无疑是片面的。他是一个精力旺盛且能在权力场上左右逢源的人。在他图谋经营企业的同时，他的官场仕途同样走得风生水起。放眼晚清政商两界，能够同时出击且都有巨大斩获的，也只有盛宣怀一人而已。

在李鸿章的谋划下，盛宣怀被朝廷任命为天津海关道，而这个衙门，是朝廷根据李鸿章的建议增设的新机构。这是李鸿章的政治布局的一部分。此前，李鸿章促成取消了北洋大臣的独立职位，使得这个职位由直隶总督兼任。这么做的目的，当然是为了巩固他自己的势力。理所当然，为了协助责任重大的直隶总督，朝廷统一设立了天津海关道。

这个新衙门并没有复杂的责任体系，它的使命甚至是简单的。它不负责与地方有关的各种权力，只负责洋务、防务和关税征收。显然，在李鸿章看来，这样的机构必须由盛宣怀来把控。在李鸿章的权力操控下，盛宣怀走马上任。

随着时间的推移，人们终于看清楚，通过盛宣怀在天津海关道的工作，直隶总督李鸿章完全控制了供应北京地区所需要的主要口岸的商务和收入。对于李鸿章而言，他截取直隶岁入，大有挟经济以令朝廷的趋势，而对于朝廷，似乎饭碗都掌握在李鸿章的手心里了。

在李鸿章的政治版图里，盛宣怀到底有多重要，由此可见一斑。盛宣怀是李鸿章权力范围之内最高的，也是最重要的财政官员。除了天津海关道，他还控制着轮船招商局，并将濒临死亡的上海机器织布局救活，这也是李鸿章对盛宣怀欣赏有加的地方。

2. 谁在操控金元博弈

也就是在一期间，盛宣怀遇到了自己一生中最为重要的对手——胡雪岩。

在晚清红顶商人排行榜上，盛宣怀与胡雪岩不相上下。他们之所以成为对手，不仅是因为同是政商两界的红人，他们所涉猎的产业，从船政到纺织再到电报，都有着碰撞与交集；更为重要的是，他们所走的政治路线有着很大不同。盛宣怀走的是淮系李鸿章路线，而胡雪岩则是湘系左宗棠的路线。

从 1879 年到 1880 年，中俄爆发伊犁危机。由于上海到北京的电报联系尚未建立，给朝廷处理事务造成诸多不便。盛宣怀与胡雪岩的心中不约而同地产生了一个念头——开办电报。此时，左宗棠已被朝廷委派为两江总督。在他即将赴任时，胡雪岩乘机提出开办电报。

于是左宗棠急忙向朝廷送上奏折，提出开办电报和通商救国的要求。而此时盛宣怀也正悄悄地带着李鸿章的亲笔信来到上海，请太古轮船公司总经理郑观应出山，共商办电报之事。

正如盛宣怀所料，为办不办电报的事，朝中官员各执一词。作为权力掌舵人的慈禧则认为，电报之事需要从长计议。左宗棠知难而退，胡雪岩也将全副精力继续投放到他的丝绸、茶叶生意上。而郑观应看了李鸿章的信，大受感动，离开太古，与盛宣怀一起，开始了办电报局的准备工作。在盛宣怀的经营团队中，多有买办出身的置业经理人，其中不乏像郑观应这样的经营奇才。不过，这些资金及人才在盛宣怀看来，不过是可以利用之"物"而已。他一直以政府代管人的身份牢牢地掌握着控制权。盛宣怀请示李鸿章，建议按照轮船招商局的模式，用公开招股的方式筹集资金，用以架设天津至上海的电报线。

盛宣怀在李鸿章的支持下，先在大沽北塘海口炮台与天津之间架一条电报线小试牛刀，而这里正是李鸿章的防务区。天津的电报线架成后，李鸿章请醇亲王等朝廷显要亲临试验，评议很好。李鸿章这才正式奏请，并很快得到批准。

1881 年，盛宣怀被清廷正式委派为电报局总办，主持电报局工作。通过进军电报业，盛宣怀加速发展其一生的事业，这也为最终击败胡雪岩打下了经济基础。胡雪岩以左宗棠为靠山，在数十年间，集商场、洋场、官场势力于一身，财富愈聚愈多。但他也因此得罪了李鸿章，并最终成为李鸿章和左宗棠官场斗争的牺牲品。

如果说在此之前，盛宣怀只是李鸿章经济事务的代理人，那么说这个时候，他已经在晚清权力场上真正拥有自己的一面旗帜。他把自己的主要精力，还是放在轮船招商局和电报局，而且主要负责电报线的筹建和官督商办电报局的组织工作。这也是李鸿章最为看重的商业行为。

李鸿章是一个老谋深算的官僚，他向朝廷提议架设这条电报线的奏折，依然没有提到盛宣怀的名字。当朝廷的批文下来，他却委派盛宣怀为代表，去和丹麦大北电报公司谈判电报线架设事宜。这意味着李鸿章把自己最为看重的事情交给盛宣怀去办理，但又不至于让他人知道盛宣怀和自己幽深的关系。

这样的隐形风格，为盛宣怀接下来的工作铺平了道路。盛宣怀开始着手向商人筹集资金，很快取代了为数不多的官款，完成了资金的可持续性。天津到上海的电报线大功告成，帝国电报局也在天津成立，李鸿章顺理成章地把盛宣怀推到了总督办的位置。

此时的盛宣怀兼任总督办和大股东的双重身份，政商集于一身的权力框架，让他如鱼得水。他的下属、上海电报局总办经元善就曾经质疑过盛宣怀"身份不明"，"任官督，尚忽于统筹全局之扩张；任商办，犹未能一志专精乎事功"。盛宣怀开始广泛铺设电报线，试图建立起一个具有全国性的电报网络。为此，他与丹麦、英国的电报公司马不停蹄地谈判，打算在云南和广东边界连接法国电报线，在满洲边界连接俄国电报线。电报局的事业推进如此顺利，让李鸿章对盛宣怀更加委以重任。

中法战争开打后，各种麻烦围绕着李鸿章，轮船招商局的一把手唐廷枢又要远赴欧洲。在这种情况下，李鸿章让盛宣怀放下电报局的工作，将主要精力放在轮船招商局，协助唐廷枢工作。说是协助，其实就是找机会全盘接手招商局。唐廷枢的暂时离开，公司大小事务，只有盛宣怀和企业家徐润两个人拍板。徐润显然不是盛宣怀的对手，没过多久，盛宣怀就指控徐润金融投机，逼迫他离开了招商局。等到唐廷枢回国，盛宣怀又指控唐廷枢和他的弟弟唐廷庚"严重亏空"公司，使得唐氏兄弟也知难而退。"官督商办"其实是一种无奈之举，在具体的操作过程中，政府不可能做到只督不办，作为权力者掌控的权力部门，他们无法遏制自己对于权力的欲望。当出现危机时，商人总是被推到权力者的前面，而等到环境稍有改善，他们又会无情出手，不但揽事争利，甚至罗罪致人，从来都是利益大于情面。

一切尽在李鸿章的掌控之中，或许是考虑到盛宣怀的手段过于激进，连续赶走徐润、唐廷枢两名职业经理人，无法向政商两界交代。李鸿章再次将盛宣怀隐藏于自己权力锋芒的后面，选派了自己的另一权力门徒马建忠入主轮船招商局，盛宣怀再度担任协助者的角色。

等到局面稳定下来，在李鸿章的一手操控之下，轮船招商局进行全面改组，盛宣怀理所当然成为总督办。盛宣怀就此控制了轮船招商局，既是总经理，又是最大的股东。同时，他还是电报局的总经理，也是大股东。晚清工业体系中最大的两大产业——轮船和电报，都掌握在盛宣怀手中，以至于当时的中外人士认为，这不是朝廷的产业，而是盛宣怀的个人产业。

这时候的盛宣怀正逐步走向自己事业的巅峰，他已经拥有傲视群雄的资本。放眼天下，如果说有一个人值得他去服从，那这个人非李鸿章莫属。而在商界能够与盛宣怀匹敌之人，非胡雪岩莫属。

胡雪岩发迹比盛宣怀更加富有传奇色彩，一名钱庄伙计，通过开办票号而迅速崛起。宽松的金融经营空间，曾经造就了山西票号的百年辉煌。在那样一个权力独大的时代里，民间金融虽有自由，却依然摆脱不了对于权力的依赖。胡雪岩的阜康字号之所以发展迅猛，是因为他先后得到两位封疆大吏（王有龄与左宗棠）的权力庇护，垄断了浙江的军饷汇兑。山西票号的业务，也是"向以政府军饷、丁银或官僚等私财为主，而一般小商平民之款，均鄙弃摈斥，不事接洽"。由于严重依赖于权力网络，山西票号的当家人把大部分经历都放在了官场应酬之上，北京经理常出入于王公大臣之门，省会经理也经常往来于督抚藩臬之署，招揽生意，各逞才能。

山西票号的发展模式其实很简单，就是将自己的财富命运与政治权力捆绑在一起：当权力能够提供照顾时，票号当然抓到了优质的客户与资金；而当权力发生更替时，票号也就难免大受其累了。清末民初，山西票号由盛转衰，大面积倒闭，原因很复杂，其中很重要的一条即是票号的"权力依赖"。民国学者陈其田先生在分析山西票号为什么没落时特别提到，"太平的时候，因为（票号）借重官场的势力，可以追索债务。一遭变乱（辛亥革命，城头易帜），官场失势，欠款不易收回，因为无抵押，连局部的取偿，也不可得"。

胡雪岩能够得到朝中大小官员和漕江帮派的支持，将官场、商场、黑道的各种资源整合为自己的势力。一个手眼通天的人物，需要具备胡雪岩那样强大的"整合能力"。盛宣怀早年在创办轮船招商局时，就因胡雪岩暗施手段而遭到弹劾，丢掉了督办之职；盛宣怀到湖北勘查铁矿，开办荆门矿务总局，又遭到胡雪岩暗中诋毁，中途被调回京城；在创办电报局的交锋中，胡雪岩也让左宗棠利用手中权力设置了重重障碍。可以说，盛宣怀与胡雪岩的财富竞争、权力交锋，早就埋下了伏笔。

天津电报总局成立后，盛宣怀任总办，任命郑观应为会办，着手在紫竹林、大沽口、济宁、清江、镇江、苏州、上海七处设分局，一切都很顺利，唯独郑观应把架设长江电线的计划呈请左宗棠批准时，遭到了拒绝，这显然是要在两江卡盛宣怀的脖子。

与此同时，胡雪岩托熟人混进了盛宣怀办的电报学堂，弄了几套密码出来。接着通过左宗棠上奏朝廷，开始架设长江之线。盛宣怀自然不甘心，先后邀请丹麦大北公司和英国大东公司的负责人密商电报线之事，表示只要他们不向胡雪岩提供电线器材，愿以三倍的价格收购。他还警告他们，胡雪岩大量收购丝茧，垄断原料，也严重威胁了洋商的在华利益。如果为胡雪岩提供电线器材，等于为虎投食。胡雪岩曾多次和洋商斗法，大北公司和大东公司的负责人对他并没有好感，何况盛宣怀愿意出三倍的价钱。双方于是暗中结盟，共同对付胡雪岩。

胡雪岩不断派人与大东公司的负责人腾恩和大北公司代表道森交涉，并提高购买价格。盛宣怀知道以后，就和大北公司商定了一个计谋。一晃一个月过去了，道森才给胡雪岩运来一批器材。由于电线器材质量低劣，工程进行不到三分之一就被迫停工。盛宣怀迅速把胡雪岩架设电线失利的消息告诉李鸿章，并要李鸿章在朝廷上予以弹劾。不久，李鸿章上书弹劾胡雪岩。朝中许多大臣也纷纷上奏，要求撤换胡雪岩。不久，朝廷下令长江电线速由盛宣怀办理架设，左宗棠只好拱手把架设长江电线的权力资格让与盛宣怀。

盛宣怀主持电报局后，实力大增。由于与胡雪岩在很多生意上争端日多，他谋划着要给胡雪岩更致命的一击。他终于等到了这个机会。1883 年法军进攻驻越南的清军，中法战争一触即发。在这种情况下，清廷再招左宗棠入军机。左宗棠南征北战，每次都要有大笔的银子作后盾。这回为了准备与法国人交战，胡雪岩又一次忙得不亦乐乎。而李鸿章和盛宣怀却趁左宗棠不在两江，准备向胡雪岩下手。

胡雪岩每年都要囤积大量生丝，这生意越做越大，垄断了生丝市场，控制了生丝价格。盛宣怀抓住这一时机，通过电报掌握胡雪岩生丝买卖的情况，一边收购生丝，向胡雪岩的客户出售，一边联络各地商人和洋行买办，叫他们今年偏偏不买胡雪岩的丝，致使胡雪岩的生丝库存日多，资金日紧，苦不堪言。

胡雪岩五年前曾经向汇丰银行借了 650 万两银子，定下七年的期限，每半年还款一次，本息约 50 万两。上年他又向汇丰银行借了 400 万两。这两笔款子都以各省协饷作担保。也就是说，如果胡雪岩没有侵占公款的行为，他就不会因为经营吸储、放贷业务而陷入绝境。在胡雪岩将他的"阜康"字号钱庄、票号设遍大江南北的那个时代，并不存在什么"非法吸收公众存款"、"非法集资"之类的"罪名"。那时商人只要有本金，想经营钱庄票号，是相当自由的，甚至一度连向政府备案都不需要。在相当长的一段时期，清政府对民间金融持一种放任自流的态度。

这时候，胡雪岩历年为左宗棠行军打仗所筹集的 80 万两之巨的还款正赶上到期，这笔款虽然是清廷借的，经手人却是胡雪岩，外国银行只管朝胡雪岩要钱。这笔借款每年由协饷来补偿给胡雪岩，照理说每年的协饷一到，上海道台府就会把钱送给胡雪岩，以备他还款之用。盛宣怀在此却动了手脚。他找到上海道台邵友濂，直言李鸿章有意缓发这笔协饷，时间是二十天。邵友濂是李鸿章的人，虽然畏惧左宗棠，但想缓发二十天也不算什么事，自然照办了。

对于盛宣怀来说，二十天时间已经足够扳倒胡雪岩。他开始私下串通外国银行，向胡雪岩催款。这时，左宗棠远在北京军机。由于事出突然，胡雪岩只好将他的阜康银行各地钱庄调来 80 万两银子，暂时先补上眼前这个大窟窿。他想协饷反正要给的，不过是迟发二十天而已，应该不会有什么意外发生。胡雪岩万万没有料到，盛宣怀会选择在这个时候给自己致命一击。

胡雪岩的一切调款活动，尽在盛宣怀的掌控之中。他估计胡雪岩调动的银子陆续出了阜康银行，阜康银行正是空虚之际，就托人到银行提款挤兑。

这些提款的人基本上都是绅商大户，少则数千，多则上万。盛宣怀知道，单靠这些人，想挤垮胡雪岩是不可能的，他便让人四处放风，说胡雪岩积囤生丝大赔血本，只好挪用阜康银行存款，如今尚欠外国银行贷款八十万，阜康银行倒闭在即。虽然人们相信胡雪岩财大气粗，但是他积压生丝和欠外国银行贷款却是不争的事实。为了保障资金安全，储户们纷纷上门提款。

挤兑首先发生在盛宣怀坐镇的上海，这里也是金融之都。上海挤兑发生之时，胡雪岩正在回杭州的船上。此时，德馨任浙江藩司。德馨与胡雪岩一向友好，听说上海阜康即将倒闭，便料定杭州阜康也将会发生挤兑。他忙叫两名心腹，到库中提出两万两银子，马上送到阜康。杭州的局势尚能支持，可是上海那边早已失控。胡雪岩到了杭州，还没来得及休息，又星夜赶回上海，让总管高达去催上海道台邵友濂发下协饷，邵友濂未予理会。他只好发电报向左宗棠求救，结果电报被盛宣怀暗中扣下。

百般无奈之下，胡雪岩只好将地契和房产都押了出去，同时廉价卖掉积存的蚕丝，希望能挨过挤兑风潮。挤兑引发了全国性的连锁反应，各地阜康银行纷纷受到冲击。胡雪岩打听之下，才知道是盛宣怀从中做了手脚。商人将自己的命运跟权力捆绑在一起，是胡雪岩商业王国一夜崩塌的隐秘原因。阜康银行倒闭，事关重大。李鸿章派人给盛宣怀送了密信，叫他暂到天津代理海关道台之职，避避风头。《南亭笔记》记载："胡雪岩败迹，官场索提存款者蜂拥而至。扰攘间，左宗棠驾到，按簿亲为查询。"官员们于是"皆嗫嚅不敢直对，至有十余万仅认一二千金者，盖恐严诘款之来处也。文襄亦将计就计，提笔为之涂改，故不一刻数百万存款仅三十余万了之"。

胡雪岩的背后靠山就是左宗棠，而这位时任两江总督的左帅，虽然威风八面，但毕竟不是最高的那片天。比起朝廷来，他仍为一小巫，而"大巫"

不保，小巫又乃之若何呢？

胡雪岩的倒掉，看似湘淮两派斗争的结果，胡雪岩看似李鸿章"排左先排胡，倒左先倒胡"策略的牺牲者，实则是朝廷早就想瓜分的利益蛋糕。官商也是商，本质为商人的胡雪岩注定是要被洗劫的，这主要由封建王朝的统治哲学所决定。贼王不善创造而善打劫豪夺；权力要垄断一切，不会允许商人无限做大。在朝廷庇护下成长起来的经济动物，势必还会因朝廷要"过年"而遭屠宰，在饕餮的体制下，胡雪岩式的"成功"滚出的是一圈连一圈的政治和社会腐败的雪球，最后无论如何也改变不了蒸发的命运。

光绪十一年（1885 年），胡雪岩最大的保护伞左宗棠去世了，东阁大学士、理财专家阎敬铭奏请朝廷捉拿胡氏问罪。等到拿人、抄家的谕旨下发到杭州时，一代红顶商人胡雪岩已经在穷困潦倒中告别了这个世界。胡雪岩倚靠左宗棠代理朝廷的一些事务，经手巨额款项。由于左宗棠与李鸿章素有不和，使得这个"后勤部长"成为李鸿章政治集团的首要打击目标，所谓"除左必先倒胡"。如果最终得势的是左而不是李，是不是胡雪岩就可以免受打击？我看也未必，长期的斗争正是政治领域一个基本特点，政治斗争中你死我活与商人之间的和气生财相去甚远，商人永远不会成为政商博弈的最后赢家。

胡雪岩与盛宣怀从参与政治的那天起，就已经暴露在政治风险当中。自古以来商业资本参与政治都是比较危险的事情，为官者会千方百计地制定出有利于自己小集团内部的规则，对于政治对头不遗余力执行坚决打击，这样反反复复的过程对于国家和普通国民则是灾难性的。政府政治力量应该成为国家的守夜人，就要坚持"国不与民争利"原则。

一直以来，商人都处于封建社会价值谱系的底层，饱受官府与民间的双重贬抑。虽然情形如此，但是社会又离不开商人。因为即便是最传统的农业经济，也需要商人参与到最基本的生产和交换之中。在这样的历史背景下，中国始终难以发展出一个独立的企业家阶层。整个社会结构中，一直被肯定、被尊重，同时被认为极有价值的，是那些儒家的官僚绅士。广大的农业生产者并没有能力在更大的市场范围进行产品交换，这样的工作只能由商人来完成，因此，虽然企业家和商人的社会地位偏低，但他们似乎很稀缺，因而更容易获得巨大的财富收益。

在很长一段时间，企业家和商人在中国只具有生意属性，整个社会似乎弥漫着一种对利益和生意的不屑。这是一种道德情绪，不过每个人却又离不开钱财，这就使得企业家和商人看上去很粗俗，而其他人诸如官员、知识分子，甚至包括农民，在利益面前却很虚伪。利益导向和市场交换因此只能在一种隐性的秩序下进行。在某种意义上，可能正是这种隐蔽的秩序，极大地增加了整个市场的交易成本。企业家的市场化行为是无所不在的，因为我们生活在一个利益的社会结构里。如此，企业家和官僚的关系，表面看起来，一定是企业家对官员的深度依赖，是政企不分，但在利益的深层次，却是企业家和官僚机构的一种利益博弈。

企业家需要利益，官僚机构同样需要利益，一场利益的战争，从一开始就处在一个不公平的语境里，官僚阶层以公权力为筹码，将企业家阶层统辖起来，本来是一种市场层面的分工，如今演变为一种政治权力和商人利益的不合理竞争。

3. 盛宣怀的狡兔三窟

1894 年，由于中日海战的爆发，已近暮年的李鸿章也迎来了自己的人生大败局。让国人难以了解的是，曾经看上去霸气十足的北洋水师，竟然经不起日本人仓促之间发动的进攻，这让整个民族陷入愤怒和绝望的情绪当中。为了向国人有个交代，需要有人替朝廷揽下责任，李鸿章就是这个人，这就意味着他要淡出权力核心。处于李鸿章金元格局中的盛宣怀，也遇到了平生最大的危机。

很多中外商人都在等着看盛宣怀的热闹，在他们看来，随着李鸿章的颓败，作为李鸿章的经济代言人，盛宣怀也走到了山穷水尽的地步。创造了一个又一个商业奇迹的盛宣怀，又一次用事实证明，他能够游走于政商两界并不仅仅依靠李鸿章一个人的权力。

美国驻天津的领事里德在内部的信函里宣称，盛宣怀才是李鸿章垮台的罪魁祸首。里德的话并不是空穴来风。长期以来，盛宣怀一直为李鸿章购买军火。与盛宣怀做这些军火生意的人，有德国军火代理商曼德尔、天津海关的税务司官员德璀琳、李鸿章的军事顾问汉纳根、俄国公使喀西尼。他们几个人联合起来，说服李鸿章拒绝了日本人关于高丽的要求。里德的意思是说，正是由于这一点，才引发了1894年的中日战争。对于军火商而言，战争成了他们发财的主要手段。事实证明，战争除了让战败国蒙受割地赔款的屈辱，对于那些发战争财的国家和逐利政治商人而言，他们个个都是大赢家。

对于汉纳根来说，则直接促进了德国军事工业的发展；对于喀西尼来说，意味着提高了俄国人对北京的影响力；而对于德璀琳来讲，他进一步取得了李鸿章的重用，因此取代了他的上司赫德的地位。对于盛宣怀来说，他最大的收益，除了在这样的军火交易中大发横财，还在于建立了与这些外国人的友谊，形成一个利益集团，最终能够拿到晚清政府各种商业的机会与权力。

这样的说法很快就在朝野上下流传开来，导致盛宣怀的名声开始变坏。

大多数局内人也对此半信半疑，认为李鸿章的军队缺乏战斗力，是由于盛宣怀在军火交易中吃回扣。盛宣怀试图为自己辩解，说中日战争爆发的时候，他正在抱病之中，等病稍微好转之后，他也只是做了一些给李鸿章的部队供给和迁运的工作，谈不上军火交易。不过这样的说辞，又将他导向了另一种麻烦。人们发现，正是在这样的职位上，盛宣怀和袁世凯都贪污过军队的粮饷，有人在朝廷中指控他们，不过最终还是靠李鸿章的保护，二人才蒙混过关。

应该说，经历中日战争这样的巨变，经历李鸿章倒台这样的残酷事实，盛宣怀居然逢凶化吉，这显示出他对于晚清官场特质的熟稔，尤其是工商业如何与官场互动，他做到了滴水不漏。

机器织布局本是李鸿章亲手操办起来的企业之一，由于过于依赖官款，在经营一段时间之后，朝廷不再愿意增拨资金，导致生产经营无以为继，而一场大火，差不多将企业毁灭。盛宣怀接手这个烂摊子，与上海海关道聂缉椝联手，着手从民间召集资本，很快在废墟上重组了一个新的机器织布局。而且，由于资金来源于民间，盛宣怀没有继续采用过去官办的企业制度，而是采用官督商办制度，并将企业更名为华盛棉纺织厂。

到这个时候，盛宣怀在晚清企业界的位置，完全无人企及。他是棉纺织厂、轮船招商局和电报局三家大企业的首脑，同时他还是位高权重的海关道。这些因素组合在一起，理所当然，盛宣怀才是晚清家喻户晓的企业领袖。

的确，如果没有李鸿章的栽培，盛宣怀既不可能取得官场上的通达，更不可能取得商场上的成就。但这并不意味着盛宣怀就把自己的一切完全交给李鸿章这么一个靠山。

盛宣怀是狡兔三窟的精明之人，还在给李鸿章当直接下属的时候，他就开始培植自己的势力。这首先反映在财权上，他控制的几个重要的工业企业，所有的收入都是他一支笔把关，他人很难介入。他在天津海关的几年里，每年都有超过 20 万两的高额私人收入。随着时间的积累，盛宣怀成了真正富可敌国的人，因此他开始不完全依赖于李鸿章。

最明显的现象是，盛宣怀早在 1890 年就开始让他的企业与湖广总督张之洞管辖下的地方势力发生了许多生意上的往来。那一年，张之洞也在大举操办新式工业企业，比如重要的汉阳铁厂。为了给该厂供应矿石和燃料，他买下了盛宣怀位于湖北省大冶县的煤铁矿。这是盛宣怀和张之洞势力的第一次实质性生意，从此一发不可收，为李鸿章之后盛宣怀商业版图的发展，打下了又一个官家基础。

到张之洞创业的时候，盛宣怀已经统领了全国 90% 以上的大企业。李鸿章垮了，他庞大的直隶集团分解成几块。盛宣怀则抓紧时机，将过去在李鸿章保护下的所有工商业企业，逐步转移到了张之洞的保护伞之下。正是由于得到了张之洞的保护，盛宣怀的个人势力不仅没有减缓，反而在乱世中渐长，一个新的盛宣怀又一次开始大面积影响着晚清政商两界的利益布局。

张之洞和盛宣怀何时开始交往？据盛宣怀档案记载：1883 年 10 月 25 日，盛宣怀电告即将任两广总督的山西巡抚张之洞，报告黑旗军与法军对抗情况，这是张之洞和盛宣怀通电来往的开端。次年 5 月，盛宣怀与张之洞"在津始识面，赴粤后屡有电谕各事，皆随时电答，从未通函"。1886年盛宣怀"六月二十一日后曾香帅电报，商调天津等语"，张之洞拟邀盛宣怀去广东入幕，办理两广洋务事业，但此时李鸿章如日中天，权倾朝野，地位势力均是初出茅庐的张之洞无法相比的，力图"办大事兼做高官"的盛宣怀当然不愿意舍李而就张。正如他自己所说："然读书素知自爱，在师门恋如骨肉，尚不敢以私面求。……并蒙密许周道升任时尚可栽培，宣怀非木石，岂不知利钝悉出裁成，谁肯以丑恶无益之于求，商诸爱憎无常之大吏。"显然，盛宣怀认为李鸿章待他不薄，如果离开李鸿章而就张之洞，既对不起李鸿章，也对自己无益。此后盛宣怀作为李鸿章的亲信大员，同张之洞的关系自然随李鸿章与张之洞关系的变化而变化。

张之洞早年曾为清流派健将，清流派的批评锋芒还指向以李鸿章为首的洋务派的对外妥协政策，"一时尊王攘夷之论，弥漫于全国"，"张之洞与李鸿章之间久存芥蒂，时相攻诘"。张之洞依恃慈禧垂青，军机大臣张之万和阎敬铭的呵护，加上自己才华横溢、勇于任事而官运亨通，自然不肯趋同于主和的李鸿章。两人关系一度势同水火。

张之洞任山西巡抚后，立足山西，放眼全国，开始热心洋务事业，逐渐由清流派向洋务派转化。他羡慕淮系集团炙手可热的权势，产生了相惜又相斥的思想。"在中法战争期间，张既因与李鸿章的政见不同而对李抱有隐憾"，"又敢于重用因弹劾李鸿章而免官的梁鼎芬"，这就使二人的矛盾表面化。

盛宣怀作为李鸿章的亲信，对李鸿章与法国的软弱外交也有不满，数次致电张之洞，说明中法交涉情况和中国战争的形势，以及对中国必胜的信心和希望。这使张之洞对盛宣怀颇有好感，对盛宣怀的能力也有所了解，这才有了招盛宣怀去广东入幕的想法。盛宣怀对张之洞的爱国抗法之举恭维有加，但对张的性格却颇有微词，当然这主要是受李张关系影响的结果。

盛宣怀作为李鸿章的亲信自然站在李鸿章一方，表示要为李鸿章建成煤铁矿、铁厂、铁路、银行等大政，而与张之洞争夺铁厂、铁路主办权。盛宣怀和张之洞在对汉阳铁厂主办权的争夺，实际上是张之洞与李鸿章淮系集团为维护和扩大政治经济势力的斗争。

在 1888—1889 年李鸿章奏请修筑津通铁路引起的中国铁路问题大讨论中，张之洞匠心独具，提出芦汉铁路的修筑方案，先筹款办铁厂储铁，而后筑路，这调停了各方面言路，为清廷和海署所赞同。1889 年 11 月中旬，张之洞调任湖广总督前夕，请盛宣怀到上海商议要事。张之洞此次出任湖广总督，奉清廷之命在湖北兴办洋务。此前，张之洞拟定了修筑卢沟桥到汉口铁路的奏议，邀请盛宣怀，是为商讨在湖北开矿炼铁、制造钢轨等问题，并拟定为原本在广东筹建的钢铁厂迁至湖北选址。

张之洞在众人之中选盛宣怀商议，也因早在十年前盛宣怀便主持了矿务实践。1875 年，年仅 4 岁的光绪皇帝登基，二度垂帘的慈禧委派盛宣怀办理湖北矿务。李鸿章写信给盛宣怀，称"中国地面多有产铁、产煤之区"，而对于开展矿务的目的，李鸿章也说得很明白："中国制造轮船、枪炮，以煤铁为大宗，酌仿洋法，就地开采，实富强之根本。"

盛宣怀受命勘矿，找矿时乘小船，涉激流，穿回溪，入深山，在勘测中走了不少弯路。1875 年，盛宣怀在天津拟定《湖北煤厂试办章程八条》，章程中认为开采煤铁之利"仅当分中外，不当分官民，并不当分官商也"。

此次与张之洞的会面，距离盛宣怀首次勘察煤矿已经过去十年。两人对矿务的重要性所见略同，但实施的办法却迥异。盛宣怀认为，应该尽可能多地调动民间力量，但张之洞却秉持完全的官办思想。而最大的分歧发生在选址的决策上，盛宣怀希望能将厂址建于大冶铁矿附近，附近通水路，煤可经水运。而张之洞却拒绝了盛宣怀的请求，坚持以楚煤炼楚铁。最终，盛宣怀的提议被张之洞拒绝。汉阳钢铁厂最终建在龟山脚下，尽可能地靠近了湖北总督衙门，方便他坐镇武昌探视，每当他办公之余抬眼便能望见汉阳上空升腾的滚滚黑烟。

盛宣怀禀告海军衙门会办奕劻，称"湖北矿务入手不得法，原料燃料均需溯流上运，是舍近图远，必将加重产品成本"。在信中，他直指"外洋煤铁矿皆系商办，商办者必处处打算，并使货美价廉。大冶铁矿官办必将亏本"。

事情的发展正如盛宣怀所言，张之洞的选址不慎，直接导致了工厂炼钢成本过高，竞争不过洋钢；因缺乏矿产知识，张之洞从英国购回的酸性高炉无法处理大冶铁矿石中的过高磷质，炼出的钢材脆弱容易断裂，根本无法在铁路上使用，销路堪忧。汉阳钢铁厂最终陷入资不抵债的窘境，加上甲午战败后国库空虚，官办根本维持不下去。张之洞环顾海内能够主持铁厂的人只有盛宣怀。1896 年，盛宣怀接手汉阳钢铁厂。

甲午战后，形势发生了急剧变化。李鸿章失势，担任津海关道的盛宣怀失去政治靠山。这时候，汉阳铁厂因种种原因难以为继，张之洞屡遭朝廷斥责，责令限期改归商办。1896 年 5 月，张之洞拟将汉阳铁厂包与粤籍商人和洋商的企图失败后，准备让盛宣怀接办。

张之洞之所以选中盛宣怀，主要还是看重对方在官商两界的巨大优势。

刚开始办汉阳铁厂的时候，醇亲王承诺每年拨银 200 万两，可是不到一年醇亲王就死了，钱也泡汤了。所以，汉阳铁厂的资金问题让张之洞陷入困境。张之洞缺钱，盛宣怀有钱，而且发愁没地方投资。当时盛宣怀的实业在沿海发展得很快：轮船招商局在上海已经建立起来，并且收购了美国旗昌公司，成为可与外商竞争的大公司；电报和银行也初具规模。他的抱负要实现，势力要继续发展，就必须向内地走。因此，盛宣怀对于武汉觊觎已久。尽管如此，张、盛之间并没有一拍即合。时机出现在甲午战败之后，一方面，李鸿章甲午之后倒台了，所有淮系大员的处境非常困难，很多人弹劾盛宣怀，政治优势转化到了张之洞这边；另一方面，战败后政府更加没钱，张之洞从中央拿钱更加没指望，盛宣怀的经济优势更加明显。

命运给了盛宣怀这次机会，他抓住了，和张之洞做成了一笔交易。这笔交易使他同时得到了汉阳铁厂和芦汉铁路的督办职位。

后来梁启超是这样记述这件事情的：

当时张所创湖北铁政局，经开销公项六百万两而无成效，部门切责。张正在无措之时，于是盛来见，张乃出两折以示盛，其一则劾之者，其一则保举之者。盛阅毕乃曰："大人意欲何为？"张曰："汝能帷幄接办铁政局，则保汝；否则劾汝！"盛不得已，乃诺之。

盛宣怀帮张之洞接下汉阳铁厂的烂摊子，张之洞则帮他摆平弹劾一事，而且保举他担任芦汉铁路督办大臣。张之洞以自己的政治优势换了一个经济砝码。而盛宣怀呢？一旦担任铁路督办，汉阳铁厂生产的那些铁轨就不愁销路了。在张之洞看来，盛宣怀是当时不可多得的商业奇才，无论在晚清的官场上，还是洋商买办间，他都如鱼得水、处处逢源。在接到张之洞的邀请后，盛宣怀也有所动心，于是应邀到了湖北。

在得知张之洞有意将汉阳铁厂交给他管理后，盛宣怀对铁厂进行一番调查，随后便打了退堂鼓，表示不敢冒昧从事。张之洞好不容易将盛宣怀"骗"来，岂能轻易放过，他命湖北官员们逐次设宴，盛情招待，以求其鼎力相助。盛宣怀知道铁厂事务困难重重，自己毫无把握，因而执意要离去。

数日后，张之洞将盛宣怀请到督署，假意要为之摆酒送行，正当宾主双方酒酣耳热、谈兴正浓之时，张之洞将其请到后堂，称有要事相告。盛宣怀不知就里，等他看到张之洞事前已拟就的两个奏折草稿后，立刻被吓得酒意全无：两份奏折，一份称"盛在任中营私舞弊，应该严加惩办"等；另一件则奏称"盛颇有才具，堪以接办铁厂"。张之洞在一旁笑眯眯地看着，等盛宣怀的回话。盛宣怀一番权衡之下，最后只好无耐地选择留下，接办铁厂。

一心办大事做高官的盛宣怀正式进入张之洞幕府班子，另投新的政治靠山，二人合作也由此拉开帷幕。二人的合作关系同样是一种互相借重、互相利用的利益关系。

张之洞看重盛宣怀的经验和管理才能，极力在税收、销路等方面给盛宣怀以帮助而不干预其内部经营管理。在芦汉、沪宁、粤汉等铁路的兴办中，张之洞给盛宣怀奏请事权地位，让他放手督办。盛宣怀在招股、借款等大事上积极向张之洞请示。二人之所以能够合作，是因为盛宣怀要借重张之洞的力量实现自己办大事兼做高官的愿望；而张之洞也要借助盛宣怀的财力，实现自己政治理想。

盛宣怀集官、绅、商于一身的本质规定性，使他能够从容地周旋于官、绅、商各种势力之间，左右逢源，深得李鸿章等督抚大员乃至于清廷的赏识。张之洞曾经在直隶总督王文韶面前推崇盛宣怀："环顾四方，官不同商情，商不顾大局，或知洋务而不明中国政体，或易为洋人所欺，或任事锐而鲜阅历，或敢为欺谩但图包揽而不能践言，皆不足任此事。该道无次六病，若令随同我两人总理此局，承上注下，可承南北，可联中外，可联官商。"

1909年6月6日，张之洞与英、德、法三国银行签订了550万英镑的贷款协议，年利率5厘，专门用于建造湖广境内粤汉与川汉铁路。但此协议在中央政府最后批准前，因为美国的介入而发生变故，暂缓执行。而"张之洞旋即病故，此事遂一搁至今"。张之洞去世后，本来一直被他压制的两湖绅商失去权力制衡，势力大涨。此时，清政府又在大力推进政治体制改革，积极设立地方谘议局。这迅速成为绅商们加入政治游戏的大舞台，得以进行力量动员和集结，争取自己的利益最大化。

这时候张之洞未竟的谈判由盛宣怀接力，这也注定了他日后"卖国贼"的命运。在盛宣怀的主持下，"磋商数月，会晤将及二十次，辩论不止数万言。

于原约稍可力争者，舌敝唇焦，始得挽回数事，实已无可再争"，贷款合同的条款不断地向有利于中国的方向发展。

但是，这一完全平等签订的借款协议立即成为既得利益集团攻击政府的依据，"卖国""贪赃"的罪名几乎成为盛宣怀及邮传部的代名词。盛宣怀的名声本就不好，而在对外采购和引进外资时吃回扣、"加帽子"（在定价上加虚价中饱私囊）已经不是潜规则，而是显规则。

也正是在这期间，盛宣怀碰上了自己人生的第二个劲敌——袁世凯。他和袁世凯都出自李鸿章的门下，最后却成为对手。李鸿章手下有两员干将。袁世凯继承了他的军事事业，盛宣怀继承了他的经济事业。

但是这两个人很不一样。袁世凯是很有政治野心的一个人，而盛宣怀到了晚年，只是一个贪财的老头子，一心想维持住自己的局面。对于政治的野心，已经渐渐失去了先前的热情，他对自己当下的处境有着清醒的认识，自己不过是秀才出身，没有功名，而且办了三十多年洋务，已经落下了贪污的坏名声，要想权力与金钱两手抓都硬是不可能实现的。

1901 年，袁世凯在李鸿章之后继任北洋大臣。他练新军、办洋务、扩张个人势力，都需要钱。所以，他打上了盛宣怀的主意——对方手上的铁路、电报、轮船，这都是肥缺，一旦到手，何愁无钱？都说袁世凯是个运气极佳的赌徒，直到倒台的前一刻都一直满手好牌。1902 年，盛宣怀身边发生了两件事情，为袁世凯夺权提供了大好机会。

一是盛宣怀身边一个负责电报采买的手下跟他闹翻，投奔袁世凯，把他的贪污内幕向袁抖落了一个遍。二是盛宣怀的父亲盛康去世，按照规矩他必须交出手上的实业回乡丁忧。袁世凯得此良机，很快派唐绍仪和梁士诒接管了铁路和电报事业。如此一来，盛宣怀的手里就剩下一个汉冶萍。之所以没有被完全掏空，是因为张之洞当时还活着，武汉是他的势力范围。

自甲午战争以后，清末的铁路政策经历了合股官办、商办和路权国有三个阶段。盛宣怀力推的"铁路国有"，是在合股官办、商办这两种办法均遭遇严重挫折后的一种政策转向。各地为了造路纷纷额外征税，导致老百姓不堪重负，在此之下，盛宣怀力主将铁路干线收归国有，由国家统一筹划，向外资银行借款，并聘请外国工程技术人员来建造铁路。不过，在此之外，盛宣怀还有另一笔盘算：筑路需要的大量铁轨，其中一半要由他主掌的汉冶萍公司生产。于公于私，铁路若是进展顺利，将是盛宣怀的另一个顶峰。

　　让盛宣怀没料到的是，川人的反应会如此激烈。肇端于四川的保路运动，随即演变为声势浩大的武装起义。历史有时充满了戏剧性。盛宣怀对清王朝是忠诚不二的，因为有了这个权力系统，他才能既商且官，成为体制内的财富之王。

　　1911 年 4 月，盛宣怀突然下令，把"官督商办"的铁路收归国有。当时湖北、湖南两地商人投入到铁路民营公司的股份，清政府都如数偿还。但四川公司亏空的 300 万两白银，盛宣怀拒绝补偿。这样一来四川公司的股东们，一下子被剥夺得两手空空，由此引发了剧烈的铁路风潮。绰号"屠夫"的四川总督赵尔丰实行武力镇压，引起了更加激烈的反抗。

　　盛宣怀给出的说法是，四川公司的亏损，是其卷入世界性的橡胶投机生意，遭遇失败所致，与国家无关。全国老百姓交到国库的钱，怎么可以为民营公司自己经营不善而买单？但在当时的历史情势下，热血沸腾的冠冕旗号比盛宣怀在商言商的道理更有分量，最终酿成"众人皆曰盛宣怀可杀"的一幕。

　　此时中央朝廷的权力已经转移到了袁世凯的手里，袁世凯算是他的对手。盛宣怀还向朝廷保举过袁世凯，因此又得罪一大群大清国的"太子党"。

内外交困之下，盛宣怀在体制内的处境更趋孤立。

10 月 25 日，特派员从资政院带回的会议记录摆上了盛宣怀的案头，"干路国有不交阁议，谓为侵权；借债签字不交院议，谓为违法；借日本一千万元，谓为卖国；擅调兵队，谓为跋扈；革党陷城，由于路款，谓为祸首"。这里面的每项罪名，都令他"展读之下，不胜疑诧"。作为在官、商两界厮混了一辈子的人精，作为一直以来行走在风口浪尖上大人物，盛宣怀居然在这关键时刻显示了自己幼稚的一面：毕竟政治游戏和权力博弈，从来就没有人会去追究真相与真理，从来都是只讲实力而不讲道理。

在那样一个不眠之夜里，盛宣怀彻夜写奏章，向年仅 6 岁的皇帝剖白自己，试图与权力替罪羊的命运作最后一次博弈。然而稿未竟，朝廷圣旨已经传到。盛宣怀被革除邮传部大臣职务，而且圣旨言明"永不叙用"。

朝廷为了保全自身，把责任推给了盛宣怀。盛宣怀自请辞职，要求体面退场的奏请被中央朝廷驳回。当灾祸临头，朝廷只会采取简捷有效的卸责方式。"辜恩溺职"的罪名并不重，但"革职、永不叙用"的处罚是极其严厉的。问题在于，资政院的议员们依然不放过他，直接诉诸最严厉的刑罚：要盛宣怀的命（死刑）。

1911 年这个诡谲之年的最后一天，一艘轮船从中国大连港出发，驶往日本。山水苍茫之间，故国逐渐在盛宣怀眼中隐去，在两位儿子的陪同下，他踏上了流亡之路。

盛宣怀以自己政治生命的终结，为自己的价值立场作了最好的注解。